最後の角川春樹

伊藤彰彦

毎日新聞出版

最後の角川春樹

目次

第三章 映画プロデューサー時代（三十四歳〜） 93

第四章　俳人と映画監督の間（四十歳〜）185

第五章　収監そして復帰へ（五十一～六十二歳）　231

第六章　最後の監督作品　281

終章　それでも敗れざる者　309

ブックデザイン　鈴木成一デザイン室
写真　角川春樹事務所／毎日新聞社

序章 敗れざる者

水橋駅前に残る角川本家の家屋（著者撮影）

出版と映画と俳諧と民俗学のカオス

ともすれば角川春樹は過剰な人として語られる。

出版人、映画人から反感を買いながら「メディア・ミックス」商法で業界を変革した映画プロデューサー、映画監督。角川書店の創業者である父、源義《げんよし》と壮絶な闘いを繰り広げ、弟で副社長である歴彦《つぐひこ》を放逐した出版社二代目社長。検察と戦い、麻薬取締法違反で四年半下獄し、そこから這《は》い上がった元受刑者。神社を建立し、預言者を自認するスピリチュアリスト——こうしたおよそ常人が経験できない逸話とともに角川の人生は語られ、角川自身も他人にどう思われるかということにまったく頓着せず、ことあるごとにそれらを磊落《らいらく》に語って、「神がかった事業家」というセルフイメージをアップデイトしてきた。『帝都物語　喪神篇』『同　完結篇』（一九八七年、八八年、角川書店）で著者の荒俣宏はこうしたイメージを援用して「角川春樹」を実名で登場させ（読み方は「かくかわはるき」）、「魔人加藤保憲に立ち向かう破滅教の大宮司」として活躍させるが、古今東西、物語を提供する出版社の社長でありながら、自らが物語の登場人物になったのは角川春樹をおいてほかにあるまい。

このような角川春樹を巡るスペクタクルな物語は、角川にマチズモ（男性優位主義）や過剰な戦闘性といったイメージを与え、そうした先入観が角川の各分野における正当な評価を妨げているように私には思える。また、スキャンダリストとファナティック（狂信者）とオカルティストのイメージが、人にアレルギーを起こさせ、冷静な批評眼に曇りをかけたとも感じられる。

しかし、角川は前述したこと以外に、七〇年代初頭には「翻訳文庫」を創設するとともに日本に「文庫文化」を定着させ、片岡義男やつかこうへいを小説家にし、「FM25時　きまぐれ飛行船～野性時代～」（七四～八八年、FM東京）といったユニークな深夜放送や、『野性時代』（七四年～）や『バラエティ』（七七～八六年）といったクロス・メディア雑誌を創刊し、八〇年代には破格の俳句でさまざまな賞に輝き、九〇年代にはハリウッドに進出し、また「角川春樹事務所」を創業。他社に先がけて「時代小説文庫」や「警察小説文庫」の分野を切り拓き、「横溝正史文学賞」「小松左京賞」「角川春樹小説賞」で新人作家を発掘するなど、文化史、文学史、映画史において大きな足跡を残した。

また、角川には「好戦的」なイメージがつきまとい、事実、彼は日本刀やボクシングを愛好するが、同時に、亡き妹から現在の妻にいたる女性の「妹《いも》の力」（民俗学者の柳田國男は女性の持つ霊力をこう称した）を信じ、それに虚心坦懐に耳を傾け、松任谷由実が「角川さんのなかには少女がいる」（二〇二〇年一〇月一二日、朝日ホールでの角川とのトークでの発言）と喝破したように、監督作品でひたむきな少女を描くときにとりわけ精彩を放つ映画作家でもある。

加えて、「我は神だ」とか「地震を止めた」といった大言壮語と思われかねない言動によって、角川は自分だけが正しいと信じて、客観性を考えずにふるまう人物と思われがちだが、彼は自らが体験した超常現象や特殊な霊能力の話をするとき、子供のように無邪気に目を輝かせ、そうした自分の不思議な体験や神を信じろとはけっして他人に強制しないばかりか、なまじ神など信仰しなければよけいな苦労を背負わなくても済むのに……と時折り含羞《はにかみ》をうかべたりする。

このようにマッチョであり少女、戦闘的だけれどシャイ、「ワルと無垢が同居している」（堤清二『AERA』〇七年三月五日号）、およそひと筋縄では行かない人物が角川春樹なのだ。

本書は、その角川春樹が初めて全人生を語った書物である。

角川にはこれまで、出獄までの人生を回顧した『わが闘争――不良青年は世界を目指す』（〇五年、イースト・プレス、のちにハルキ文庫）という自叙伝があり、角川映画四〇周年の折りに映画人としての仕事を総括した『いつかギラギラする日　角川春樹の映画革命』（一六年、清水節、角川春樹共著、角川春樹事務所）と『角川映画　1976-1986　日本を変えた10年』（一四年、中川右介著、KADOKAWA）という行き届いた書物がある。しかし、私には、角川春樹という人物は映画の側からだけではとうてい解き明かせない、出版と映画と俳諧と民俗学の交錯する「巨大なカオス（混沌）」であると思えた。また、角川春樹の人生の真骨頂は出獄後の再起にあると考えた私は、角川にインタビューを申しこんだ。

インタビューの冒頭で、私は角川に次のことを訊いた。

〈あなたはどうして誤解されること、叩かれること、失うことを恐れないのか〉

〈何度も何度も打ちのめされながらも、どうしてあなたはカウント9で立ち上がることができたのか〉

〈七歳のときに生母を、また弟に自分が築きあげた会社を、そして四年半もの間、国家に心身の自由を奪われながら、どのようにしてあなたは精神の均衡を保っていられたのか〉

基盤となる会社を失い、がんに見舞われ、獄に下るなど、通常の人間なら絶望し、そこで人生が終わってもおかしくない幾多の困難に直面しながら、角川春樹はけっして屈せず、そのつど立ち上がった。私はその人としての力がどのように育まれたのかを知りたかった。

二時間の聞き書きをまとめた『サンデー毎日』の記事が幸い反響を呼んだことから、担当編集者は、そのロング・ヴァージョンの書籍化を企画し、書名を『最後の角川春樹』と名付けた。二〇年秋に公開された、〃角川春樹最後の監督作品〃と銘打った『みをつくし料理帖』に因んでのことだ。

その企画書を角川春樹事務所に持参し、編集者が「〃最後の〃という表現は失礼かも知れませんが……」と断ると、角川春樹は「かまいません」と笑い、聞き書きの出版依頼を諒承した。

富山市水橋という原点

私は取材が始まる前に、角川春樹が生まれた富山市水橋《みずはし》を訪ねた。富山駅から一時間に一本だけの第三セクター「あいの風とやま鉄道」に乗り、二つ目の水橋で降りると、そこは駅前に商店ひとつない海沿いの寂れた町だった。

小さなロータリーには、水橋神社の境内に建つ松尾芭蕉の句碑の案内板があり、この町には古くから俳諧の伝統のあることが窺《うかが》えた。ロータリーに面した大きな旧家が角川の実家と思えたが、すでに人手に渡っているのか、違う苗字の表札が出ていた。

駅から富山湾まで曲がりくねった道を一キロ半ほど歩くと、黒っぽい旧家が軒を連ね、その家々の構えが福井や石川のそれよりも大きいことに気付いた。この土地の人々は裕福なのだろうか。海にほど近い海士ケ瀬《あまがせ》神社に「売薬先人」の銅像が建っていた。背中に薬が入った大きな柳行李《やなぎごうり》を風呂敷に包んで背負い、右手に陣笠を持って草履ばきで歩く薬売りの像だ。この町の人々はかつては売薬と漁業で生業《なりわい》を立てていたのだろう。富山は角川家以外に、安田財閥の安田善次郎、読売新聞の正力松太郎、ホテルニューオータニの大谷米太郎、清水建設の清水喜助、博報堂の瀬木博尚など多くの実業家を輩出しているが、越中商人のどのような気質が彼らを成功に導いたのか。

曇天の水橋港に出ると、日本海は空も海も鋼《はがね》色だった。閉館した郷土資料館の前に「米騒動の碑」があり、一九一八（大正七）年七月、シベリア出兵による米価高騰に対する民衆による抗議行動の「米騒動」はこの町から起こったと記されている。待てよ、角川春樹の祖父、源三郎は米問屋を営み、それが角川書店の礎になった、と『角川源義の時代――角川書店をいかにして興したか』（九五年、鎗田清太郎著、角川書店）にあるが、米騒動のときに角川の祖父の店は大きな被害を被ったのではなかろうか、それとも抗議に来た民衆を説得できたのか……と想像を巡らせる。

駅に戻る途中、雲間から太陽が覗き、頂きが白い立山連峰が浮かび上がった。そうか、幼年期の角川春樹は毎日この山容を見上げていたのか、と思う。

富山水橋には角川春樹の実業家としての、俳人としての、宗教家としての、すべての原点があるのではないか……そう見当を付けた私は、『最後の角川春樹』の聞き書きを「最初の角川春樹」（富山での角川の少年時代）から始めてみようと思い定めた。

「四月八日」は出所の日

角川は取材の初日を四月八日に指定した。その日は「花まつり」（釈迦の誕生日）であったが、同時に〇四年に角川が懲役を務め終え、静岡刑務所を出所した日でもあった。角川は取材の開始日を自分にとっての再出発の日に決めたのだ。彼は言霊《ことだま》はいうまでもなく、数霊《かずだま》をも、あたかもピタゴラスのように「すべての数には意味がある」と信じていた。

だが、四月八日が近づく一週間前から雲行きが怪しくなってきた。東京都内に新型コロナウイルス感染症が蔓延し、取材前日に首相安倍晋三は首都圏に緊急事態宣言を発出し、外出自粛、ステイホームを呼びかけたからだ。私たちは、角川への取材が順延になることを覚悟し、編集者は取材日の数日前から秘書に「こういう事態ですので取材は延期いたしましょうか」とメールを入れるが、返信はなかった。さらに前日、編集者が電話を入れると、秘書は「明日、社長は予定通り出社します。取材を楽しみにしていますよ」とこともなげに告げた。

こうして史上初の緊急事態宣言発令の日に『最後の角川春樹』の延べ四十時間にわたるインタビューが始まった。

第一章（〜二十二歳）
少年時代

祖父・角川源三郎（右）と父・源義（左）

本の力を信じる

二〇二〇年四月八日、人通りが絶えた千鳥ヶ淵を通りかかると、桜はあらかた散って、濠《ほり》の水面《みなも》に花筏《いかだ》がたゆたっていた。

皇居の外堀に面したイタリア文化会館の五階にある事務所を訪ねると、トレーナーにジーパン姿の角川春樹が憮然とした表情で佇んでいる。彼は各書店の休業情報一覧のコピーを手にしてこう言った。

角川 今日から大手の本屋さんが一斉に休業するんですよ。私は、いまほど本屋さんが大事な時期はないと思ってるんです。コロナ禍のいま、読者はじっくり本を読みたいはずです。そんなときに本屋さんが店を閉めたら、Amazonなどのオンライン販売がさらに勢い付く。ことによると近い将来、Amazonが直接作家に発注する時代がやって来るかもしれない。ウチ（角川春樹事務所）はAmazonの売上げ比率はわずか五パーセントで、ずっと町の本屋さんを守り続けてきたんですよ。なのに、本屋さんがどうして自分の首を絞めるようなことをするのか、私は疑問ですね。

東日本大震災のとき、私は被災地に義援金をお送りして、そのあと（宮城県）気仙沼市の小学生全員に図書カードを届けに行ったんですね。義援金に対してお礼状は届かないのに、図書カードで本を買って、読んだ子供たちからは「ありがとう」とお礼の葉書がたくさん届いた。泣けましたね。そのときあらためて、私は本の力を信じることができたんです。

そう語る角川の正面の壁には、父（源義《げんよし》）、義母（照子）の大きな写真が掲げられ、壁際の祭壇には刀八毘沙門天《とうはつびしゃもんてん》像など神仏が祀られている。

富山と祖父の記憶（七歳）

――角川さんが生まれた水橋町（現・富山市水橋町）について教えてください。

角川　私の実家は、昔の地名でいうと、富山県中新川《なかにいかわ》郡水橋町駅前。駅前に家があったからです。

――水橋に行って、どの家も門構えが立派なことに驚きました。

角川　富山県民の持ち家率は日本一で、この地方の財産は何より家なんですよ。家は大きいが富山県人の気質は質素、勤勉で貯蓄率もきわめて高いんですね。それに富山は商売人が多い県で、商人の人口比率は富山が全国で一番なんですよ。

――角川家の「家訓」は何だったんでしょうか？

角川　それはね、〝忍耐〟。祖父（角川源三郎）が口を酸っぱくして言ってたのは忍耐でしたね。それに、祖父も父（源義）も私もそうなんですが、〝信用第一〟。嘘をつかないこと。信用は崩れるのは簡単だけれど、作り上げるのには十年はかかります。

――角川さんは顔立ちはお父さんよりお祖父《じい》さんに似ていますね。

角川　そうかもしれません。

祖父は父親を早く亡くし、七人兄弟の長男として家族を支えるために、小学校を二年で中退して魚の行商を始めたんですよ。樫《かし》の天秤棒を担いで富山湾の魚を山の方へ持っていくんですが、魚は鮮度が命だから、色が変わっていたりなまぐさい臭いがしたら信用にかかわる。魚の行商をやるなかで〝信用第一〟が祖父の信条になっていったんですね。実家には徳富蘇峰が「信用第一　為角川源三郎君」と揮毫《きごう》した書が額に入れられ飾ってありました。祖父の天秤棒が角川家の家宝なんです。

――〝祭来る天秤棒の角川家〟という角川さんの句にある「天秤棒」ですね。

角川　そうです。それが祖父の苦闘の歴史なんですね。代々、祖父から父へ、父から私へ家宝として受け継がれてきたものですが、私が刑務所にいる間に角川書店に盗られちゃった。いずれ取り返しますけどね（笑）。

――お祖父さんは一九一〇（明治四十三）年に米穀商の「角川商店」を設立します。

角川　魚を山に運んで、今度は山のものを港で売るというのが、角川商店の基礎を作りました。実直に働き、倹約に努めた祖父はやがて角川商店を北陸一の米穀商にするんです。当時は「かどがわ」と濁って呼んでいて、水橋の駅前には「まる角」のロゴマークが入った倉庫がずらっと並んでいて壮観でした。

――一九一八（大正七）年の米騒動は「越中女房一揆」と呼ばれたように、西水橋町の女性三百名と滑川町の女性三百人がそれぞれ蜂起したことから始まり、全国に飛び火しますが、角川商店も被害が大きかったのでは？

角川　それがまったくなかった。祖父は自分だけが豊かになるのではなくて、利益を地元に還元していたからです。たとえば、被差別部落の人たちにも分け隔てなく仕事をあたえた。角川商店の四人に一人は被差別部落の人だったんです。そんな祖父は地元では「生き仏」「生き神様」と呼ばれていて、「富山の米一揆」で女性たちが立ち上がり、米穀商を次々と襲っていったとき、彼女らは角川商店だけは素通りしたんですよ。

米騒動の一部始終を見聞きしていた地元の古老への聞き書き、『水橋町（富山県）の米騒動』（一〇年、井本三夫著、桂書房）を読むと、たしかに襲われた米穀商の中に角川商店の名前はない。その代わり「高松商店」といういちばん大きな米屋が襲撃されたとある。

角川　そう。高松商店などのライバルがいなくなったおかげで、角川商店は大きく伸びた（笑）。

貶められた人々への眼差し

――お祖父さんが被差別部落の方も分け隔てなく店員に採用されたのはなぜでしょう？

角川　祖父から直接聞いたわけじゃなくて、亡くなったあとに親族から聞いたことですが、祖父が魚の行商をしているころ、被差別部落の人たちがお得意さんだったそうです。それに、祖父自身、角川家の直系ではなく、傾きかけた角川家を建て直すために谷家という他の家からもらわれてきた。自分が肩身の狭い養子だったから、祖父は他人を氏素性ではなく、その人の人間性を自分の目で直《じか》に見て判断しようとしたんですよ。〝信用第一〟という家訓は、人を出身母体で見ない、人間そのものに信用が置けるかどうかが重要だということです。

人物そのものを見て、その真贋《しんがん》を直感で判断する源三郎の習性は、孫の春樹にも疑いなく継承された。そして、被差別部落民など不当に貶められた人々への眼差しも春樹は祖父から受け継いだ。

――源三郎さんは孫の春樹さんにどう接したんでしょう？

角川　祖父は私が生まれると、田んぼを一枚買ったんです。私と二人で黙々と田植えや肥料撒きをやるんだね。田んぼは夏になるとツルツル滑るんですよ。素足だからヌルッとするし、奥（中）は熱いんですよ。それにヒルがぴたっとくっつくし（笑）。祖父は私に「いかにお百姓さんが米を苦労して作っているか」を実感させたかったんですね。

――お姉さん（辺見じゅん）や弟さん（角川歴彦）も手伝うんですか？

角川　私だけですよ。商家の教育ってのは長男に集中するものなんです。角川家を荷わせるために厳しく教育したんですね。米粒を落としたら拾わされ、店の秤《はかり》の上に乗ったらひっぱたかれ、土蔵に入れられ、縛られました。田舎の土蔵だから、縛られている私の脇を青大将（蛇）が通り過ぎてゆく光景をいまでもありありと覚えています。

ある冬の日、私が寝っ転がっていて、こたつを蹴っ飛ばし、部屋に火が付いてボヤを出したんです。「これは相当折檻されるな」と思ってあわてて仏間に逃げましてね。そうしたら祖父がロウソクを持って探しにきた。祖父と目が合ったとたん、私は覚悟を決めたんです。でもそのとき、祖父は何も言わず、私をそうっと手招いた。祖父は過失の事故であるときは咎《とが》めなかった。教育で矯正できることとそうじゃないことを、自分の中できちんと線引きしてたんですね。

食事はほかの家族とは別で、祖父と向かい合って二人だけで食べるんですよ。黙っていて口もきかないから、気づまりで面白くないんだよね（笑）。しかも、正月以外は朝昼晩、鱈汁《たらじる》にお漬物とご飯がついた一汁一菜のみ。北陸一の米穀商なのに、食事はほんとうに質素でね。ときどき親戚の家に行くと、イカの糸作りとか太刀魚とかおかずが何品も出て来るんです。思わず「お前んとこ、今日は法事か？」って訊きましたよ（笑）。でも、祖母《ばあ》さんの作ってくれた味噌汁と、一年中出てくるたくわんは、糠《ぬか》のなかにスイカの皮なんか入れて旨かったなあ。夏だと茄子や胡瓜が入ってて、私がいまでも茄子の漬け物が好きなのはそのせいです。父が東京から水橋に戻ってくると、丸ごと漬けた茄子が出るんですが、私には小さく切ったやつなんですよ。「何で丸ごと食えねえんだ」と不満をぶつけたら、「大人になったら食べられる」って。「そうか、早く大人にならなきゃな」って思いました（笑）。

春樹が茄子の漬け物に目がないことを知った義母照子は、源義の死後、荻窪の家に家庭菜園をつくり、春樹のために茄子を育てた。

角川　富山で日課だったのは、毎朝、祖父と一緒に仏壇、神棚、かまどの神さまを回って祈ることでした。北陸地方、とくに富山は仏壇にお金をかける土地柄で、仏壇は豪華な設《しつら》えなんです。神棚に何を祀っているかといえば、明治天皇皇后の御真影。あと横に白黒の戦艦の写真が貼ってあって「これ何？」って訊いたら「戦艦大和だよ」って（笑）。

——そのころから『男たちの大和／ＹＡＭＡＴＯ』（〇五年、角川春樹製作、佐藤純彌監督）を撮る運命だったんですね？

角川　かどうかはわかりませんが（笑）、祖父は「大和」という言葉の響きに惹かれたんだと思います。そんなふうに毎朝、祖父と一緒にお祈りしてから家を出ました。畦道《あぜみち》を三十分歩いて登校するんですが、途中で聳《そび》え立つ立山連峰が見えてくるんです。そのときかならず姉と一緒に山に向かって手を合わせましたね。そんな生活でしたから、神や仏が遠い存在ではなく、身近に自分たちの生活のなかに存在するって思っていたのに、東京に戻ったら、富山で祖父母がしていたように、人々が何かに手を合わせて一日を始めるというような風習はありませんでした。それが私にはとてもショックでしたね。

——角川さんという人間の根底は富山で培われた。

角川　そうです。でも、富山に住んでたのは、私が小学校二年の夏から翌年の春までの一年にも満たない期間です。父親が私の生母と離婚の修羅場を繰り広げているところを子供たちに見せたくなかったから、子供三人を祖父母のいる富山の実家に預けたんですよ。一年足らずの時間なのに、富山の印象は強烈で、水橋での生活が私の人間の根幹をつくりましたね。

――そのなかでもお祖父さんの影響が大きかったと。

角川　祖父のことはいまでも尊敬しています。祖父が私の人間形成に大きく関わっているのは間違いがありませんね。

生母と実母

角川源三郎が一代で築いた米穀問屋を息子の源義は継がず、源三郎を落胆させる。源義は折口信夫の『古代研究』に出会い、国文学の研究を志した。折口は柳田國男に師事して民俗学的手法によって国文学を究め、歌人としても独自の境地を示した。源義は、当時折口が教鞭をとっていた國學院大學に進み、折口の講義を聴いて、やがて角川書店を興す。

敗戦の年（一九四五年）、城北中学校の国語の教師を辞職した角川源義は、練馬区小竹町の自宅の応接間を事務所として角川書店を創業。源義が出版した志の高い文芸書や学術書は、名著との世評を得るものが多かった。そして、事業面においても成功した源義は事務所を自宅から飯田橋に移した。

源義は大学時代に冨美子と結婚しており、姉の辺見じゅん（真弓）に続いて、一九四二年に生まれたのが春樹だった。冨美子は岩手県一関市の出身で、源義とは東京で出会った。

――冨美子さんはどういう方だったんでしょう？

角川　生母が父とどこでどのように出会ったのか、私は聞かされてないんです。

ただ、覚えているのは、生母が私を溺愛してくれたこと。終戦後の物のない時代に私のためにブレザーを誂《しつら》え、ブレザーにネクタイ、革靴という姿で通学させてくれた思い出です。

あるときから、親父を毎朝、会社の経理課の若い女性が迎えに来るようになり、ある朝、小学校に行こうとする私を呼びとめ、「ぼっちゃん、ネクタイが曲がってますよ」と直してくれたんです。その人がのちに私の養母になる女性（照子）でした。まもなく父と彼女の仲が生母に知れて、家では夫婦喧嘩が絶えなくなりました。生母は包丁を持って「私を刺して！」と叫んだこともありました。子供だった私はワアワア泣いて、その修羅場を回避させようとするしかなかった。

そういうわけで私たち子供は富山へ〝疎開〟させられたんです。

富山に行く数日前、実母は私だけを遊園地に連れて行き、「私の写真が入っているから、つらくなったとき開けるのよ」とそっとお守りを私の手に握らせました。富山に行ったあと、母が恋しくて、姉と一緒に東京まで続く線路を二人で歩いて行きました。一時間ほど歩いたころ、蛇が足に絡みついてきて、こわくて逃げ帰ったんですよ。その晩、母からもらったお守りを取り出して開けると、中には何も入っていなくて、声を押し殺して泣き続けた覚えがあります。何も入れなかったことが、母の別れの挨拶だったんだね。

一年経って東京に戻ると母はどこにもいませんでした。母の写真を家中必死に探したんですが、一枚もなかった。父は「母さんは死んだ」と私に言いました。告げ口する同級生がいて、それが嘘だとわかっちゃったんだけれど……。私は「母はもう死んだんだ」と思いこもうとしました。

――こうした実母、冨美子さんへの思いが『人間の証明』（七七年、佐藤純彌監督）を作らせたんですね。

角川　そうです。映画を作り、実母に再会できたんです。

父はすぐに、経理担当だった照子さんと再婚しました。その人をいきなり「お母さんと呼びなさい」と言われても、呼べるわけないですよ。姉や弟はブリッコだから、すぐ「お母さん」と呼ぶんだけれど、私はそんなに要領よくないから。翌年の七夕のとき、私は短冊に「死んだお母さんに会いたい」と書いた。それを見た照子さんが「そうよね。天国のお母さんによく見えるようにいちばん上の笹に飾りましょう」と泣いて、私の手を添えて笹の葉の先に短冊を飾りつけたんですよ。照子さんの涙を見て、申し訳ないなと思って、それから「お母さん」と呼ぶようになりました。

「私の孤独は、いわゆる〝近代の孤独〟とは違う。寂しいとか疎外を感じるといった相対的なものではないんです。もっと絶対的な孤独、癒されるすべもない根源的なものなんです」(『日経ビジネス』九〇年三月三日号)と角川はのちに語るが、この「根源的な寂しさ」のきっかけが母の喪失にあることは間違いがないだろう。

角川　小学校四年のときに照子さんは女の子を産んで、異母妹の眞理ができたんです。眞理が生まれて、ぱっと家のなかが華やぎましたね。彼女はなぜだか私にはよくなついてくれて、私が家を出てからもよく一緒に食事をし、ボーナスのたびに眞理にプレゼントをしました。

眞理が生まれた年のクリスマス、父から珍しくプレゼントをもらったんです。それが坂本龍馬の伝記で、それを読んで、政治家になりたいなあと思いました。私が何かになりたいと思ったのはそれが初めてでしたね。

——それから猛烈に勉強をなさった?

角川　いや、全然(笑)。小学校のときはさっぱり勉強に関心が持てず、ボーッと空ばかりを眺めていましたね。

なぜ空を見ていたかといいますと、私は三歳六か月のとき、空飛ぶ円盤(UFO)の編隊を見ましてね。高台にあった練馬の家から、空襲で焼け野原になった東京の夜景を見ていると、葉巻型のＵＦＯが七機、そのまわりには灰皿を二つ重ねたようなＵＦＯがいて、真っ白い光を放っているものと真っ赤な光を放っているものとが白い光線でつながって東の空に移動していきました。続いて不思議な映像が見えたんです。二十代前半になった自分が、上の部分が透明なアクリル状で、下の部分がアルミのような金属の、星が眺められるロケットを操縦しているヴィジョンです。「これは自分の未来の姿だ」とそのとき思ったんですね。

ですから小学校のときは授業中、空をぼんやり眺めながら「早くＵＦＯが迎えに来ないかな。早く宇宙に還りたい」と思っていました。したがって成績はずっとビリから三番目（笑）。そのうち一人に抜かれてビリから二番目になりました。書店の息子なのに漢字の書き取りが大の苦手で、いつも零点でした。先生がそんな私に自信をつけさせようと、「かどという字を書きなさい」と出題してくれて、「よし！」と思って書いたんですが、ウチの「角」は真ん中の縦棒が下まで突き抜けているので、また零点でした（笑）。

中学に入って、少しは勉強に興味が湧いて、ふつうの成績になりましたが、姉と弟がズバ抜けて成績がいいので、私はつねに家では肩身が狭く、父親からはまったく期待されていませんでしたね。

父・源義との確執

角川はかつて自著でこう書いた。「父からの賞賛はついに得られなかった。七つの時に実の母を失って以来、残された愛の対象は父だった。強情なぼくを、父は愛した分と同じだけ憎んだのだろう。父を愛しきれず、憎みきれず、苦渋に満ちた日々が続いた」（『翔べ怪鳥モア　野性号Ⅱの冒険』〔七九年、角川文庫〕）。

文芸評論家の山本健吉は、「私は角川親子を火の玉人種と形容したことがある」「春樹君は幼い頃、父親に何かのことで腹を立て、応接間の絨毯の上に、ふとぶとと脱糞したという逸話を残している」（『信長の首』〔八二年、角川春樹著、河叢書〕跋）と書いている。

角川 ハハハ。

――そんなことがあったんでしょうか？

角川 父親が木馬を買ってきてくれたのは戦争直後、私が小学校に上がる前ですね。それが初めて父からもらった贈り物で記憶に留めているのですが、もらったのはそれだけでしたね。

――春樹さんはご尊父、源義さんとのさまざまな確執について書いています。源義さんは幼い春樹さんのために木馬を買ってくれたこともあり、お父さんが亡くなられた通夜の晩に春樹さんはつい遊園地に回転木馬を見に行ってしまった、と述懐しています。

一九四九年、角川春樹が七歳のとき、角川文庫が創刊され、先行の岩波文庫、新潮文庫とともに戦後の「第一次文庫ブーム」を巻き起こす。三十二歳の源義は「角川文庫発刊に際して」で、「第二時世界大戦の敗北は、軍事力の敗北であった以上に、私たちの若い文化力の敗退であった。（中略）角川書店は、このような祖国の文化的な危機にあたり、微力をも顧みず再建の礎石たるべき抱負と決意とをもって出発したが、ここに創立以来の念願を果すべく角川文庫を発刊する」と書き、戦後日本の文化的復興を担うことを宣言した。フランスのガリマール社本の表紙をモデルに、日本文学は緑色、外国文学は赤色、思想・哲学・美術は紺色と色分けした。五二年には『昭和文学全集』（一期、二期あわせて五十八巻）が刊行され、各巻二十万部を超える出版史上に残る大ブームを起こし、終了後に辞典（『角川国語辞典』『角川漢和辞典』『字源』）と教科書（国語、古文、政治・経済などの高校教科書）を成功させ、五〇年代に角川書店は大きく躍進する。源義は出版界の風雲児と呼ばれ、所得番付で十位以内に名を連ね、五五年、春樹が十三歳のときに荻窪に広大な自宅を新築した（現在は杉並区に寄贈され「角川庭園・幻戯《げんぎ》山房」として一般公開されている）。

――しかし、家ができたころからしだいにお父さんは家にいらっしゃらなくなった、と。

角川　そう。私が高校に上がる時期には不在がちで、しだいに帰ってくることが少なくなりましたね。女流俳人の新しい恋人ができたんですよ。その人は父が主宰していた俳句雑誌「河」の編集長で、面差しがとても生母（冨美子）に似ていました。父は火宅の人で、安定を望みながら、安定に満足できなかったんです。

――そういうお父さんをどう思われましたか？

角川　父は根っからの無頼ではなく、どちらかというと西東三鬼《さいとうさんき》や石川桂郎《けいろう》など無頼の俳人に憧れを抱いていた人でした。家庭の安定に満足できないところは、私も一緒ですから何も言えません（笑）。結婚を六回もしたように、父よりも私の方が本質的に無頼だったと思います。

――お姉さんの辺見じゅんさんは「父は私のすべてを包み、受け入れてくれる人でした。私の作文を丁寧に綴じて表紙をつけてくれる優しい人でした」と語っています（『ＡＥＲＡ』〇七年三月五日号）、お父さんはどうして春樹さんばかりに厳しかったんでしょうか？

角川　姉と弟は父にとっての優等生、私は劣等生だったからでしょう。その上、私は父の癪《しゃく》にさわることばかりをやっていましたから。父は角川書店を弟の歴彦か姉の夫に継がせるつもりでした。「お前には期待しない」と。

――「期待しない」というより、源義さんはご自身がそうであったように、春樹さんに対し、「家業を継がず自由に生きろ」と思われていたのではないでしょうか？

角川　わからないな。でもね、姉は角川書店の編集部に勤務していて、弟も大学時代から営業部でアルバイトをやってるんです。私も夏休みのときだけ、返品倉庫でアルバイトをしてましたけれど、弟はアルバイトの身分なのに営業の仕事で出張に行ったりしていたから羨ましいわけですよね（笑）。

二百人相手に大乱闘（十九歳）

六〇年、角川春樹は國學院大學附属久我山高校を卒業し、國學院大學文学部に入学した。

――「文弱の父に反発して拳闘部を創設」したと『文藝春秋』（〇七年二月号）にあります。

角川　父に反発してということもありますが、私は十代のころは身体も小さく、年に二回くらいは四〇度を越す熱を出すなど虚弱体質だったんです。高校からボクシングを始めたのは、身体を鍛えなければ長くは生きられない、だったら一番激しいスポーツをやろうと思ったからです。

――「どうせやるなら一番激しいスポーツ」という極端さが角川さんらしい。

角川　大学時代は午前中はボクシング部、午後はデモ、夜はボクシングジムの繰り返し。授業にはほとんど出ませんでした。試験が近づくと、校舎が火事にならないかなあと思っていました（笑）。

「（角川が）ジムにも通っていたのは、やはり親譲りの、なおざりな遊びの気持ちでは物事をやることが出来ない、やり出せば力の限りを尽くしてやり通さないではいられない、その持って生まれた性分に由来している。拳句のはてに、プロ・ボクサーになりたい願いを、父に訴えたが、父はさすがにあきれ、なるなら勘当だと言い渡し、思い止まったという」と山本健吉は証言する（『定本現代俳句』角川選書、九八年）。

角川　同じジムにオリンピック候補の選手がいて、プロに転向するというので、最後のエキシビション・マッチの相手を仰せつかったんです。ところが、第一ラウンドで私が彼をノックダウンさせ、彼はプロになることをあきらめた。そんなことがありました。私はプロにはなれませんでしたが、六回戦まで出来るB級ライセンスを取りました。

――ボクシングのかたわら安保反対のデモにも参加します。

角川　大学に入ったのが日米安保闘争の年だったんですよ。小学校のころから原爆の記録映画を見せられるうちに、こういう殺戮を平気でやるアメリカという国家に対する不信感が強烈に芽生えて、反米思想に傾いていったんですね。一方、十代のころからラジオのFEN放送（Far East Network）でポール・アンカやエルヴィス・プレスリーを聴き、アメリカンポップスには否応なしに惹かれましたから、アメリカに対しては複雑な思いがありましたね。

〝角川春樹とアメリカ〟というテーマはこれから本書で繰り返し現れるだろう。七〇〜八〇年代には角川は雑誌や映画でアメリカ西海岸ブームに若者を誘いこみ、九〇年代には映画プロデューサーとしてアメリカ（ハリウッド）に進出するものの、そのことに失敗したあげく、FBIの関与によって麻薬取締法違反容疑などで逮捕された。それほどまでに、アメリカは角川春樹にとって生涯の宿痾《しゅくあ》だった。

角川　アメリカに関する話を続けると、七六年にベイルート南部のシャティーラという、パレスチナ難民キャンプがありPLO（パレスチナ解放戦線）の本拠地である所に行ったとき、知り合ったコマンド（兵士）から、「お前ら日本人は二度も原爆を落とされながら、なぜアメリカに対する恨みがないのか？」と訊かれるんです。でも、私は何も抗弁ができなかった。彼の言うことはもっともでしたから。

――〝血と雨とワイシャツ濡れている無援ひとりへの愛うつくしくする〟など六〇年安保闘争を詠み、六〇年十二月に自殺した國學院大學の歌人、岸上大作さんのことは当時ご存じでしたか？

角川　当時面識はありませんでしたが、「短歌研究会の学生が自殺した」という噂は学内にぱっと拡がりましたね。岸上さんの代表歌集『意志表示』をそのあと読んで感銘を受け、七一年に吉本隆明さんに解説をお願いして角川文庫に収録しました。

――いままで伺ったように安保反対の立場の角川さんが、渋谷のハチ公前で全学連の学生二百人を相手に大乱闘をします。これはなぜでしょう？

角川　それはね……私は高校のころから『共産党宣言』とかマルクス主義関連の本も読んでいました し、安保反対のデモにも参加したんですが、大学二年のときに、國學院大學で「自治会の会計不正事件」が起きるんですよ。のちに國學院大學の自治会は革マル派（日本革命的共産主義者同盟革命的マルクス主義派）に支配されるんですが、その当時の自治会は共産党の下部団体である民青（日本民主青年同盟）が仕切っていたんですね。私は一度だけ自治会の合宿に参加したんですが、そこで民青がオルグする偏向した共産主義の考え方にものすごく反発を感じていて、その上、民青が仕切る自治会の会計の不正が明るみに出たんです。大学の文科系、体育会系の各クラブへのちゃんとした予算配分を自治会に要求するために、私は体育会系のクラブを集めて「学友会」を組織して、自治会と全面対決したんですよ。そんなある日、私が会長をしていた互助会の事務所が自治会に襲われて、経理の帳簿を奪い取られるわけです。私が「返してほしい」というと、彼らは「取りに来い」と私を渋谷のハチ公前に呼び出し、私がひとりでのこのこ出かけていくと、自治会が二百人で待ち受けていたんです。

——二百人も！

角川　そういう経緯なんですよ。

——で、どうされたんですか？

角川　とっさに正面にいた女子学生の角材を取り上げて、ビュンビュンと振り回したんです。高校時代には剣道部でしたから、角材はお手のものでバンバン殴り倒してゆくわけですよ。そのうち角材が面倒になってきたので、正面からかかってくるやつにはボクシングの正拳突きをお見舞いし、逃げるやつは追っかけて、飛び蹴りを食らわせるなど手が付けられないくらい暴れまくった。私のあまりの狂乱ぶりに恐れをなして、二百人は散り散りに逃げていきました。

——二百人を前に恐怖心はなかったんですか？

角川　そういうとき、私はパチンと性格が切り換わるんですよ。切り換わったあとは闘争本能に支配され、まるで別人格になるんです。

——意図的に切り換えるんですか？

角川　自然に切り換わるんです。自分でも怖かったのは、パチンとスイッチが入り、ふっと記憶を失って、気が付いたら相手が倒れていたときです（笑）。

——そうなったのはいつごろからですか？

角川　この一対二百のときが最初でしょうね。そのあと、パレスチナやゴールデン・トライアングル（タイ、ラオス、ビルマの国境にある世界最大の麻薬密造地帯）でマシンガンの銃口を向けられたり、コマンドと決闘したときもパチンと切り換わりましたね。とたんに死の恐怖がなくなるんです。

――ともあれ、この乱闘事件は、翌朝の新聞紙上に「國學院大學生Kが大乱闘」と大きく報じられました。

角川　全学連の何人かが共産党系の代々木病院に担ぎこまれ、全治二か月あるいは三か月と診断されました。私は退学を覚悟しましたね。しかし、これは正当防衛なのか過剰防衛なのかということでどちらに非があるかわからず、チャラになったんです。けれど、当時、國學院大學の評議員で國學院が教科書販売のお得意さんだった父は激怒し、私は最初の勘当を言いわたされました。文学青年だった父にとって、私は本当に嫌なことばかりする息子だったんでしょうね。息子が自分に反発して、まったく違う道へ行こうとしていることに我慢がならなかったんでしょう。

大和と南朝への憧憬

角川　そのころ、父は私のことを完全な「国粋主義者」だと思っていました。

――実際、当時の角川さんは右翼的な思想をお持ちだったんでしょうか？

角川　いや。私が傾倒していたのは、右翼的なイデオロギーではなく、『古事記』や『万葉集』の世界です。日本ではなく〝大和〟への憧憬でした。

私が最初に日本古来の文化に興味を持ったのは、小学校三年から六年までの三年間、ずっと父親に能楽堂に連れてゆかれ、能を見ていたことが大きいでしょうね。父親が謡曲をやっていた関係で、宝生流の能を息子に見せていたんですよ。

中学に上がると、担任の美術の先生が考古学の発掘に年中連れていってくれたんです。私の住んでいた杉並区荻窪には善福寺池を源として神田川に流れこむ善福寺川があり、その細々とした川沿いを歩くと、いわゆる石鏃《せきぞく》といわれている矢じりだとか発掘された遺跡（旧石器時代から古墳時代にかけて人が住んでいた「方南峰遺跡」）があるんです。先生に連れられて発掘に行ったことが、考古学とか歴史学に対する興味に結びつきました。

――角川さんは「天皇」や「天皇制」についてはどう思われていたんですか？

角川　現在の天皇家は北朝ですが、私は高校時代から南朝贔屓《びいき》なんです。

――北朝系統は「持明院統」、南朝系統は「大覚寺統」ですね。天皇家は鎌倉時代から持明院統と大覚寺統の両統が交互に天皇を出していましたが、南北朝時代（一三三六～九二年）の五十数年間、足利尊氏が擁立した京都の持明院統の「北朝」の天皇と後醍醐天皇の系統を引く大覚寺統の「南朝」（吉野朝）の天皇という二人の天皇が擁立されます。そして足利義満がだまし討ちのような形で大覚寺統を廃し、以降、持明院統の天皇が正統になる。

角川　しかし、南北朝時代が終わったあとも、北朝と南朝のどちらが正統かという議論は「南北朝《なんぼくちょう》正閏論《せいじゅんろん》」と呼ばれ、戦前まで続くんですよ。北畠親房（南朝の政治的・軍事的指導者）は『神皇正統記』（一三三九年）で、「三種の神器を持っていた南朝こそが正統だ」と主張します。江戸時代には水戸光圀が「後醍醐天皇自らの意思でできた南朝のほうが、天皇に弓を引いた足利尊氏の傀儡王朝《かいらいおうちょう》である北朝より義がある」と断定し、彼が編纂を命じた『大日本史』にも南朝が正統だと記され、南朝のような「天皇親政」の復興が水戸学の倒幕尊王思想のバックボーン、維新の大義になるんですよ。明治時代には、南朝正統論は北朝系統の皇室に差し障りがあるという配慮からいったん収まりますが、大逆事件（一九一〇年、明治天皇暗殺未遂とされる事件）で空気が一変するんですね。政府や歴史学者は、万世一系の天皇家の歴史で、二人の天皇がいた時期があってはマズい。皇紀への信憑性が揺らぎ、反天皇主義者や社会主義革命思想を胚胎させると考え始め、このときからふたたび南北朝正閏論が紛糾します。その論議を治めたのが亡くなる前年の明治天皇で、明治四十四（一九一一）年の帝國議会であろうことか「南朝が正統だ」と聖断を下すんです。

――なぜ北朝系統の明治天皇がそう主張したんでしょう？

角川　それがわからない。武家政権を倒し「王政復古」を実現しようとした後醍醐天皇に対するシンパシーや南朝系の天皇に対する鎮魂といった明治天皇の思いがあったにしても、南朝を正統とすることは自身の正統性を危うくするわけですからね。

それればかりか、明治天皇は在位中に、南朝に縁《ゆかり》のある人々を祀る神社十五社を建てていきます。後醍醐天皇を祀る吉野神社、楠木正成を主祭神とする湊川神社、新田義貞を奉る藤島神社などが明治天皇の意向で創建され、官幣大社や別格官幣社（天皇家から神への奉献品を特別に支給される格式の高い神社）に格上げされた。加えて、皇居に北朝を守護した足利尊氏ではなく、祖先を殺そうとした南朝の武将、楠木正成の銅像（現在も皇居外苑に建つ）を設置するんですね。このように明治天皇というのは不可思議な存在なんですよ。だから、戦前から明治天皇＝すり替え説（三条実美の差配により、病弱な睦仁（明治天皇）が幼少期に南朝の血を引く屈強な大室寅之佑にすり替えられたとする説）などという風聞が絶えなかった。戦後になると一転、歴代天皇の順序を北朝によって数える「北朝正統論」が有力になりますが、私は明治天皇の不可解さもふくめて、南朝にシンパシーとロマンを感じますね。

――昭和天皇に関してはいかがでしょうか？

角川　私は『男たちの大和／ＹＡＭＡＴＯ』ではっきり描いたように、「海軍にもう艦《ふね》はないのか？」と昭和天皇が下問されたために、戦艦大和は沖縄特攻をせざるを得ず、三千人の乗組員が亡くなったと思っています。

――映画『男たちの大和』で、渡哲也扮する――この映画が遺作となりましたが――第二艦隊司令長官伊藤整一が「三千人の部下を見殺しにすることはできない」と大和の沖縄出撃に断固反対したとき、昭和天皇の下問（質問）を知らされ、死出の旅に出ざるを得なくなる、という場面ですね。

角川　そうです。その事実を映画ではっきり描こう、と私は言ったんです。昭和天皇には明らかに戦争責任があると思っています。この映画が公開されたあと、『男たちの大和』が天皇の戦争責任にきちんと言及したことを共産党の「赤旗」（「しんぶん赤旗」）に激賞されました（笑）。

しかし、そうは思っていても、私は姉に頼まれ、八五年から三億円を投じて「海の墓標委員会」という組織を作り、東シナ海に沈んで行方がわからなかった戦艦大和の探索を続けたんですね。それで、とうとう海底に眠る戦艦大和を見つけ出し、暗い海の中で大和の艦首をサーチライトで照らしたとき、艦首についた菊花紋章が浮かび上がったんです。菊の紋章はメタリックなブルーに輝き、息を呑むほどに美しく、それを見たとたん私は全身が総毛立ちました。

――その映像は『男たちの大和』の冒頭で使用されていますね。

角川　そのときの全身の震えは、イデオロギーを超えた、大和民族への思いでしょう。このように、私の祖国や日本への思いはきわめて感覚的なものなのです。

――そうした日本人の源流への興味を抱く角川さんは「本当は早稲田大学へ行って歴史学を学びたかった」と著書に書いています。

角川　そうです。古代史をやりたかった。早稲田を受験して受かったんですが、親父に頼みこまれて國學院大學に行ったんです。でもいまは國學院に進んだことを後悔していませんよ。

大学に入ってすぐに、仲間と一緒に「万葉研究会」というのを立ち上げたんです。有志による同好会のような形で毎週、『万葉集』を輪読する会を一年間続けましてね。卒業論文は『古事記』について書きました。

——論文名は「古事記における悪の発生」。つねに悪の磁力に惹かれる角川さんらしいテーマですね。

角川　よく調べたね。

——『古事記』のなかで、素戔嗚尊《すさのおのみこと》が姉である天照大神のいる宮内に皮を剝《は》いだ馬を投げ入れたり、大嘗祭の際に脱糞したり、高天原で犯した「天つ罪」をテーマにされたのでしょうか？

角川　六十年近く前のことだから忘れました（笑）。ともかく、古代史だけではなく、中世史においても私は「悪党」に魅了されるんです。

——悪党とは、荘園公領制などの各時代の支配体制を外部から脅かす者のこと。

角川　そう。南北朝時代の楠木正成、赤松則村《のりむら》、名和長年、それに戦国時代の織田信長も指折りの悪党です。悪党には革命児の要素も含まれているから好きなんです。

——それに悪党は、芸能民や遊行僧や海賊など支配の外部に生きる漂泊民との繫がりが深く、芸能の庇護者でもあります。

角川　佐々木導誉《ささきどうよ》のように連歌、茶の湯、田楽などの諸芸に通じ、山の民や野伏《のぶし》を後援、主導していた〝婆娑羅《ばさら》〟、つまり、権威に反発し、奢侈《しゃし》で派手な振る舞いや華美な美意識を追求した者にも私は惹かれますねえ。

「おまえは俺の子じゃない」（二十一歳）

——源義さんとの確執でもっとも傷ついたのが「おまえは俺の子じゃないんじゃないか」と言われたときだとか。

角川　そう。大学三年のとき、父親が真顔でそう言ったんですよ。実母が浮気して作った子なんじゃないかと疑われたんです。それはね、ショックでね。「そういうことを親が言うかよ」と家出をしました。しばらく友達の家を転々として、そのあと当時付き合っていた彼女（のちに最初の妻となる）と、東村山の六畳一間の風呂なし共同トイレのアパートで同棲を始めたんですよ。

――〝晩夏光《ばんかこう》ナイフとなりつ家を出づ〟という句はそのときのことを詠んだものですね？

角川　そうです。私はいろんな意味で父から傷つけられてるんです。思春期から傷つけられてきたという思いがあって、自分としてははずーっと根っこが深いんですよね。

――父親から傷つけられたという思いは、お姉さんや弟さんにはおそらくなくて、春樹さんだけがお持ちである気がします。

角川　そうかもしれないね。私の弟や姉っていうのは要領が良く、阿《おもね》ることが上手いんですよ。父に媚びて、弟は車を買ってもらったり、姉も欲しいものを買ってもらったりするんですが、私は一度も甘えたことがなかった。父は死ぬ前に、「おまえから一度も甘えられたことがない」と寂しそうに言うんですが、甘えたことがないってことは、甘えることが許されない形で、傷つけられてきたわけだから。甘えるなんてこと、考えてもいないんですよね。だから父の最晩年に「ほんとうにちっとも甘えてこなかったなあ」と言われて、「そうしたのはあなたのせいでしょ」と言いたかった（笑）。

――しかし、山本健吉さんは源義さんのことをこう書いています。「物事に打ちこむときには直情的で、思いこみが熾《はげ》しかった」（『宿命としての角川源義』八一年、角川書店）。「歯を食いしばって、一つの物事に集中する、その集中の仕方が度外れなのだ。……彼の出版事業も、学問も、句作も、書も、謡も、将棋も、多かれ少なかれそのことはいえる」（『信長の首』跋文）。そうした源義さんの「ひたぶるな（一途な）」性格をいちばん受け継いだのは春樹さんだと思います。

角川　たぶんそうでしょう。だから父の私に対する感情は、ある意味、近親憎悪だったのかもしれませんね。

――源義さんは十歳の春樹さんのことを〝かなかなや少年の日は神のごとし〟と詠んだように、どこかで畏怖していたのではないでしょうか。

角川　そうかなあ。（社長室の壁にかけられた源義の写真を指し）そこにいるから訊いてみてください（笑）。

堤清二＝辻井喬との出会い（二十一歳）

角川が堤清二（辻井喬）に出会ったとき、角川は二十一歳、堤は三十六歳だった。

堤は友人から、「あんただって勘当組だろ、こいつの面倒をみてやってくれ」と坊主刈りで詰襟の学生服を着た大学生の角川を紹介され、「すべてが常識外れの男で、どうしてそれが悪いんだか通じない。ワルと無垢が同居している」男だと感じた（『ＡＥＲＡ』〇七年三月五日号）。

〝ワルと無垢が同居している〟という堤の表現は、角川春樹の本質を見事に言い表している。

――堤清二さんの思い出を聞かせてください。

角川　二松学舎大学の英米文学の教授、斎藤正二さんはのちにバイロンの翻訳（『カラー版　世界の詩集バイロン』六七年、角川書店）をするんですが、その斎藤さんが堤清二さんを紹介してくれたんです。二十一歳のとき、学生服姿で堤さんに会いに行った覚えがあります。当時、堤清二さんは三十六歳で西武百貨店の社長、財界の若手のアイドル的存在でしたね。堤さんは、日本テレビの会長になる氏家齊一郎さんたちとともに全学連の初期のメンバーで、日本共産党に入党するんですね。

――堤さんは共産党の反主流派である宮本顕治の国際派に属し、やがて徳田球一書記長の主流派との闘争に敗れて、共産党を除名され、病気で入院する。

角川　そういう左翼思想を持った男が、資本主義の象徴と思えるデパートの社長をやってることに非常に興味があったわけです。

出会ってから堤さんが亡くなるまで五十一年の付き合いになりましたが、堤さんがずっと左翼の尻っぽを引きずっているところが魅力でしたね。彼は共産主義思想から転向したといわれますが、経営者でありながら、労働争議の激しい時期に西武百貨店に労働組合を創設（五四年）したり、西武グループの総帥でありながら自らの権限を各社の社長に分譲してゆく「経営共和主義」（六八年のグループのスローガン）を提唱したり、けっして転向しているとは思えなかった。左翼的なものをずっと沈殿させながら、いろいろな事業を展開し成功させた、と思えました。

――角川さんと堤さんは、ともに父親との確執という共通点もあります。

角川　そうですね。彼にとっては堤家があり、私にとっては角川家がある。彼は堤家のことを『父の肖像』（〇四年、辻井喬名義、新潮社）で、私は角川家のことを『角川家の戦後』（〇六年、思潮社）で書きました。

――しかし、堤さんと角川さんの事業の方向はまったく異なります。堤さんの手がけた西洋環境開発グループ（「サホロリゾート」「タラサ志摩」「ホテル西洋銀座」）は富裕層向けの事業で、セゾングループの美術館や映画は知識層向けのいわゆる「ハイカルチャー（上位文化）」です。あくまでも一般大衆相手のエンターテインメントを志向した角川文庫、角川映画とは大きな開きがあります。

角川　表現の方向は真逆かもしれませんが、私も堤さんも〝ひとつの場所や規格に収まらないものを創ろう〟という共通した思いがありましたね。堤さんはＰＡＲＣＯ劇場やリブロという書店を展開し、ひとつの大きな時代を作りました。日本の財界のなかで誰が最高の文化人かといったら、彼でしょう。

堤さんとはおたがいものすごく共感し合う部分がありました。それは、文人であり経営者であることの孤独と矜持でした。

亡くなられる直前、認知症になった堤さんが看護師さんに向かって、突然カントの哲学を講義し、高らかに「インターナショナル」を歌ったと聞きました。「インターナショナル」の話を聞いたとき、「この人は変わらなかったんだな……」と私は感銘しました。

編集者時代

第二章（二十二〜三十三歳）

『ラブ・ストーリィ　ある愛の詩』文庫版。
単行本は四十七万部、文庫本は六十七万部の爆発的なヒットとなった

やくざの組からリクルート（二十二歳）

――大学時代はどんな本をお読みになられたんですか？

角川　ヘミングウェイや大藪春彦は読みましたが、ドストエフスキーは読み終わるのに一年かかりました（笑）。私が真剣に本を読み始めたのは卒業してからです。

――大学時代、何になりたかったんですか？

角川　漠然とですが、坊主（僧侶）か教師か自衛隊員になるんじゃないかと思っていました。

――就職活動はされましたか？

角川　しませんでしたが、引き合いはありました。私が卒業するとき、ある右翼団体と、二つのやくざの組から「ウチに来ないか」と誘いがあったんです。

――どこの組でしょう？

角川　やくざは葛飾の松葉会と渋谷の安藤組（東興業）。渋谷での乱闘事件を知り、こいつは使いものになると思ったんでしょう（笑）。誘いがあったのはそんなところばかりでした。

――角川さんは松葉会と安藤組の誘いを断り、一九六四年に國學院大學を卒業後、出版社で修業するわけですね。

角川　大学卒業後、父親の勘当が一時解けて、ひとまず取次の栗田書店に半年いて、それから創文社に〝丁稚〟に行くんですね。けれどそのころは、母方の苗字（中井姓）を名乗って働いていました。

――なぜ角川姓を名乗らなかったのでしょう？

角川　角川書店の後継ぎ、そんじょそこらにいる二代目のボンボンだと思われたくなかったからです。それに、取次店で働いていますと、それぞれの出版社が売れると信じて出した本が返本されてきて、山のように積まれているんです。出版というものがいかに水商売か、こんな商売はやりたくない、自分にはもっとほかに向いた仕事がある、と思っていましたね。

そのころ私は、夜は新宿三丁目で「キャッツ・アイ」というスナック・バーを経営し、夜通しバーテンをやっていましてね。

――なぜ夜の商売をなさったのでしょう？

角川　それはね、大学時代、テレビで五味川純平原作の『孤独の賭け』というドラマ（六三〜六四年、NETテレビ系列）を観ましてね。そのなかに出てくる、天知茂が演じる、六本木でキャバレーやナイトクラブを経営している青年実業家がやたら格好良くて、「俺も夜の商売で伸《の》し上がろう」と店を開いたんです（笑）。父親はものすごく嫌がりましたね。

――それはそうでしょう（笑）。

角川　夜明け前に店を閉め、歌舞伎町を抜けながら新宿駅にたどり着き、そこから荻窪の実家に帰って出社するんですが、いつも睡眠不足で会社では居眠りをしていました。

――居眠りしていて咎められなかったんですか？

角川　もちろん同僚から文句を言われましたが、こちらは腕力に自信があるので、「気持ちよく昼寝しているのに邪魔するな！」と一喝し、殴ったこともあります（笑）。なので、みんな見て見ぬ振りをしていました。

そんなある日、栗田書店の返品の山に囲まれた倉庫のなかで、『巨富を築く13の条件』（三七年、ナポレオン・ヒル著）という本をたまたま読みましてね。

――成功した企業家を分析して、成功の秘訣を解き明かす経営の指南書ですね。

角川　そう。いまから思えば、「〝かならず成功する〟と潜在意識に刷りこめば実現しない目標はない」と説く他愛のない本なのですが、二十二歳の私は非常に感銘を受けましてね。その日から、子供っぽいといえば子供っぽいのですが、自分のベッドのところに《角川は史上最大の出版業者になってみせる》という言葉を書いて貼り、それを毎日大きな声で読みあげていました（笑）。

――信念を潜在意識に叩きこみ、想念のエネルギーにする、角川さんの思考・行動様式の原点は『巨富を築く13の条件』なんですね。

角川　そうかもしれない。この本を読んでからは、夜の商売も止めて、いろんな人に会い、やみくもに本を読み、猛烈に勉強するようになりました。

思い立ったらすぐさま行動に移し、一瞬で人生を変えるのが角川春樹の流儀である。

――どういう人に会い、どんな本を読んだんでしょう？

角川　創文社の社長だった久保井理津男さんから週に一回、出版社の経営とは何かという講義を受けたり、編集者の布川角左衛門さんに会って話を聞きました。

――布川さんは岩波書店の名編集者。岩波を定年退職後、編集技術論（『本の周辺』）をまとめ、自己破産した筑摩書房の再建に当たりました。

角川　そう。布川さんから読みなさいと勧められて読んだ本がスタンリー・アンウィンの『出版概論』（七〇年、布川角左衛門・美作太郎共訳、栗田出版会）で、「出版事業ほど、興すのは簡単で、継続の難しい企業はない」という言葉がいまでも記憶に残っています。

『カラー版　世界の詩集』の大成功（二十三歳）

一九六五年、二十三歳の角川春樹は角川書店に入社した。と同時に、同棲していた大学の同級生の女性と結婚する。

角川　私が入ったころの角川書店の編集部は、石を投げればかならず学者か俳人か歌人に当たるくらい、固い学術出版社でした。それに、二百六十人の大所帯でしたが、会社は赤字で、著者印税が支払予定日に払えないような苦しい状態だったんです。五〇年代に父が確立した、文庫と辞典と教科書の三本の柱から成るビジネスモデルが崩れかけていたんですね。

――最初はどういう部署で働いたんですか？

角川　まず出版部（出版部数を確認する部門）に行かされました。そこで私がやったのは角川文庫の重版のチェックでした。いま一体何が売れているか、データを取って売れ行き調査を始めたんですよ。親父は数字に弱い経営者だったから、そのころの角川書店は細かい売上げ分析をしていなかったんです。

そこで気付いたのは、詩集が意外にロングセラーで、年に一回くらい重版していることでした。文庫だから一年に一回くらいしか重版しないけれど、詩集を全集にしたら売れるんじゃないか、と閃いたんです。でも従来の形の全集じゃ売れないだろう。これからは〝見て　読んで　聴く〟の三位一体の時代がやってくるという予感がありましたから、女性読者が手に取りやすいように、カラー印刷にして、バックにクラシック音楽を流して岸田今日子さんなどの俳優が詩を朗読するソノシートを付けて売ろうと。

――装幀は日下弘。創元推理文庫のカバーデザインを八十点手がけた人ですね。

角川　日下さんは当時、世界文化社の美術全集の装幀を手がけていて、それが見事なので頼んだんです。ですが、ソノシート付きの本を見て、親父は怒りましたね。「おまえは詩を愛してないんだ」と（笑）。

――何と答えたんですか？

角川　「私は詩なんか愛してませんよ。売れるからやってるんです。かならず売れる方向に仕向けますから」と（笑）。

角川源義は出版社の経営者であるかたわら、日本人や日本文化の始原を学術的に探究する国文学者であり続けた。彼にとっての書物は、学問的研究の対象となり、日本人の民族的遺産を継承するものでなくてはならなかった。

角川　私の『カラー版　世界の詩集』と同時期に、親父は『日本文学の歴史』（六七～六八年、全十二巻）という学術的な全集を刊行したんです。自家用のベンツで滋賀、京都、奈良に古代日本の豪族である和邇氏《わにうじ》の調査に行き、膨大な註釈を付けるんですが、初版の八万部から最終巻は二万八千部まで落ちて、売れなかったんです。そのころすでに読者は脚注が煩《わずら》わしかったんですね。

二十四歳の角川春樹の思惑は的中し、六六年～六七年に刊行された『カラー版　世界の詩集』シリーズ（全十二巻）は各巻平均二十万部以上のベストセラーとなり、角川書店としては起死回生の企画となった。この功績で常務取締役に昇格した角川は、続けて学術出版が中心だった角川書店にエンターテインメントの路線を開拓しようとした。

――六六年十一月三十日の「朝日新聞」朝刊の角川書店の全五段広告を見ると、『カラー版　世界の詩集』の広告と並んでカレル・チャペックの『山椒魚戦争』（樹下節訳）とジュール・ヴェルヌの『地底旅行』（石川湧訳）の広告が入り、書名の上に「SF」と銘打ってあります。

角川　それは私の企画ですよ。早川書房の編集者だった福島正実《まさみ》さんが五九年に『SFマガジン』を創刊し、六四年には「日本SF作家書き下ろしシリーズ」を始めたので（伊藤註＝その第一回が、のちに角川が映画化する小松左京著『復活の日』）、これからは「SF小説の時代」と「幻想・伝奇小説の時代」が順を追ってやって来る、と予見していたんですよ。そう思って、それからSF小説を出し続けましたが、翻訳ものより小松左京さん、筒井康隆さん、星新一さん、眉村卓さんといった日本のSFの草分けの作家が売れましたね。

――「これからはSFと幻想・伝奇小説だ」という角川さんの意見は社内で理解されたんでしょうか？

角川　まったく！　私が角川書店に入って二年目の編集会議で、「エラリー・クイーンの短編集をやりませんか。これはすごく面白いエンターテインメントです」と言ったら、「エンターテインメントって何だ？」。「まァ通俗とか娯楽とか」と答えたら、すぐにボツになりました。「角川は娯楽とか通俗はやらない」と（笑）。親父は角川書店を学術出版社だと思っていたんです。

――ここで私生活のことをお伺いします。角川さんは二十四歳まで、女性関係も非常にストイックで硬派でしたが、詩人の宗左近さんの知人の女性占い師に「角川さんは頭が良すぎる。だから、いろいろ先を見すぎてしまう。あなた、もっと遊ばなければ大きくなれない」と言われ生活をがらりと変えた、と語っています。

角川　そう。同棲していた大学の同級生と結婚したように、それまでの私は「つき合って男女の関係になったらかならず結婚しなければならない」という固定観念にとらわれ、武道にいそしみ、女性には晩稲《おくて》な硬派でした。ところが、彼女の言うことがストンと腑に落ち、その翌日から空手の道場通いをやめ、飲めない酒を飲み、咳きこみながら煙草を吸い、それまで妻以外の女性と遊んだことがなかったのに、毎日違う女性と付き合うような生活にのめりこんでいきました。

——硬派だった角川さんがとたんに軟派の修業をはじめたんですね。

角川 まさに修行でした（笑）。それまでの自分の考え方も行動も感覚もすべて古典的すぎるのではないかと思っていましたので、自分を変えるためにむちゃくちゃ遊んだんです。

硬派から遊び人に、ストイックな生活から懶惰《らんだ》な暮らしにパチンとスイッチを切り換えられるところが角川である。以降、まるで武者修行をするかのように、角川はひたすら女性遍歴を重ねる。

労働組合との対立と左遷（二十五歳）

入社し、すぐにベストセラーを出した角川に思わぬ陥穽が待ち受けていた。大ヒットした『カラー版　世界の詩集』に続けての『カラー版　日本の詩集』シリーズ（六七年、全十二巻）が角川春樹にとって災厄となった。

角川 『カラー版　日本の詩集』は積極的にではなく、成り行きで出したものでした。このときはもう、新潮社が『日本詩人全集』、中央公論社が『日本の詩歌』シリーズを出していたので、ちょっと勝ち目がないなと思ったんです。ところが、経理の担当者が「もう予算取りしてあるから出さなきゃダメだ」と先に進めたんですよ。しばらくしてからこのシリーズは重版するんですが、出した当初は売れなくて、返品の山を築き、本は断裁に回されたんです。それを知った労働組合が担当編集者をクビにしろと私を弾劾し始めましてね。同時期に父親が担当した『日本文学の歴史』（六七〜六八年、全十二巻＋別巻）もまったく売れなくて、これもなぜだか私の責任になりまして（笑）、春先に常務になったのに、初夏には責任を取らされて平社員に降格させられ、窓際に追いやられました。ほんとうに窓しかない席でしたね。

――どうしてオーナー経営者の息子で後継者である角川さんが労働組合の圧力で左遷させられたんでしょう？　そこが不思議です。

角川　それはね、社長である親父が労働組合を抑えられなかったからですよ。当時、出版社のなかで角川書店の労働組合は岩波書店、平凡社と並んで強く、出版労協（出版労働組合協議会）に加盟し、賃上げ要求や解雇撤回をめぐる労使交渉はしばしばストライキに発展していました。親父は「社員は家族」と思う温情的な経営者でしたが、共産党員が角川の組合に入りこんで、社員をオルグし、組合が強くなったんです。そうしたなか、私は入社当時から、組合専従の社員は仕事をサボって働かないと思い、ことごとく彼らや組合と対立していたんですね。そんなときに私の企画の『カラー版　日本の詩集』がコケたものだから、組合は鬼の首を取ったかのように私の責任を追及し、印刷所など取引業者が集まる「角川会」やメインバンクの第一銀行までもが私を「無能な二代目」呼ばわりして窓際に追いやったんです。組合員には労働組合という後ろ楯がありましたが、経営者の息子である私には守ってくれる人物も組織もありませんでした。親父はなすすべがなく、経営陣は責任転嫁し、スケープ・ゴートとして私の首を差し出したんです。

窓際からの復讐戦（二十五〜二十七歳）

角川　六七年から六八年にかけて、出社しても、窓際の椅子に座っているだけで、仕事は何もありませんでした。もちろん辞めることは簡単だったんですが、無能な二代目呼ばわりされて会社を追われることが腹立たしく、私は復讐心を燃やしましてね。どうやってこの会社で生き残るか、どのように会社にとって必要な人間になるか――を真剣に考えましたね。

海外小説の翻訳で勝負しようと思ったのは、その当時はまだまだ翻訳権料が安くて、翻訳家との打ち合わせも喫茶店代くらいで済んで金がかからず、赤字で交際費が使えないウチの会社にはありがたかったからです（笑）。当時、角川書店では「翻訳ものは早川書房か新潮社に任せておけ」という風潮でしたが、斬りこむならこの分野しかないと思いましたね。

まずは英語をマスターしようと、代々木の国際語学院で一日おきにプライベートレッスンを受けました。私の窓際の部署には、海外ものの翻訳を担当する女性がひとりいたんですが、そのとき彼女が手がけていたのが映画『アラビアのロレンス』（六二年、デビッド・リーン監督）のもととなった『知恵の七柱』（トーマス・エドワード・ロレンス著）。ある著名な大学教授が訳した訳文を読んでみると、驚くほど日本語が古くさいんですね。そこで自分で原文に当たり、訳し直し、思い切ってダイジェスト（抜粋訳）にして『砂漠の反乱　アラビアのロレンス自伝』（六六年、柏倉俊三訳）という題名で出版したんですよ。これはのちに角川文庫から「リバイバルコレクション」として重版されましたから、私の翻訳が悪くはなかったのでしょう。

次に、六七年ごろ、出版業界で「伝記もの」が流行っていることに目を付け、編集会議に提案して企画を通し、ジョン・F・ケネディや毛沢東の伝記を翻訳しました。それまで地味なカーキ色だった角川文庫のカバーをオールカラー刷りに変えたこともあって、これが当たりましてね。こんなふうにひとつひとつ実績を積み上げていって、私をクビにできない状況をつくっていったんです。

ポール・B・フェイ（ケネディ政権の海軍長官代理）が書いた伝記『ケネディ』（六七年、角川文庫）の翻訳者が常盤新平さんなんですね。常盤さんは当時、早川書房の編集者でしたから、ペンネーム（大原寿人）で訳してくれました。彼は早川ではミステリー小説誌『エラリー・クイーンズ・ミステリ・マガジン（日本版）』の三代目編集長を務め、海外のスパイ小説、冒険小説などを紹介する「ハヤカワ・ノヴェルス」（六四年〜）を創刊し、第一弾としてジョン・ル・カレの『寒い国から帰ってきたスパイ』（六四年）を出版しました。常盤さんは六九年に、社内抗争のために早川を退社し、フリーの翻訳家、作家になりますが（『遠いアメリカ』〔八六年〕で直木賞を受賞）、『ケネディ』から始まり、長い付き合いになりましたね。

親友・武富義夫の教養

――常盤さんとともに、角川さんの右腕になったのが、日本ユニ・エージェンシー（海外著作権エージェント）の代表取締役として知られる武富義夫さんですね。

角川　ここで武富の名前が出るとは驚きました。武富とは二十代半ばに出会い、二〇一七年に彼が亡くなるまで五十年間の付き合いでした。

――角川さんは、六〇年代後半のご自身と武富さん（文中ではT）のことをこう書いています。

「ぼくとTとの出逢いがなかったら、海外小説を出版することもなかったろう。というより、Tと会うために翻訳出版を始めたのかもしれない」「月給三万円のTは、ペラ一枚二百五十円の下訳や雑誌の雑文書きなどでアルバイトをしていた。当然借金もかさんだ。かといって彼には生活に埋没していくという意識はみじんもなかった。むしろ、生活――二人の子供と同棲している女を養っていくという――経済生活から超然としているところがあった。恐らく、それは彼のせめてものの自負であったろうし、人生に対するささやかな挑戦だったのだろう。一月間、毎日、ホテル・ニューオータニからタクシーで会社に通ったりもした。／ぼくはといえば、青山の安アパートで愛人とくすぶっていた。お互い、守るべきなにものも持っていなかった。精神的などんづまり状態で、奇妙に結ばれあっていた。／いつごろからだったろうか、ぼくはTのアパートに入り浸るようになった。コーヒーを飲んだり、酒を飲んだりしながらただひたすら語り合っていた。そして、ぼくたちは満腹するほど沢山の夢を胸につめこんだ。／本も読んだ。このころ読んだ本はノートにメモし、ぼくは自己流の採点を作家と作品につけるようになった。二人で山にのぼり、渓流の水をくんでコーヒーをわかし、一日中、サリンジャーを読みふけったことなどは、今となっては楽しい思い出だ。このころの貯えが後になって、どれほどぼくの力になったかわからない」

——『翔べ怪鳥モア　野性号Ⅱの冒険』

角川　（社長室の隅の祭壇を指し）そこに武富の遺影と分骨したお骨があって、毎朝手を合わせています。武富は大変な読書家で、教養が人生と響き合う稀有の人物でした。

当時、彼は矢野著作権事務所（のちに日本ユニ・エージェンシーと改称）に勤めていましてね。そのころ、チャールズ・E・タトル商会や矢野著作権事務所といった著作権のエージェントが、海外から日本に送られてくる小説のリストを、海外文学を翻訳出版している日本の出版社に振り分けて送っていたんです。紹介する出版社はだいたい決まっていて、純文学なら新潮社、『野生のエルザ』などの動物ものなら文藝春秋、学術的なものはみすず書房、ビジネス関係はダイヤモンド社、探偵小説なら東京創元社か早川書房に「リーディング・コピー」（書籍を紹介するためにあらかじめ送る本文）を送るんですよ。武富の手助けで角川書店がそこに入ることができたんです。

――常盤新平の『翻訳出版編集後記』（二〇一六年、幻戯書房）によれば、神保町の喫茶店でタトル商会の宮田昇さんと角川さんがお金がからむ版権交渉の商談をしていると、角川さんは声が大きく、話が他の席に筒抜けになり、宮田さんははらはらしたと書いてあります。

角川　そう。「角川さん、もうすこし小声で……」とよく宮田さんや常盤さんに窘《たしな》められましたねえ（笑）。いったん小さくするんですが、すぐに私はトーンが上がる。のちに私と、父と息子のような関係になる瀬島龍三さん（第二次大戦中は大本営陸軍参謀兼海軍参謀。シベリアに十一年抑留され帰国後、伊藤忠商事会長。山崎豊子著『不毛地帯』のモデル）は「大きな声で面と向かって意見を言う男は信用できる」と常々言っていましたし、常盤さんは「声の大きな人に悪い人はいないですよ、角川さん」と慰めてくれました。

――話は脇道にそれますが、当時の日本ユニ・エージェンシーには、のちに柄谷行人やビートたけしの本を出す、太田出版の社長で社会運動家だった高瀬《たかせ》幸途《よしみち》さんもいたと聞きます。

角川　高瀬は武富の下で働いていました。ですが、あるとき忽然と姿を消す。そして三年経ってまた会社に戻って来るんですが、三年間何をやっていたかというと、「バーテンダーをやりながら金を貯め、拳銃を手に入れてテロを行おうとしていたのではないか」と武富から聞きました。彼は見城徹（現・幻冬舎社長）とともに全共闘世代であり、学生時代は社青同解放派の闘士でした。見城はその後、転向して安倍政権べったりになりますが、高瀬は生涯、社会運動家であり続けました。いまわの際でインターナショナルを歌っていた堤清二（辻井喬）さんもそうですが、私は右でも左でも、何があっても転向しない、生涯節を曲げなかった男が好きです。そんな筋金入りの左翼の高瀬ですから、きっとやりたいことがあったんでしょう。太田出版に行ってから高瀬が何をやったかを私は知りませんが、高瀬が企画した、東アジア反日武装戦線〝狼〟のメンバーで死刑囚である大道寺将司さんの『棺一基大道寺将司全句集』（一二年、太田出版）に「日本一行詩大賞」の大賞を、選考委員として私が与えたとき、久々に彼に会い、それが彼に会った最後でしたね（高瀬幸途は一九年に七十一歳で死去）。

〝キネマ文庫〟と揶揄される（二十八歳）

七六年から始まる「角川映画」に勝るとも劣らない角川春樹の重要な仕事が、七〇年から始まる、「角川翻訳文庫」と呼ばれる一連の海外文学の紹介である。このラインナップについて、文芸評論家の坪内祐三はこう書く。

「昔、角川文庫は、とてつもなくイカシテいた。昔といっても、それはほんの十年ほど前のことだが、今思うと信じられない生きの良い海外文学―特にアメリカの―が次々に翻訳されていたのだ」「洋書屋に行って、ヴィンテージやペンギンのコンテンポラリーアメリカのペイパーバックがきれいに並べられている棚を眺めるたびに、たしかに充実したラインナップだけど、日本にはもっとすごい文庫本《ペイパーバック》のシリーズが、かつて二十年も前に存在していたのだぞ、と捨てゼリフの一つもはいてみたくなる」（「角川文庫のアメリカ文学が僕の大学だった」『本の雑誌』九一年一月号）

――坪内さんより二歳下の私も、中学生のころ、カバーが映画のスチール写真の『イージー・ライダー』（六九年、デニス・ホッパー監督）、『ひとりぼっちの青春』（六九年、シドニー・ポラック監督）、『恋のエチュード』（七一年、フランソワ・トリュフォー監督）などの角川翻訳文庫を古本屋で買い集め、映画をテレビの深夜放送や近くの名画座で観て、原作と比べることの面白さを知りました。とりわけ、角川文庫の『イージー・ライダー』（七二年、佐和誠訳）は曲の指定まで入っている脚本（テリー・サザーン）の日本語訳でしたので、映画との比較が楽しめました。

角川　それはうれしいね。これらは私が編集を手がけ、同時代の翻訳家の手を借り出版したものです。

——すべての発端は『卒業』だった、と角川さんは何度も書いています。六八年に日本で公開されたアメリカン・ニューシネマの代表作の一本、『卒業』（六八年、マイク・ニコルズ監督）は映画もヒットし、早川書房から刊行されたチャールズ・ウェッブの翻訳本（佐和誠訳）やCBSソニー・レコードから発売されたサイモン＆ガーファンクルの日本版LPもオリコンで一位になりました。この「映画と本と音楽」の相乗効果に目を付け、角川さんが映画の原作の翻訳出版を始め、やがては『犬神家の一族』（七六年、市川崑監督）から始まる「角川映画」にいたることは知られた事実です。

角川　『卒業』の早川書房の原作本は十万部以上売れたんですよ。映画との連動で本が売れるんだという発見と、常盤新平さんが私にぽろっと言ったひと言、「映画の宣伝費で本を売ってくれるんですよ」が大きなヒントになりましたね。「そうか、映画会社が宣伝してくれるから、ウチは宣伝費がからずに済むな」と（笑）。

しかし、そのころの映画の原作はおもに早川書房が手がけていた。当時の社長、早川清が昭和三〇年代の初めごろから、映画化ものの原作の翻訳に可能性を見出し積極的だったからである。『ジャイアンツ』（五六年、ジョージ・スティーヴンス監督、原作はエドナ・ファーバー）、『エデンの東』（五五年、エリア・カザン監督、原作はジョン・スタインベック）などの映画化シリーズを十点ほど出し、「ハヤカワ・ポケット・ブック」という映画原作の叢書をつくり、『麗しのサブリナ』（五四年、ビリー・ワイルダー監督、原作はサミュエル・テイラー）、『必死の逃亡者』（五五年、ウイリアム・ワイラー監督、原作はジョゼフ・ヘイズ）など二十点ほどを刊行した。六〇年代後半にも、『マーニー』（六四年、アルフレッド・ヒッチコック監督、原作はウィンストン・グレアム）や『ローズマリーの赤ちゃん』（六八年、ロマン・ポランスキー監督、原作はアイラ・レヴィン）を映画とともに売り、『卒業』を大ヒットさせた。

――早川書房が独占状態だった映画の原作翻訳に角川さんはどのように斬りこんだんでしょう？

角川　早川書房は映画化の情報を摑んでいなかったんです。私はそのころ、MGM、CIC、パラマウント、20世紀FOXや当時、松竹のなかにあった松竹富士などの洋画配給会社の宣伝部に絶えず通って、公開予定映画のリストを見せてもらい、原作のあるものをチェックし、原作がない場合にはノベライゼーション（映画の脚本などを基にした小説）が出せるかどうかを確かめました。そういうことまで早川書房はしてなかったんですね。

――足を使って映画化の情報を集め、早川の先を越したわけですね。

角川　その通りです。二百ドルか二百五十ドル（およそ七万二千円から九万円）くらいのアドバンス（前払い）で、早川に先駆けて権利を買っていくわけですよ。

――「角川翻訳文庫」は七〇年から始まり、一月に『彼らは廃馬を撃つ』（ホレス・マッコイ著／シドニー・ポラック監督『ひとりぼっちの青春』（六九年）の原作）、『さすらいの青春』（ジャン＝ガブリエル・アルビコッコ監督作品（六六年）の原作であるアラン・フルニエ『モーヌの大将』を映画化題名で出版）、『ジョンとメリー』（マーヴィン・ジョーンズ著／ピーター・イエーツ監督の同名映画（六九年）のノベライゼーション）、二月には『ナタリーの朝』（スタンリー・シャピロ著／フレッド・コウ監督の同名映画（六九年）の原作）、『さらば恋の日』（エンレコ・パッティ著／マウロ・ボロニーニ監督の同名映画（六九年）の原作）、『雨にぬれた舗道』（ピーター・マイルズ著／ロバート・アルトマン監督の同名映画〔六九年〕の原作）などが矢継ぎ早に刊行されます。そのなかでとくに『彼らは廃馬を撃つ』は、早川書房を辞めたばかりの常盤新平によって翻訳されたアメリカ文学の名篇で、当時はすぐに絶版になりましたが、現在は白水社から復刊されたもので読めます。

角川　いまでこそ評価がありますが、当時はほかの出版社からは、映画に便乗した〝角川キネマ文庫〟と揶揄《やゆ》されました（笑）。でも、あるとき紀伊國屋書店の文庫売上げの一位から十位までをすべて角川の翻訳文庫が独占したことがあって、まもなく他社もウチの真似をして、映画の原作を文庫にするようになりました。

——七〇年は毎月二、三点ずつ、ハイペースで出版していますが、これはなぜでしょう？

角川　それはね、いままで岩波文庫と新潮文庫と角川文庫しかなかったところに、七一年に講談社文庫、七三年に中公文庫、七四年には文春文庫と各社が文庫戦争に参入してくる情報が飛びこんできたからです。とくに業界最大手の講談社が五十五冊ものまとまったラインナップで文庫市場に殴りこんでくることは角川には脅威でしたね。だから、講談社が出す前にウチが文庫の棚を取ってやろうと。

——先手を打ったわけですね。

角川　そうです。

——七〇年に映画『キャンディ』（六八年、クリスチャン・マルカン監督）の公開とともに出版された原作は、『博士の異常な愛情』（六四年、スタンリー・キューブリック監督）や『イージー・ライダー』の脚本家で、八〇年代には「NBCサタデー・ナイト・ライブ」の構成を担当する異才、テリー・サザーン原作の小説（六〇年、メイソン・ホッフェンバーグとの共作）の邦訳ですが、訳者の「高杉麟」はヘミングウエイの翻訳で知られる高見浩さんですね？

角川　そう。高杉晋作と勝麟太郎が好きな高見がペンネームを考えたんです。彼は雑誌「宝石」（四六年創刊の推理小説の雑誌。宝石社の倒産後、六五年、光文社に誌名を買い取られた）の編集者でしてね。前年（六九年）に光文社を辞めて、『キャンディ』で初めて翻訳を手がけるんです。そのあと「マルティン・ベック」シリーズ（全十巻。スウェーデンの警察小説、七一年から角川文庫で刊行）をウチから出版し、他社ではヘミングウエイを翻訳するんですが、二〇〇〇年に角川春樹事務所の四周年記念として『日はまた昇る』（角川春樹事務所、〇三年に新潮文庫に収録）を新訳してもらうんですよ。『日はまた昇る』は私が高校時代から愛読している小説で、高見の新しい訳は会話が生き生きとしていて素晴らしかったです。

——七一年の『哀愁のパリ』は、ルノー・ヴェルレー主演、ジョルジュ・ファレル監督のフランス映画（七〇年）の原作小説で、『風車小屋だより』や『最後の授業』で有名なフランスの小説家、劇作家であるアルフォンス・ドーデの『サッフォー』（一八八四年）の翻訳を作詩家のなかにし礼に委ねました。なかにしさんはこう書いています。「一九七〇年秋、今年もそろそろ終わろうかというころ、わが家をおとずれた角川春樹君が唐突にも言った。／「サフォーを訳してみないか？／ドーデのかい？／ああ」彼は平然としてうなずいている」「角川春樹という男は、言い出したら後へ退かない男である。／『ここに資料を置いてゆく。年内に仕上げてくれ！』／『年内！そんな馬鹿な……』」（『哀愁のパリ』あとがき）。この文章から角川さんの原稿依頼の様子が目に浮かんできます。

角川　ハハハ。なかにしさんは作詩家として多忙なのに、無理を聞いてくれたんです。

珠玉の「海外純文学シリーズ」（三十歳）

こうした「角川翻訳文庫」の流れとは別に、角川は「海外純文学シリーズ」と銘打ち、知られざるアメリカ文学を翻訳する。イェールジ・コジンスキーの六五年の『異端の鳥』（七二年、青木日出夫訳）、シルヴィア・プラスの『自殺志願』（七四年、田中融二訳）、ジョン・チーヴァーの『ワップショット家の人びと』（七二年、菊池光訳）、ジョイス・キャロル・オーツの『かれら』（七三年、大橋吉之輔・真野明裕訳）という気鋭の作家に加えて、このシリーズには、六〇年代後半にデビューしたばかりの新人の作品、ロバート・ヘメンウェイの『ビートルズと歌った女』（七二年、安達昭雄訳）やレオナード・ガードーナー『ふとった町』（七三年、安達昭雄訳）も入っていた。

――この目くるめくラインナップは、どなたがどのように選んだのでしょう？

角川　よくぞ聞いてくれました。私と武富義夫、常盤新平さん、青木日出夫さん（アメリカ文学の翻訳家、風俗史研究家）が月に一、二回、御茶ノ水の山の上ホテルに集まってミーティングを開き、武富が持ってきた日本ユニ・エージェンシーの翻訳可能な小説のリストをもとに、アメリカ文学に精通した青木さんと常盤さんが新進気鋭の作家を選んでいったんです。青木さんとは『いちご白書』（七〇年、スチュアート・ハグマン監督、ジェームズ・クーネン著）の翻訳で知り合い、コジンスキーの小説をウチでずっと翻訳してくれました。

――コジンスキーはポーランド出身、五七年に渡米した作家で、『異端の鳥』（一九年、ヴァーツラフ・マルホウン監督）ばかりではなく、『チャンス』（七九年、ハル・アシュビー監督）の原作者としても知られています。

角川　そう。コジンスキーは青木さんの情熱がなければ日本で読めなかったでしょう。あるとき、開高健さんが「海外純文学シリーズ」のラインナップを見て、「これは誰が選んでいるんだ？」と私に会いに来たことがありました。

――開高健は壽屋（現・サントリー）に入社する前、大阪の洋書輸入商の北尾書店にいたので翻訳書には詳しかった。

角川　そう。『ジャッカルの日』の出版のときに、ゲラを読んでもらい宣伝のコメントを遠藤周作さんとともに開高さんに依頼したんですね。開高さんは私のやんちゃなところが気に入って、晩年は週に一回は一緒に食事をするほど親しい関係になりましたが、残念ながら書き下ろしはやってもらえませんでしたね（『月刊カドカワ』編集部の藤本和延を聞き手に開高が古今東西の名著を紹介する『今夜も眠れない名著ゼミナール』〔八五年、角川書店〕という対談形式の著作がある）。

『ラブ・ストーリィ　ある愛の詩』の大成功（二十八歳）

七〇年一月からの「角川翻訳文庫」のあと、十一月に発売された『ラブ・ストーリィ　ある愛の詩』の単行本は四十七万部、文庫になってからも六十七万部の爆発的なヒットが角川春樹のみならず、角川書店の命運を変えた。

――『ラブ・ストーリィ』（『ある愛の詩』〔七〇年、アーサー・ヒラー監督〕の原作、エリック・シーガル著）は、長いリーディング・コピーではなく、梗概《あらすじ》だけを読んで買ったと聞きました。

角川　そうです。他の日本の出版社は『ラブ・ストーリィ』を「フリーセックスの時代に時代遅れの純愛もの」と無視しましたが、私は「純愛ブームは〝十年周期〟でやってくる」と確信していましたから、梗概だけを読んで、すぐにアドバンス二百五十ドル（約九万円）で買ったんです。海外の版元は「東洋の本屋が梗概だけで買った」と驚いていましたね。

「純愛ブームは十年周期で来る」という閃きは角川春樹という編集者ならではの直感としか言いようがない。しかし、角川のこの直感を社内で理解する者はいなかった。

角川　最初は営業部も「売れない」と判断していました。編集会議に提案しても、父親を始めとする編集部員から反対されることは目に見えていましたから、自分で翻訳し（訳者名は板倉章）、自分のクビをかけて独断専行で出版したんです。

映画『ある愛の詩』の宣伝を、洋画配給会社ＣＩＣ（ＵＰＩの前身）の宣伝部次長、上野たま子さんから任されたことも大きかったですね。

――上野さんはＣＩＣに入る前、作家向田邦子と「映画ストーリー」（近代映画社）で同僚で、のちに『向日葵と黒い帽子　向田邦子の青春・銀座・映画・恋』（九九年、ＫＳＳ出版）や『雑誌記者向田邦子』（〇七年、扶桑社）などを書きます。

角川　それは知らなかった。そういえば、初めて編集者時代の私を取材に来た記者が向田邦子さんでしたね。上野さんに話を戻すと、『ある愛の詩』は、洋画配給会社が出版社に宣伝を依頼した初めてのケースだと思います。その宣伝費を使って映画のプロモーションとともに、原作者を呼び、本の宣伝ができました。

このあと映画『ジャッカルの日』（七三年、フレッド・ジンネマン監督）の公開のときも、俳優ではなく、原作者のフレデリック・フォーサイスをプロモーションのために来日させました。本を売るためには俳優より原作者が重要なんです。『ジャッカルの日』では、朝日新聞と読売新聞のテレビ・ラジオ欄の下十段を買い切って、ＣＩＣと共同で宣伝を打ち、本がベストセラーになるんですよ。

こうやってだんだん、映画と本を結びつけていくと大きなビジネスになるな、ということがわかってきました。「これからは出版社やレコード会社が、本やレコードを売るために映画を作ってもいい時代なんだ」と思い始めたんです。

――角川さんは『ラブ・ストーリィ』に惹きつけられたもうひとつの理由を、歌人の岡井隆との対談でこう語っています。

「女房が白血球を失っていく病気にかかり、どうしてもお金が要る。それで何年ぶりかで（主人公を勘当した――引用者註）父親を訪ねる。父親は『何のために使う金か。女のことか』と聞く――このセリフが同じなのですが、私が父から言われたことと（笑）。『女』とは女房以外の女のことを指しているのですが、主人公は『ええ。そうです』と答える。『いくら要るんだ』『五千ドルです』。父親は五千ドルの小切手を書いたものの、息子にどうやって渡していいかわからない。小切手を真ん中に置いて、お互いに戸惑っているわけです。ようやく渡し、受け取った息子がスタスタと部屋を横切り、ドアを出る直前に振り返って『お父さん、ありがとう』と言う。この一カ所は何回読んでも涙が出てきてしょうがなかった」

――『短歌』八三年十一月号「大いなる狂気」

――角川さんは『ラブ・ストーリィ』の「父と子の確執と和解」というサブプロット（脇筋）に、ご自身と源義さんとの関係を重ね合わせた。

角川　そうです。私は「目の前の作品に自分の精神を近づけてゆく」作業を行うんですよ。

――それはどういう作業でしょう？

角川　勝負作に自分の思いを入れてゆく。これは私の持論ですが、作品や事業の成功にはマーケティングやコンセプト以上に、いかに情熱＝エネルギーがかけられているかが重要なんです。エネルギーが注ぎこまれた作品はかならず読者の心を打ち、ヒットする。

商品に個人的な情念を塗りこめてゆく——こうした角川春樹ならではのやり方は、『ラブ・ストーリィ　ある愛の詩』から始まり、やがて角川映画の『人間の証明』を経て、『天と地と』（九〇年）にいたる。

——『ラブ・ストーリィ』のヒットを源義さんはどう思われたんでしょうか？

角川　冷ややかに見ていましたね。父の出版事業に対するヴィジョンは私とは大きく違っていましたから。父はエンターテインメントで儲けることは角川書店の本義ではなく、邪道だと思っていました。

——『ラブ・ストーリィ』のように父と息子の和解は成らなかったんですね。

角川　成らなかったどころか、私と父との溝を拡げようとして周囲から中傷する者もいました。雑誌の取材を受けたときに、言わなきゃいいのに、つい「父は二流の経営者だ」なんて批判をするものだから、このころ四度目の勘当をされました（笑）。

——一度目は二百人相手の乱闘事件のとき。二度目、三度目はなぜだったのでしょうか？

角川　女性がらみのことですよ（笑）。

七三年、角川はのちに二番目の妻となる女性との間に子供ができたため、最初の妻と離婚し、その女性と入籍。その二か月後に三番目の妻となる女性との間に子供ができたため、二番目の妻と離婚し三番目の妻と入籍した。つまり、同時期に三人の女性と付き合い、そのうちの二人が妊娠したのである。このような息子の女性関係に父源義は激怒した。しかし、付き合った女性との間に子供ができれば、かならず子供のために入籍するところが角川独特の律儀さであり、そのために前の妻や子供と容赦なく離婚するところが角川ならではの冷酷さである。

文庫を読み捨てに、ポップに（二十九歳）

七一年、『ラブ・ストーリィ』が角川書店始まって以来のミリオンセラーになり、角川は編集局長（編集の責任者）に返り咲いた。その頃の角川は坊主頭に革のコート姿だった、と当時の部下の藤本和延は語る（『週刊ポスト』九八年四月二十四日号）。

――このとき、単行本（ハードカバー）ではなく文庫に力を入れようとしたのはなぜでしょうか？

角川　六六年か六七年、ベトナム戦争のころ、私が初めてアメリカに旅行したとき、ホテルのトイレに行くと、かならずゴミ箱にペーパーバックが何冊も捨ててあるんですよ。当時のペーパーバックは、汗を拭くのにちょうどいいくらいの水分の吸収がいい紙質で、内容はほとんど、怪奇、スリラー、SFといったエンターテインメント、あるいは『0011ナポレオン・ソロ』（六四～六八年）や『プリズナーNo．6』（六七～六八年）といったアメリカの人気テレビ番組のノベライゼーションでした。トイレへ行って、「アメリカではペーパーバックは読み捨てなんだな」と気付いたんです。だったら、日本でペーパーバックに相当するのは文庫だ、「文庫を読み捨てにする文化」を作ろう、と。

――それまでそうした考え方はなく、岩波文庫や新潮文庫などは〝ロングテールビジネス〟（読書人のために単行本より安くして、長い間売る）という考え方で出されていました。

角川　しかし、私は早い時期から「文庫」というものは消耗品だと思っていて、私自身が海外旅行に行くときも、トランクいっぱいに文庫を詰めて、旅行先でそれを読み捨てて来たわけです。機内で読むもの以外全てなくなったときに、そろそろ帰ろうか……と。

――旅行には角川文庫を持って行くんですか？

角川　いえ、他社のもふくめてカバン一杯に詰めていきます。「文庫を読み終わったら帰る旅行」を武富義夫とよくしました。「お前は山を登りながら文庫を読むのか」と武富は呆れ返っていましたね（笑）。

――横溝正史《よこみぞせいし》や森村誠一を、気楽に読める、〝ペーパーバック・ライター〟だと考えたんですね？

角川　そうです。本格的な読書家には違和感があるかもしれませんが、「イージー・リスニング」という軽音楽のジャンルがあるように「イージー・リーディング」ができる文庫があってもいいだろうと思いました。アメリカでは、「ペーパー・オリジナル」（書き下ろしのペーパーバック）の出版社として「ゴールド・メダル・ブックス」や「エース・ブックス」などが有名ですが、日本では角川文庫がそれになろうと。

――「読み捨て」を提唱しながら、石岡瑛子といった気鋭のデザイナーを起用し、装幀をカラフルでポップにしたのはなぜでしょうか？

角川　それはね、平置きした文庫を目に留めてもらうには、装幀が決め手だからです。初めて書店で文庫を平置きしてもらったのはウチなんですよ。最初は多くの本屋さんが「単価の安い文庫を平置きするなんて」と拒否反応を示しました。そこで私は、「一冊の単行本《ハードカバー》のスペースに文庫は二冊置けます。部数が出るので売り上げも伸びますよ」ということを実際に数字をお見せして書店員さんを説得して回ったんです。

それに、オイルショック（七三年）のとき、紙代がどんどん高騰して定価を上げなきゃならなくなり、本の奥付に価格を入れてると新価格のシールを貼らなければならなかった。だからカバーに定価を入れて、価格改定のときにはカバーを変えていったんですよ。

——価格の変動に、カバーで対応していたわけですね。遠藤周作の文庫は和田誠、片岡義男の本は大谷勲の写真に竹原宏の装幀など、当時から角川文庫のカバーはポップでした。

角川が自社の文庫を書店に平置きしてもらえたのは、普段から各書店との密接な付き合いがあったからだろう。「ある都内の書店では、『角川は週に一回担当者が来る。新潮は月に一回。岩波は全然来ない』と言う。この角川書店の人海戦術、書店密着作戦には定評があり、文庫多しと言えども、沖縄の離れ小島まで足を運ぶのは角川のみとか」（『文化通信』七四年六月十日号）とある。

「角川文庫祭」と石岡瑛子（二十六〜三十九歳）

角川は文庫の販売促進のための「角川文庫祭」を開催し、ユニークなポスターヴィジュアルやテレビスポットを考えた。

角川　「角川文庫祭」は私が編集局長になる前の六八年から始めて、年三回、文庫がよく売れる春の新学期と夏休みと年末年始に行いました。七一年に私が編集局長になってからは、文庫祭に合わせて、文庫のカバーを変え、書店にポスターを貼ってもらい、ＴＢＳとＮＥＴの二局からテレビコマーシャルを流したんですが、グラフィックデザインを石岡瑛子さんにお願いしました。

——石岡瑛子は、六一年に東京芸術大学を卒業後、資生堂に入社し、六五年に若手デザイナーの登竜門である「日宣美賞」を受賞します。七〇年代にはフリーのグラフィックデザイナー、アートディレクターとして活躍したあと、八〇年代からニューヨークに移住、マイルス・デイヴィス『TUTU』（一九八六年）で晩年の「ジャズの帝王」の覇気をスフィンクスのような表情で捉えてグラミー賞の最優秀レコーディング・パッケージ賞を受賞し、映画のセットデザインや衣装も手がけ、『ドラキュラ』（九二年、フランシス・F・コッポラ監督）でアカデミー衣装デザイン賞を受賞します。

角川　彼女が資生堂を辞めた直後に、北山修の『さすらいびとの子守歌』（七二年、角川文庫）のカバーデザインをお願いしたんですね。夕焼け空の写真をあしらったデザインが凄く良くて、文庫の売れ行きに貢献したんです。

――石岡瑛子は片岡義男の『スローなブギにしてくれ』（七六年）や五木寛之の『ガウディの夏』（八七年、ともに角川書店）のハードカバーでも装幀を手がけ、文芸誌『野性時代』（七四年〜）ではロゴタイプデザイン、表紙の演出、レイアウトのフォーマットの設計から雑誌の企画まで一手に引き受けます。活字によるコミュニケーションである文学の世界に、ヴィジュアルの専門家としてのアートディレクターを入れることは、当時としては異例のことでした。

角川　そのきっかけは『さすらいびとの子守歌』での仕事と、ＰＡＲＣＯの「裸を見るな。裸になれ。」などの宣伝だったんです。

――「裸を見るな。裸になれ。」（七五年）は『ルシアンの青春』（七三年、ルイ・マル監督）のヒロイン、オーロール・クレマンがトップレスになるヴィジュアルでしたね。

角川　そう。あの広告を見て、「角川文庫祭」のアートディレクターも彼女に任せようと思ったんです。

――七三年の角川文庫祭のポスターは、アメリカのアリゾナ州で撮影された（カメラマン＝坂田栄一郎、コピーライター＝杉本英之）、男（俳優アリー・ドマシン）がふらりと旅に出て、一日中走らせたジープを道端に停め、ブルージーンズのポケットにねじこんでいた文庫本をひっぱり出して読むヴィジュアルです。朝日新聞全国版に全面広告が掲載され、赤字に白抜きの文字が入るセルロイド板のポップが全国の書店に置かれました。このときのコピーは、「ひとり。光を読む。風を聞く。角川文庫」「ひとり。今日を読む。明日を聞く。角川文庫」「1973年夏。あなたは旅に出る。太陽のしたの角川文庫」。

七四年の「砂になる一冊」「旅にでる一冊」のコピーともども、角川さんの「文庫を旅行に持って行き、読み捨てる」考え方がヴィジュアル化されたポスターでした。

角川　そうです。コピーは杉本英之と私が考えました。こうした「流離《さすら》い」や「漂泊」のイメージには五木寛之さんの旅のエッセイの影響がありますね。五木さんの本は『風に吹かれて』から角川文庫に収録（七二年）し、彼が講談社文庫フェアのために書いた「神聖文庫から野性文庫へ」というコピーから『野性時代』を思いつきました。

――七四年のテレビCMは七三年より挑発的で、アメリカの駐車場でカーラジオを聴いていた日本人の若者（元劇団四季の寺田稔）がバッグいっぱいの文庫を突然、車外にぶちまける。雨の中、飛んで来た警官が「これは一体何だ?」。若者は「This is Kadokawa Bunko」と答える。

角川　でもね、このCMは「本をぞんざいに扱っている」と批判を受けました（笑）。

――七五年冬の角川文庫祭のポスターは、フランスのノルマンディーの海岸で角川文庫を読む女性（アン・ロジャース・リース）の上に「女性よ、テレビを消しなさい。女性よ、週刊誌を閉じなさい」のコピー。七七年はさらに逆説的で、角川文庫を読む女子大生風の女性にかぶせて「文学少女は、もうマイナスのシンボルになってしまった」。当時、このポスターを見て頭に来た読書家の女性は多いと思います（笑）。

角川　私は「文学少女がマイナスのシンボル」なんてことはつゆ思っていませんが、文学少女じゃない未知の読者を獲得するためにこの杉本のコピーを採用したんです。

――獲得できましたか？

角川　できたかどうかわかりませんが、「よけいなお世話だ」とずいぶん反響はありました（笑）。

石岡瑛子は「典型的なインテリ層が創ってきた知性を化石化する」狙いで角川文庫の広告を考えたという（『石岡瑛子　血が、汗が、涙がデザインできるか』二一年、小学館）。角川文庫祭のコピーは、それまでの読書家の常識を逆なでし、世間を挑発することで注目を集めた。角川はこの手法を映画を宣伝する際の自らの発言や、映画『白昼の死角』の〝狼は生きろ、豚は死ね〟という、差別的とも取られかねないコピーでも用いた。

――七九年以降の角川文庫祭のコマーシャルは石岡瑛子さんが担当を離れたこともあり、しだいに「挑発」が影を潜めていきます。薬師丸ひろ子さんのUPに「時間がないんだ青春は。」というコピーがかぶさる七九年の角川文庫祭のヴィジュアルは評判を呼びました。

角川　薬師丸を発見して、イメージキャラクターに起用するようになってからコマーシャルを意図的に変えましたね。薬師丸が浴衣姿で蚊取り線香を団扇であおいでいたり、人形浄瑠璃の「八百屋お七」の人形になったりする映像にかぶさって「好きです、日本語――角川文庫」とコピーが乗るコマーシャル（八一年）は批判がなく、ものすごく評判が良かった。これは杉本ではなく、私がひとりで考えました（笑）。

横溝正史と〝お化け屋敷〟路線（三十九歳）

七一年、編集局長になった角川は日本の作家の発掘に向かった。手始めに角川文庫に収録したのが横溝正史の『八つ墓村』。角川が『週刊少年マガジン』に連載された影丸譲二の作画による漫画『八つ墓村』（六八年）の人気と当時の「オカルトブーム」に着目して、横溝正史を訪ねて行ったことはよく知られた事実である。

角川　横溝さんは六四年の『蝙蝠男《こうもりおとこ》』以降新作の発表がない〝忘れられた作家〟でしたので、もう亡くなっているとばかり思っていました。ところが、ご遺族に復刊の相談をしようと家を訪ねて行くと、ご本人が出て来られた（笑）。横溝さんは、戦前は『新青年』に『鬼火』や『蔵の中』（ともに三五年）、戦後は『本陣殺人事件』（四六年）、『八つ墓村』、『犬神家の一族』（ともに五一年）などの代表作を発表しますが、六〇年代に入って社会派ミステリーの擡頭《たいとう》とともに発表の場が減り、松本清張に〝お化け屋敷〟と否定され、息の根を止められるんですよ。

——松本清張が横溝らの小説を、「特異な環境」を舞台に「特別な性格の人間」を登場させ「物理的なトリック」を用い「背筋に氷を当てられたようなぞっとする恐怖」を醸し出す、〝お化け屋敷〟のようなものと蔑視し、そこから平凡な人が登場するリアリズムの小説に脱却しようと主張したエッセイ「日本の推理小説」（『文学』六一年四月号）のことですね。

角川　そうです。松本清張を始めとする社会派ミステリーの作家は他社が押さえているので、ウチは〝お化け屋敷〟で行こうと（笑）。

純文学や社会派、本格派ミステリーの新潮社に対し、角川書店は「変格」的、土俗的、民俗学的ミステリーといった〝キワモノ〟で勝負をかけたのだ。

――そのお化け屋敷のイメージアップに貢献したのが、杉本一文（イラストレーター、のちに国際的な銅版画家）の表紙絵です。角川文庫の横溝正史作品は、黒の背表紙に緑色の題名と、杉本一文のおどろおどろしく心がざわめくイラストとが不可分でした。杉本さんは横溝作品以前に商業作品を手がけていませんが、どのように見つけ出したのでしょう？

角川　七一年の『八つ墓村』の表紙は他のイラストレーターでした。本は売れていましたが、装画はもうひとつだなあと思っていたところ、ふいに『杉本一文作品集』（自費出版）という小冊子が私の手元に届いたんです。それを見て「素晴らしい」と思い、本人に会ったら「送った覚えはありません」（笑）。杉本とはそんな不思議な縁で会いました。

――角川映画第一弾『犬神家の一族』（七六年）のポスターも杉本一文。映画の成功に杉本装画が貢献していると思います。

角川　ひとりの作家を売り出すには、その世界観を描けるひとりのイラストレーターが必要なんですよ。

――夢野久作（角川文庫）と米倉斉加年《まさかね》（俳優、絵本作家、画家）の装画、三島由紀夫や連城三紀彦作品（講談社文庫）にとっての村上芳正（三島由紀夫に見出された耽美的な画風の挿絵画家）もそういう関係ですね。

角川　そう。村上芳正さんは角川文庫では赤江瀑作品（のちに角川が映画化を企画する『オイディプスの刃』〔七四年〕の作家）や『家畜人ヤプー』（沼正三著、七二年）にぴったりだと思い、装画をお願いしました。

――小松左京作品と生頼範義《おうらいのりよし》のイラストも不可分ですね。

角川　生頼さんには『復活の日』をハリウッドにプレゼンするときのストーリーボード（映画の内容を説明するためのイラスト付きの梗概）を描いてもらいましたね。

——杉本一文から一転、森村誠一作品にはエアブラシを巧みに使うイラストレーター、山下秀男（ペトロ山下）を起用しましたね。

角川　土俗的な横溝作品と都会的な森村作品のタッチを、二人のイラストレーターでがらりと変えたかったんです。

——角川さんは、横溝正史をベストセラー作家にしたあと、八一年に「横溝正史ミステリ大賞」という新人文学賞を創設します。これはどういう意図だったのでしょうか？

角川　江戸川乱歩賞の向こうを張ったんです。それに、横溝さんの作品はミステリーでありながら土着的なホラーの先駆けでもありますよね。私のなかに、まもなく「ホラー・ブーム」がやってくるという予感がありましたから、ミステリーの範疇に収まり切れないジャンルの小説を八一年から「横溝ミステリ大賞」で発掘しようとしたんです。第一回の受賞作がこのあと映画化（八二年、増村保造監督）する斎藤澪さんの『この子の七つのお祝いに』（八一年、角川書店）、第二回の受賞作が阿久悠さんの『殺人狂時代　ユリエ』（八二年、カドカワノベルズ）でした。

森村誠一とサラリーマンの悲哀（三十二歳）

七〇年代後半の角川文庫の二枚看板は横溝正史と森村誠一である。角川が原稿依頼のために初めて森村の自宅を訪ねたのは七四年のこと。森村はそのときの様子をのちにこう回想している。

「当時まだ駆け出しの私は、神奈川県厚木市の郊外に住んでいた。そこへ富山出身の春樹氏は、富山名物の大きな寒鰤《かんぶり》を手に提げてやって来た」「挨拶もそこそこに角川氏は『このたび社運を懸けて文芸誌（引用者註―『野性時代』）を創刊しました。つきましては、その柱としてあなたの作品をぜひいただきたい』と依頼を切り出した。大手出版社が社運を懸けて創刊した文芸誌の柱、といわれて、私は驚きと同時に興奮した。まだ駆け出しで、ようやく作家の末席に連なったばかりの私に、次期社長が辞を低くしての要請である。咄嗟に返す言葉に詰まった私を睨むように目を合わせた角川氏は、『ついては、作家の証明書になるような作品を、ぜひ書いていただきたい』と言った」

――（『本の雑誌』一五年十月号「作家の証明との出会い」）

角川　そんなことを言った憶えはまったくないんです（笑）。でも、森村さんの小説を初めて読んだときのことははっきり憶えていますよ。私が窓際で鬱々としていたころ、那須英三さんという編集者が担当して青樹社から出版した『大都会』や『不良社員群』（ともに六七年、のちに角川文庫）といった森村さんの初期作品を、鉄道弘済会（現・キオスク）のスタンドにあるサラリーマン向けの本のコーナーで買って読んで、サラリーマンの哀感に共鳴したんですね。

――青樹社の本は五千部刷ってたった二百部しか売れず、そのうちの百部は森村誠一が自分で買っていた。残りの百部の読者のなかに角川さんがいた、と森村さんは証言しています（『遠い昨日、近い昔』〔一九年、角川文庫〕）。

角川　でもそのあと、森村さんは六九年に『高層の死角』（講談社、のちにハルキ文庫）で江戸川乱歩賞を、七二年に『腐蝕の構造』（毎日新聞社）で日本推理作家協会賞を受賞し、それから売れ始め、カッパ・ノベルスで出した『新幹線殺人事件』（七〇年、のちにハルキ文庫）や『超高層ホテル殺人事件』（七一年、のちにハルキ文庫）も私は読んでいて、「この人は間違いなく売れるな」と思っていました。それに、私は親父と対立していて、「二代目の悲哀」を感じ、その復讐譚を考えていたものですから（笑）、当時の私には森村さんの復讐ものがピタッと来ましたね。

――だから角川さんは『野性時代』創刊のときに声をかけ、森村さんは『人間の証明』（七六年）、『青春の証明』（七七年）、『野性の証明』（七七年、いずれも角川書店、のちにハルキ文庫）の三部作を書くんですね。

角川　そうです。六五年に私が入社したころ、角川書店は作家への印税を半年も遅延する状態でしたから、日本の作家はなかなかウチに作品をくれませんでした。そのあと発掘した横溝正史さんもすでに実績のある作家です。七〇年代半ばになって初めて、森村誠一さんという角川が大々的に売り出せる新進気鋭の作家を見つけたんです。

『悪魔の飽食』と右翼の脅迫（四十歳）

こののち、森村誠一は石井細菌戦部隊、関東軍満州第七三一部隊の生存者に取材した『悪魔の飽食』第一部（八一年）、第二部（八二年、ともに光文社）を書く。しかし、元隊員から提供されて本に掲載した写真が七三一部隊とは関係ないものだったことが発覚し、光文社は右翼に脅迫され、森村のもとには自決勧告書が届き、自宅には真っ赤なペンキがぶちまけられることになり、光文社はこの本を回収し絶版処分にする。しかし、角川春樹はあえて火中の栗を拾い、光文社版を改訂・復刊した『新版　悪魔の飽食』二部作と続篇の第三部（すべて八三年）を角川書店から刊行する（角川文庫）。「復刊と決定して、角川書店がまず最初にしたことは、社長の身体の安全対策だった」と森村誠一は証言する（『遠い昨日、近い昔』）。

――『悪魔の飽食』事件のことを聞かせてください。

角川　この本は最初『赤旗』に連載されました。内容がどうのこうのということより、作者が森村誠一さんであったことと、こうした脅迫に屈したら日本の出版の自由は退歩すると考え、退かなかっただけです。

――角川書店に右翼はやって来なかったんですか？

角川　会社に街宣車が来ましたよ。私が伊勢に出張していたとき、地方の右翼が会社に乗りこんで来て、会社の総務から電話がかかって来たんですよ。電話口でそいつが「社長に会いたい」と言うから、「明日、東京に帰る。そのとき、おまえがどこにいるかを言え」。彼がいるホテル名を聞いて、「かならず行くから待ってろ。逃げるなよ」と言ったんです。こういうときには「逃げるなよ」というひとことが効くんです（笑）。案の定、翌日、そのホテルに行くと、部屋はもぬけの殻でした（笑）。

――右翼も相手が悪かった（笑）。

角川　これ以前にも、糸山英太郎（政治家・実業家）の著書『怪物商法―常識をぶち破る』（七三年、KKベストセラーズ）を「生まれてこのかた一番腹の立った本だ」と「サンデー毎日」（七六年十月三日号）に書いて、右翼から社長室に電話がかかってきたことがありました。その男が「角川、月夜の晩ばかりと思うなよ」と何とも古めかしい文句を言うんですよ。これを聞いたときには大爆笑し、「おまえ、もう少し気の利いた脅し文句を考えろよ」（笑）。

『悪魔の飽食』事件は、日本の戦争犯罪を隠蔽しようとする勢力と出版業界とのせめぎ合いの起点になる出来事だった。

「ぐうたら」と「オヨヨ」が流行語に（三十九、三十歳）

編集局長時代の角川は、「第三の新人」の作家たちの他の出版社が手をつけていないジャンルの作品にも着目し、出版した。

――角川文庫の『ぐうたら生活入門』（七一年、遠藤周作著）は中学生のころ、愛読しました。遠藤周作、吉行淳之介、安岡章太郎のエッセイを出した経緯を教えてください。

角川　「第三の新人」の世代の小説は、全部ほかの大手出版社が押さえてたから、ウチはエッセイしか出せなかったんですよ。

遠藤周作さんの「狐狸庵《こりあん》もの」を出したとき、「狐狸庵」のタイトルじゃ売れないから、和田誠さんに装幀とイラストをお願いし、タイトルをまったく変えて、『ぐうたら生活入門』という勝手なタイトルを私がつけたらバカ受けしましてね。他社でも新書判で「ぐうたらもの」が出版されるなど、〝ぐうたらブーム〟になりました。いまだったら、その年の流行語大賞に入ったでしょうね。

――「ぐうたら」（気力に欠けていて、すぐに怠けようとする）は江戸時代からある言葉ですが、高度経済成長期の当時、馬車馬のように働かされていたサラリーマンの心に響いたんですかね。

角川　そうかもしれない。吉行淳之介さんのエッセイは『軽薄のすすめ』（七三年）と名付け、『面白半分のすすめ』『不作法のすすめ』（ともに七三年）、『怪談のすすめ』『悪友のすすめ』（ともに七六年）と「すすめシリーズ」にして、これも和田誠さんの装幀で評判を取りました。安岡章太郎さんのエッセイ集は『なまけものの思想』（七三年）と名付けました。

――安岡章太郎が「なまけもの」の格好で木にぶら下がる山藤章二のイラストの表紙でしたね。第三の新人の小説（安岡章太郎の『ガラスの靴』、『海辺《かいへん》の光景』や遠藤周作の『フランスの大学生』など）も角川文庫は収録していますが、エッセイの方が売れたのでは？

角川　結果的にはるかに売れましたね。こんなふうに、芥川賞を獲った三人、安岡章太郎さん、吉行淳之介さん、遠藤周作さんとはエッセイを通じて相当親しくなりました。

安岡さんは、私が他社で売れている単行本を作家の了解だけで出版社の承諾なしに片っ端から角川文庫にしているのを見て、「角川君。君のことを〝泥棒角川〟という者がいるぞ」と忠告してくださいました。私は感謝しつつ、「先生、誤解です。うちは〝強盗角川〟です」と答えました（笑）。遠藤さんも私のことを気にかけてくださり、九一年に私が企画した「角川ホラー文庫」のラインナップを見て、「これを企画したのはどうせ角川君だろう」とウチの編集者に笑っておっしゃったそうです。

――小林信彦の角川文庫版『オヨヨ』シリーズ（七四〜七六年、全八巻）は小林泰彦のイラストに惹かれて買い揃えました。同じ時期に、しばらく絶版になっていた小林の初期の自伝的な作品、『虚栄の市』（六四年、河出書房新社）、『冬の神話』（六六年、講談社）、『監禁』（原題は『ある晴れた午後に』、七〇年、新潮社）が角川文庫で再刊されました。これらの表紙は金子國義の美しいイラストでした。

角川　小林さんの初期の純文学は売れなかったですね。『オヨヨ』はものすごく売れましたが。しかし、純文学を同じ作家の売れ筋のエンターテインメントと抱き合わせで出せば、少しずつ動いていきますからね。

半村良、小松左京との苦い別れ

角川はのちに映画化することになる、伝記ロマンの大家である半村良や、ＳＦの草分けである小松左京の小説も角川文庫に収録した。

――角川さんが半村良に依頼した『平家伝説』（七四年）が、角川文庫では最初の作家による書き下ろしといわれています。

角川　そうです。半村良さんはそれまで『石の血脈』（七一年）や『産霊山《むすびのやま》秘録』（七三年、ともに早川書房）といった、従来のSFに不死願望、巨石信仰、吸血鬼伝承などを盛りこんだ初期の「伝奇ロマン」を角川文庫で再刊していました。他社では「伝説シリーズ」を書いていて、その最新作を「書き下ろし文庫」の形で私が依頼したんです。その代わり部数を決めましてね。初版が十万部で、その分の半村さんの印税を保証したんです。

――角川さんは半村の伝奇ロマンシリーズを文庫化していき、初期作品の『戦国自衛隊』（『わがふるさとは黄泉の国』〈早川書房、七四年〉に収録、七八年に表題作となって角川文庫で再刊）を映画化します。

角川　『戦国自衛隊』まで半村さんとの関係は良好だったんですが、そのあと、彼は酒と女に金を注ぎこみ、出版社各社から前借りする金額がだんだん大きくなっていきました。私はそのことに違和感を覚えるようになりましてね。とくに『雨やどり』（七五年、河出書房新社）で直木賞を獲ってから、半村さんは増長している感じがしました。それまでは親しかったんですよ。彼は三軒茶屋のアパートに住んでいて、そこに訪ねて行って、ウチで書いてくれと原稿を依頼し、『野性時代』創刊号（七四年五月）に『闇の中の系図』（七四年、角川書店）を書き下ろしてもらいましたから。

架空の大陸「ムー」の歴史を全八十巻で描くという大河小説、『太陽の世界』（八〇～八九年）のとき、半村さんは一冊当たり一千万円の印税保証をしてくれと提案してきたんですが、出版社として法的にそんなことはできないんですよ。そのことがあって、彼との関係はおかしくなり、ギクシャクしはじめたんです。

――『太陽の世界』は半村さんが死去したことで、十八巻目で中断し未完となりました。小松左京との出会いもお聞かせください。

角川　編集局長になってまもなく、小松左京さんを訪ねて、『復活の日』（六四年、早川書房、のちにハルキ文庫）と『果しなき流れの果に』（六六年、早川書房、のちにハルキ文庫）を「ぜひウチの文庫に」とお願いしたのが、お目にかかった最初だと思います。「『復活の日』をゆくゆくは映画にしたい」と言うと、「これが映画に出来るわけがないだろ。映画にならないイメージを小説の形で表現したものだから」とおっしゃるので、「かならずします」と（笑）。

小松さんは、綿密な下調べを重ねた上で壮大な嘘を書く小説家で、モチーフとしているのは空想の世界でしたが、人間の内面をしっかり描いているから読み手を感動させることができる人でした。その良さが最も出ているのが、時間と空間を股にかけた長編『果しなき流れの果に』です。知名度の高い『日本沈没』（七三年、光文社、のちに文春文庫他）は、『復活の日』に続く三番目だと私は評価しています。舌を巻くほど頭の回転が速く教養も深い人でしたが、後年はその面影がすっかり薄れましたね。そうなった最大の原因は大量の酒です。昼間からウイスキーグラスを手にするほどの酒豪で、酒で作家生命を縮めたことが残念でしたね。

吉本隆明をポップな文庫に

角川は、それまでハードカバーの思想書として読まれていた吉本隆明の書籍をカジュアルな装幀で文庫化する。杉浦康平の斬新なデザインで再刊された『言語にとって美とはなにか』、『心的現象論序説』（ともに八二年）は、ニューアカデミズム・ブームに先駆けて従来の吉本ファン以外の読者も獲得した。

角川　吉本さんはウチの編集長が電話しようが誰が電話しようが、会おうとしないんですよ。私が会いたいって言ったらすぐにOKで、本郷三丁目の家まで会いに行ったんですね。

初めてお会いしたのは三島由紀夫さんが亡くなった直後、七〇年の十二月ごろでした。吉本さんは初対面の私に、「自分は三島さんみたいに割腹はできないし、女房が身体が悪いから逃げ出せないんだ」と延々と愚痴るんですよ（笑）。そうしたら、仕事場になっている二階に、眼鏡をかけた女の子がダッダダッダッと駆け上って来て、ドアをぱっと開け、「父ちゃん、金くれ！」って（笑）。それがのちに作家になる吉本ばななでした。それで、私がそのころ使っていたオモチャみたいな腕時計を渡し、「これ上げるから、下に降りてろ」って言ったら、階段をダッと降りてったんです。のちにばななに会ったときに、「覚えてるか？」って訊いたら、「覚えてます」って。

――吉本隆明さんをどのように口説かれたのでしょう？

角川　「私はあなたの作品はまったく読んでいないけど、売れそうだから来たんだ」と（笑）。

――読んでなかったんですか？

角川　ウソですよ（笑）。吉本さんの抒情的な詩はとても好きでした。そのころ、吉本さんの周辺には彼を崇拝する編集者しかいなかったから、カマしたんです。

吉本さんはのちに『マス・イメージ論』（八四年、福武書店）などでCMを論じるように、宣伝広告にも一家言ある人でしたが、七〇年代の角川文庫の宣伝戦略を褒めてくれましてね。

――「角川さんがエンターテインメントに力を入れ始めた時期のことで私がよく覚えているのは、人が持っている本を雨で濡れた地面に投げ捨ててしまうCMだ。それは、本というのはそんなに高級なものではない、安っぽいものなのだというメッセージだった」と吉本隆明は七四年の「角川文庫祭」テレビCMのことを『現代日本の詩歌』（〇三年、毎日新聞）で語っていますね。

角川　そう。八〇年代に入ると私の俳句を高く評価してくれて、『毎日新聞』や『産経新聞』の文化欄に取り上げてくれました（吉本の『現代日本の詩歌』や『情況へ』〔九四年、宝島社〕には角川春樹論が収録されている）。

片岡義男、つかこうへい、中上健次との伴走

片岡義男やつかこうへいを小説家としてデビューさせたのも角川春樹である。片岡やつかは八〇年代、角川の編集者や映画製作者としての仕事に欠かせないパートナーとなった。また、俳句や民俗学を通じて、角川が気脈を通じた作家に中上健次がいた。

角川　片岡義男は最初、翻訳家として紹介されたんです。早川書房でカーター・ブラウン（『エンジェル！』六四年）やリチャード・スターク（『悪党パーカー』シリーズ、六八年〜）を彼が訳していたころです。同時に、私は彼が「テディ片岡」のペンネームで書いていたエッセイやコラムやナンセンス小説も読んでたんですよ。けれど、プレスリーの伝記『エルビス』（七一年、ジェリー・ホプキンズ著、角川書店）を片岡が翻訳して、訳者としてのあとがきの文章を読んでびっくりしたんですね。「この人は力あるなあ」と思って、彼に小説を書くことを勧めて、『野性時代』創刊号（七四年）に『白い波の荒野へ』を書いてもらったんです。

——片岡義男はそのころのことをこう書いています。「当時の僕はたいへんに多忙だった。雑誌『ワンダーランド』とそのあとの『宝島』をめぐる作業、そして僕自身の雑誌ライターとしてあるいは翻訳者としての仕事が山のようにあった。角川さんはその何十倍も多忙だったはずだ。彼の文芸雑誌は準備期間を終え、創刊号のための作業に入った。僕が仕事で出向いている場所

に角川さんは自らあらわれ、文芸雑誌の創刊号のための短編をかならず書くように、と僕に念を押した。本気の依頼であることが、このとき僕にはようやくわかった。僕は締切りを告げられた」（『波乗りの島』〔双葉文庫、九八年〕あとがき）。

角川　片岡は『野性時代』を舞台に小説を書き始め、二年後に『スローなブギにしてくれ』（七六年）を発表し、直木賞候補になるんですね。

――片岡義男とジャズ・シンガーの安田南がパーソナリティを務める『FM25時　きまぐれ飛行船～野性時代～』（七四～八八年、FM東京、毎月曜深夜一～三時）は角川書店がスポンサーでした。エタ・ベイカーの『One Dime Blues』のギター演奏から始まり、薬師丸ひろ子、原田知世から植草甚一、勝新太郎にいたるゲストが壮観で、この番組のヘヴィ・リスナーだった森田芳光監督がディレクター（佐野和子）を通じて片岡さんに自主製作8ミリ映画『ライブイン茅ヶ崎』（七八年）を観てもらい、それがやがて『メイン・テーマ』（八四年、片岡原作、森田監督）につながるんですね。（伊藤の取材、佐野和子の証言）。

角川　それは知らなかった。『きまぐれ飛行船』は片岡義男を売り出すために始めた番組なんですよ。深夜放送だからスポンサー料がすごく安かった（笑）。安田南をパートナーに選んだのは片岡で、彼と一緒に南のライブを六本木の俳優座の裏にあった小さなジャズクラブ「Misty」まで聴きに行きました。そこで南は山本剛ピアノトリオをバックに歌っていた。『きまぐれ飛行船』は片岡の声や音楽の選曲がじつに良くて、私も年に四回くらいかな、角川映画の宣伝をするために出ていました。

――同時に、七七年創刊の雑誌『バラエティ』（角川書店）で、片岡作品をナビゲーションとしたバイク、サーフィン、西海岸《ウエストコースト》の情報を載せ、七六年創刊の『ポパイ〈POPEYE〉』（マガジンハウス〔旧称は平凡出版〕、創刊号は「カリフォルニア特集」）や『話の特集』（話の特集）

や『宝島』（宝島社）に掲載された植草甚一のニューヨークに関するエッセイとともに七〇年代の男性読者のアメリカへの憧憬をつのらせます。

角川　それはね、私自身にアメリカ文化への憧れがあるからですよ。憎しみとともに憧れがある。このあと村上春樹の『風の歌を聴け』（七九年、講談社）を読んだとき、「これ、片岡の小説みたいだなあ」と思ったんですよ。

――角川さんにしか言えないセリフですね（笑）。

つかこうへいとはどのようにして知り合ったのでしょう？

角川　つかのことを知ったのは新聞紙上でした。彼が当時最年少の二十五歳で第十八回岸田國士戯曲賞（受賞作＝『熱海殺人事件』。清水邦夫『ぼくらが非情の大河をくだるとき』と同時）を獲った記事を見て、「こういう若いやつが出てきたんだ」と思って、彼と連絡を取るように、当時『野性時代』の編集者だった見城徹に言ったんです。それからまもなく、つかが私を訪ねてきました。このあとお話しする、私の「野性号」での航海（七五年）を知ったつかが、「造船より安くつくから、自分たちの劇場をつくってくれ」と頼んできましてね。そのとき、映画製作に乗り出そうと思っていた私は、芝居には投資できないと断ったんです。けれど、そのあとも、青山の「VAN99ホール」（VANの石津謙介がオーナーの小劇場）でのつかこうへい事務所の芝居は観つづけましたね。それで小説を書かないかと口説いたんです。

――つかこうへいは角川さんとの交流をこう書いています。「私が無名だった頃、薄暗い小さな劇場に私の芝居をこっそり見にきてくれ、ポツリと『困ったことがあったら言ってくれ』とだけ言ってくれた。／当時99円という安い値段でやっていたこともあって、赤字続きであった。書店の見城氏に金を持ってこさせ、湯水のようにつかっていた。／それで一行も書かず、うっちゃっておいても何も言わなかった。／いま、かつての劇団の役者たちがまがりなりにもこの世界でやっていけているのも氏のおかげと思っている」（『つか版・男の冠婚葬祭入門』八五年、角川書店）。

角川　つかのお母さんが上京されたときも、彼はまっすぐに角川書店の社長室に来て、お母さんを私に紹介してくれたり、彼の結婚式のときも私が父親代わりの仲人を務めました。

――角川さんの後援もあり、つかこうへいは小さなＶＡＮ99ホールから大きな新宿の紀伊國屋ホールの舞台に進出します。七六年三月に紀伊國屋ホールで『熱海殺人事件』が上演されたとき、四階のホールには和田誠がデザインしたポスターが貼りめぐらされ、階下の紀伊國屋書店には、ポスターと同じ装幀の角川文庫（『小説熱海殺人事件』）が平積みになっていました。この年の秋の『犬神家の一族』（七六年、市川崑監督）に先駆けて、新宿紀伊國屋ホールでの再演と文庫の発売を連動させたんですね。

角川　連動させたかどうかは忘れましたが、つかにやっと小説を書かせた、その第一作が『小説熱海殺人事件』だったんです。そのあと、『野性時代』に発表した『銀ちゃんのこと』（八一年）を『小説蒲田行進曲』と改題して、つかは直木賞（第八十六回、八一年下期）を受賞し、翌年（八二年）映画化するんですね（監督＝深作欣二）。

――作家で最後にお伺いしたいのは、中上健次との出会いです。

角川　彼とは文芸評論家の山本健吉さんの紹介で、東京から吉野へ向から新幹線のなかで初めて会ったんです。「吉野の花見に中上健次クンも連れてっていいか」と山本さんから聞かれましてね。中上の本はもう読んでいましたし、芥川賞の選考委員だった吉行淳之介さんが「角川さん、中上はいいぞ」と彼を褒めちぎって、遠藤周作さんも高く評価していたので、気になっている作家だったんです。

逆に中上は私に好印象を抱いていなくて、私と会うまで「角川春樹に会ったらぶん殴ってやる」と息巻いていたんですね。そのことを小耳に挟んだ私は、吉野に着いて、お茶を飲みに行ったときに、「こら、中上ィ。俺をぶっ飛ばすと言ってンだってな」とガンを飛ばすと、「すみません！」と彼はなんといきなり土下座したんです（笑）。

――それほどそのときの角川さんは怖かった……。

角川　さぁ……（笑）。

――角川さんと中上さんは、旅行をしながら俳句や日本文化を語り合う『俳句の時代――遠野・熊野・吉野聖地巡礼』（共著、八〇年、角川文庫）を出版します。水と油と思われた二人が旅を通じて「共振れ」する書物です。

角川　中上とはよく旅行をしました。若狭にも行ったし、ウチの神社（軽井沢の明日香宮）にも来てもらいました。

――中上健次は角川さんのことを「どこでも神がみられる彼は聖なる場所、汚穢《おえ》に満ちた場所を本能的に摑む。それがトポスの力だ」と言っていますが（中上健次『角川春樹集　猿田彦（俳句の現在16）』（八五年、三一書房）解説）、これは角川さんの本質を突いた言葉だと思います。

角川　いや。中上が私の本質を突いたというより、「聖なるものと俗なるものの環流が大事なんだ」ということをよく中上と話していたんですよ。

――その意味をくわしく教えてください。

角川　西行（平安末期の歌人）の生き方が「聖と俗の環流」なんですね。西行は一般的に「数寄者《すきもの》」「漂泊の歌人」といったイメージで捉えられていますが、じつは出家したあとも平清盛に勧進文書を送るなど、鳥羽院、崇徳院、後白河院といった時の権力者との交流を続け、僧籍にありながら武術を究め、十七歳年上のかつての思い人、待賢門院璋子《たいけんもんいんしょうし》のことで思い煩《わずら》う「俗人」であり続けたんです。
――待賢門院璋子（一一〇一～四五年）は、十三歳で六十歳の白河法皇に寵愛され、宮中で愛人を持ち、十七歳のときに十五歳の鳥羽天皇の中宮になる、院政時代を象徴する自由奔放で才色兼備として知られる女性。

角川 そう。二十三歳で西行が出家したあと、璋子も四十二歳で落飾《らくしょく》（貴族が髪を剃り落して仏門に入ること）するんですが、西行が京都の嵯峨に庵を結んだのは、璋子が住む法金剛院が近かったからといわれています。西行は璋子の無聊《ぶりょう》を慰めるためにしばしば法金剛院を訪ねるんですね。何のための出家だかわかりゃしない（笑）。しかし、このように「俗」と「聖」に引き裂かれた西行だからこそ、彼の歌が人の心を打ったと私には思えます。西行を目標にした松尾芭蕉にもそれがあります。

このように、詩歌というものは清く美しいものだけでは痩せ細ってしまう。色恋や政治や経済といった俗なるものとの交流がなければ廃《すた》れてしまう。綺麗事だけではなく、生臭さや穢《けがれ》も持っていなければならない、というのが私の詩歌についての持論で、それを中上に話し、彼が影響を受けたんですよ。

――それは詩歌だけではなく、映画や文芸や生き方においても同様ですね。

角川 その通りです。

――ところで、いままで出た作家以外に、角川書店がミュージシャンの著作をミリオンセラーにしたことが、見城徹さんの『たった一人の熱狂――仕事と人生に効く51の言葉』（一五年、幻冬舎）に書かれています。矢沢永吉の『成りあがり　矢沢永吉激論集』の単行本を出したのは小学館だったにもかかわらず、角川さんが見城さんに命じて角川文庫に無理やり入れ、百万部を超えるベストセラーにします。また、『誰かのクラクション』（八五年）以降の尾崎豊の本も累計数百万部を売り、『微笑みながら消えていく』（八九年）などの銀色夏生《なつを》の文庫本も九冊あわせて百万部を超え、松任谷由実の『ルージュの伝言』（八四年）も百万部を超えた、と見城さんは語っています。

角川　これらは私ではなく、すべて見城徹がやった仕事です。でも、百万部というのは見城一流のハッタリですよ（笑）。彼は話を面白くしようと大風呂敷を広げるんです。私は実数を摑んでいますが、まァ、せいぜい五分の一か四分の一くらいだね（笑）。

妹の自死と紛争地帯への旅（三十八歳）

七〇年、角川書店での地歩を順調に固めつつあった角川を思いも寄らない悲劇が見舞う。妹の眞理が自宅で首をくくり自殺したのだ。遺書は鉛筆書きで「すいません」とだけ。自殺の原因は不明だった。

角川　眞理が死んだ晩、私はマンションの一室で酒をあおり、自分の無力さをさいなみ、一晩中ジョン・デンバーの『故郷に帰りたい』を繰り返し聴いていたことを覚えています。

――原因に思いあたるふしはなかったんですか？

角川　父親と母親（照子）の確執が一因であることは間違いなく、眞理は亡くなる前に母親と家を出てゆく相談をしていたと母親から聞きましたが、ほんとうにそれだけの理由だったのか……。死を決意するほどの悩みを打ち明けてもらえなかったことが私には情なかったですね。

――そのころから角川さんは、パレスチナやゴールデン・トライアングルなど世界の紛争地域や危険地帯に出かけるようになります。

角川　眞理の死が関係しているんでしょう。

――七〇年代前半、日本の若者の海外旅行の行先はおもにアメリカやヨーロッパで、中近東や東南アジアはほとんど興味を持たれず、アジアへの渡航者は買春目的の団体客と戦地墓参団くらいでした。角川さんはなぜパレスチナとゴールデン・トライアングルに行ったのでしょう？

角川　パレスチナは、唐十郎が難民キャンプ地で公演を行った状況劇場の『風の又三郎』（七四年）を観るために行きました。

ゴールデン・トライアングルは、タイ、ミャンマー、ラオスの国境に位置する山岳地帯で、少数民族であるシャン族が住んでいる場所なんです。そこに行くようになったきっかけは、七五年にＢＢＣが制作した『アヘン将軍』というドキュメンタリーを観たからです。シャン州をビルマから分離独立させるために、ゴールデン・トライアングルで世界に流通するアヘンの七〇パーセントを栽培・精製して、それを世界に売って、その資金で軍隊を組織し、革命を目指すという人々に興味を抱いたんですね。そのリーダーの羅興漢《ロー・シンハン》のふてぶてしい面構え、ゴールデン・トライアングルの制覇を賭けて戦う男たちのドラマを見て、「〝肩書き〟ではなく〝力〟がすべてを決する世界こそがオレの世界だ」と奮い立つものがあって、思わず行ってみたくなった。

――羅興漢とは中国系の名前ですが、中国人が黄金の三角地帯《ゴールデン・トライアングル》を支配していたのでしょうか？

角川　そうです。四九年の中華人民共和国成立のあと、人民解放軍との戦闘に敗れた国民党軍の兵士二千人が、雲南省から国境を越えてビルマのシャン州に逃れるんですね。国民党軍は雲南省の再度奪回を目指しますが、人民解放軍の反撃にあって敗退し続けるんです。それから二十年、国民党軍は山岳民族シャン族の手を借りて罌粟《ケシ》を栽培し、アヘンの精製工場を作り、それを外国に売りながら軍隊を強化し、シャン州の自治を守り続けました。アヘンを栽培しながらシャン族という辺境の人たちを守ってきたのは中国人なんですね。それに、シャン族を守る軍隊の参謀長は日本支配下の満州人でした。戦時中、陸軍参謀だった辻政信などはアヘンの売買を行っていましたが、陸軍のなかの一人が戦後、満州を追われ、ビルマに行き着き、シャン州で暮らしていたんです。このようにゴールデン・トライアングルは、満州の日本軍や中国雲南省の麻薬ビジネスとも歴史的に繋がっているんです。

――第二次大戦中の日本人の麻薬ビジネスは東京裁判で明らかにされました。「阿片戦争」でイギリスが行った政策に倣い、一九三二年に設立された「麻薬専売局」が中国人民を衰弱させるために、モルヒネを含む薬品を流通させ、フィルターに微量のヘロインを入れた煙草の販売を促進しました。三四年から三五年にかけて奉天には五五〇人の薬物商がいて、一年で三億ドル規模の利益を手にする商人もいたことが裁判記録にありますが、そのなかの一人がゴールデン・トライアングルの支配者になっていたとは驚きました。

角川　知られざるアジアの裏面史ですね。それを私は『黄金の軍隊　ゴールデン・トライアングルのサムライたち』（七八年、プレジデント社）というノンフィクションで書いたんですよ。

――こうした危険地域に足を踏み入れるとき、覚悟はありましたか？

角川　旅に出るたび、死を覚悟していましたね。いま思うと、不慮の事故で死のうとしていたのかもしれません。死ぬかもしれない冒険に駆り立てられたのは、妹を死なせてしまった、もっと俺が彼女の悩みに気づいてやれば……という思いが強く後悔として残っていたからでしょう。それに、どれだけ成功しても認めてくれなかった父親との関係に疲れはてていたこともありました。

――同時に、「冒険とはストイシズムなのだ。自分を限界に追いつめることに快感を覚える、ある種のマゾヒズム」とも語っています。角川さんの行動にはつねに〝自己否定〟どころか〝自己殺傷〟の衝動が潜在しているように私には思えます。

角川　そうかもしれない。でも、生命力が強いから生き延びちゃうんですよ（笑）。私にとっての冒険は、「現実」の束縛を振りほどいて〝野性〟を取りもどすための旅で、その旅を通じて「人間は生き抜くということ以上に価値あることはない」と気付くんです。正義とかモラルより、生き抜くということに人生の意味があると。

――角川さんのその認識は、後年の角川映画、『野性の証明』（七八年）、『戦国自衛隊』（七九年）、『白昼の死角』（七九年）などに反映されていますね。

角川が単独行ではなくクルーを率いて行なったもっとも大がかりな「冒険」が、「野性号」による航海（七五年）である。角川は古代船を造り、中国の史書『魏志倭人伝』に記された、当時の大陸人が卑弥呼の住む邪馬台国にやってきた海路を当時そのままの古代船でたどった。角川の「野性号」の冒険は、その航海記録が「野性時代」（七四年創刊）に掲載されて大きな反響を呼び、「野性時代」は発行部数を五万部にまで伸ばした。この野性号の航海が、離れていた角川と父源義の心を近づける。

父・源義の死（三十三歳）

角川　いままで私のやることなすことに反対してきた父親が、珍しく「野性号」のときだけは東京大神宮で航海安全祈願をしてくれ、玄界灘を越えるところをひと目対馬で見たいと言い出しました。しかし、七月二十三日に野性号が初めて朝鮮海峡を渡った朝、父親の姿はどこにもなかったんです。東京に帰り、父親が肝臓がんで、岸壁に立つ体力が残っていなかったことを知りました。父親が入院している市ヶ谷の病院から飯田橋の会社まで車を走らせながら、暗い思いで前を見つめていたことを覚えています。亡くなる二十日ほど前、父親が学生時代に書いた論文集『語り物文芸の発生』（七五年、東京堂出版）が再刊され、その見本が病床に届いたんですね。

――源義さんが戦時中、遺著として書き上げながら、出征したあと東京空襲で原稿が焼失し、校正刷一通だけが残っていた曰く付きの本ですね。

角川　そうです。五十八歳の誕生日の日に、父親は枕元に吊ってある紐に摑まって身体を起こし、『語り物文芸の発生』の見本にふるえる手でサインし、献本してくれたんですね。私は本を開いて、プロローグが「邪馬台国の謎」であると知って、殴られたような強い衝撃を受けました。父親が追い求めていた日本人の起源を、私も野性号での旅を通して追い求めていた。父親の歩いた道をはからずも自分も歩こうとしていたことに気付いたからです。

「こんなことで死ねるか」とうめくように言っていた父親は、七五年十月二十七日に息を引きとりました。秋晴れの清々しい午前でしたね。父親の遺体が病院から荻窪の実家に戻る前に、私は父の書斎に入り、机の上のマルボロを手に取り、自分のオイルライターで火を点け、深々と吸ったことを憶えています。俳人である父は最期まで俳句ノートをつけていて、そこに書き付けられた絶筆が、

後の月雨に終るや足まくら

という句でした。

――「後《のち》の月《つき》」というのはどういう意味なのでしょうか？

角川　「十五夜」の満月から一か月後の「十三夜の月」のことです。江戸時代は、十五夜の月を観た

あと、すこし欠けた十三夜の月も眺める、片方の月しか観ないことは縁起が悪いとされ、二つの月を賞玩《しょうがん》する習わしがあったんですね。『徒然草』の一節、「花は盛りに、月は隈なきをのみ見るものかは……（＝花は満開の時だけを、月は曇りがないものだけを見るものであろうか、いやそうではない。降りしきる雨に向かって見えない月のことを慕い、すだれを垂らして室内に籠り、春が移り行くのを知らずにいるのは、やはりしみじみとしていて情趣が深い）」にもあるように、〝欠けたものを愛おしむ〟のは中世からある日本人の美意識です。父は十五夜月を病院の屋上から観られたけれど、ひと月あとの「後の月」は待ち焦がれながら雨に祟《たた》られ、眺めることができなかったんですよ。

七五年十一月、三十三歳の角川春樹は角川書店社長に就任し、同社は従来の学術書路線からエンターテインメント路線に大きく舵を切った。彼は会社を百度ぶんだけ変えたが、残り八〇度ぶんは変えなかった。父源義が遺した辞典と教科書、俳句と短歌の雑誌――クラスマガジン（専門誌）は残し、これを〝プレステージ〟として角川書店の社会的評価をかたちづくる基盤とした。

角川は源義が死去した後の自身の生活の変化について、こう書いている。

「親父を失って以来、妻子と別居し、独りで生活するようになった。日常性を拒否し、非情の世界に身を沈めたかったからだ。六畳二間のアパートに、衣類は旅行カバンにつめ込んだまま、十か月が過ぎた。それは明らかに、いつでも旅に出られる状態にあることであり、また毎日の生活さえも、実は旅の延長線上でありたかったからだ」（『黄金の軍隊』）

角川は以降何度も、自分の生活を窮乏に追いこんで、そこから跳ね上がることを繰り返した。角川の中にある自虐とも思えるストイシズムがそうさせるのだ。

映画プロデューサー時代

第三章（三十四歳〜）

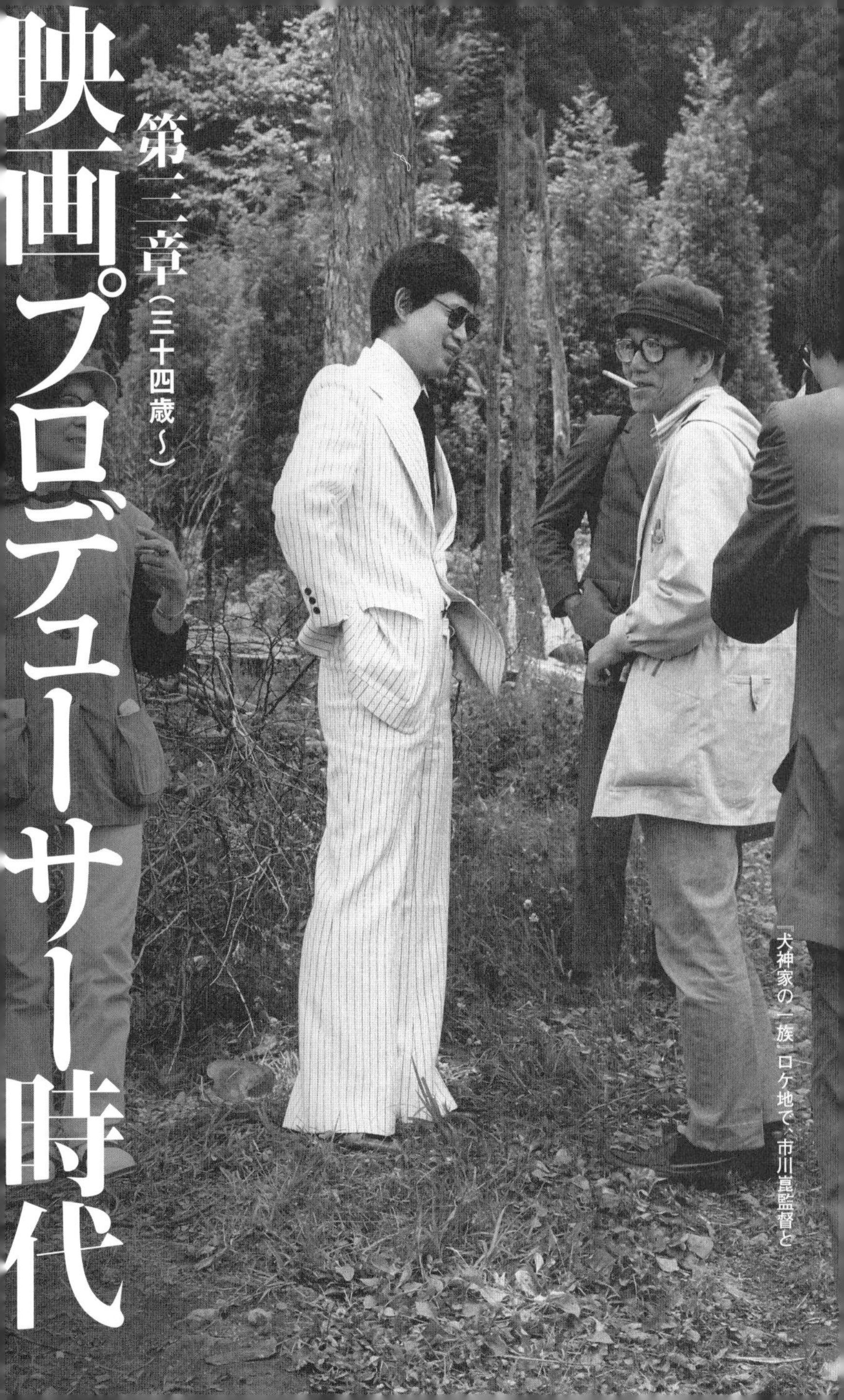

『犬神家の一族』ロケ地で、市川崑監督と

映画への接近

角川に「映画のプロデューサーにならないか」と最初に持ちかけたのは、当時の日本ヘラルド映画宣伝部長の原正人である。原は日本ヘラルド映画社長の古川勝巳の右腕として、七〇年代には『小さな恋のメロディ』（一九七一年、ワリス・フセイン監督）をビー・ジーズの歌とともにヒットさせ、『エマニエル夫人』（七四年、ジュスト・ジャカン監督）ブームを生み出し、『地獄の黙示録』（七九年、フランシス・F・コッポラ監督）に出資した。

角川　『ある愛の詩』の宣伝プロデューサーとして成功を収めた私を見ていた原正人さんが、「あなたと同い齢だ」と『エマニエル夫人』のプロデューサーのイヴ・ルッセ＝ルアールを紹介してくれたんです。原さんはまた、「角川さん、映画のプロデューサーにならないか。どうしても角川さんが映画を作るのなら、ヘラルドがお金を出すよ」と持ちかけてきましてね。彼はこのあと、外国映画の配給だけではなく日本映画をプロデュースしますよね。

――『赤い帽子の女』（八二年、神代辰巳監督）、『戦場のメリークリスマス』（八三年、大島渚監督）、『乱』（八五年、黒澤明監督）などですね。

角川　そうです。原さんはその当時からすでに、外国映画の配給だけではなく日本映画の製作に乗り出すことを考えていたんですね。「角川さん、何やりたい？」って訊かれ、そのときとっさに答えたのは小松左京さんの『復活の日』でした。しかし、これを映画化するには、国際的なスターが必要で、南極ロケもしなくちゃならない。莫大な製作費がかかるので、いきなり『復活の日』をやるのは無理だなと、そこで原さんとの話が止まったんです。

角川が物心ついたころ、映画は大衆娯楽の王者だった。そして小学生のときに観た東映時代劇、『紅孔雀』五部作（五四〜五五年、萩原遼監督）、『笛吹童子』三部作（五四年、萩原遼監督）、『里見八犬伝』五部作（五四年、河野寿一監督）に魅了される（『季刊映画秘宝』九号、七九年）。

角川　中村錦之助や東千代之介の冒険活劇はまちがいなく、そのあと製作する『里見八犬伝』（八三年）や『魔界転生』（八一年、ともに深作欣二監督）に残響していますね。

中学一年のころだったかな、映画館の前で大人が「オレがお金を出してやるよ」って言っているのを見て、羨ましかったんですよ。人に映画を見せてやれる財力を持つのが大人だと思って、早く大人になりたかったですね。

——プロデューサーになるべくしてなった角川さんらしい感じ方ですね。

角川が十六歳のとき（五八年）、日本映画の観客数はピークを迎える。しかし、五年後にはテレビや娯楽産業の多様化により観客数は半分になり、以降減少に歯止めがかからず、斜陽の一途をたどる。

角川　十代のころは『お嬢さん、お手やわらかに！』（五九年、ミシェル・ボワロン監督）、『史上最大の作戦』（六二年、アンドリュー・マートン、ケン・アナキン、ベルンハルト・ヴィッキ監督）などを観ましたが、「映画は活字の世界を超えられる」と思ったのは、ジョン・フランケンハイマーの『5月の7日間』（六四年）を観たときでしたね。

——冷戦時代のアメリカを舞台に、米大統領がソ連との核軍縮条約を結ぼうとしていることに猛反発したタカ派の軍人がクーデターを起こし、軍事政権を樹立させようとするポリティカル・サスペンスでした。

角川　『5月の7日間』を観たのは大学四年生か卒業したころなんですよね。観たあとの衝撃は凄まじいものでした。エンディングから何から素晴らしい映画で、バート・ランカスター、カーク・ダグラス、フレドリック・マーチといった役者が脇役までみんな巧く、プロットに隙がないんですね。これはやっぱり、自分が観た映画のベストテンの上位に間違いなく入りますね。

――この映画に感激されたから、ジョン・フランケンハイマー監督に『復活の日』の監督をオファーしたんですね。

角川　ハリウッドで会ったんですが、残念ながら彼は興味を示さなかった。『5月の7日間』があったから、もしかしたら乗ってくれるかもしれないと思ったんですが……。

――ともあれ、『5月の7日間』は、スケール感があり骨太なエンターテインメントである点、のちの角川映画に通じるものがあります。

角川　そうです。間違いなく私の原点になった一本です。

――七三年に小松左京原作『日本沈没』が映画化（森谷司郎監督）されてヒットしたことは刺激になりましたか？

角川　いいえ。東宝の七四年の正月映画として公開されたんですが、原作（光文社カッパノベルズ）が日本のSFとして初めてのベストセラーになったことに興味を抱いただけで、映画は観ませんでしたね。

『八つ墓村』の挫折と葛井欣士郎（三十三歳）

七五年、日本映画の観客数はピーク（五八年）のわずか一三パーセントにまで落ちていた。『タワーリングインフェルノ』（七四年、ジョン・ギラーミン監督）、『ジョーズ』（七五年、スティーヴン・スピルバーグ監督）などハリウッドの「ブロックバスター（大ヒット作）」に押され、戦後初めて日本映画の興行収入が外国映画を下回り、邦画各社はこれに対抗するため大作化へと舵を切る。東映は『新幹線大爆破』（七五年、佐藤純彌監督）、松竹は監督野村芳太郎と脚本家橋本忍が松本清張の『砂の器』（七四年）を大ヒットさせる。野村が次に目を付けたのが横溝正史原作『八つ墓村』だった。

角川　いきなり『復活の日』を映画化するのは難しいなぁと思ったとき、『八つ墓村』を松竹と角川書店の共同製作で映画化する話が持ち上がったんです。

——七七年に松竹は自社で、野村芳太郎監督、橋本忍脚本、渥美清主演（＝金田一耕助役）にて『八つ墓村』を映画化しますが、七五年の段階ではその座組は決まっていたんでしょうか？

角川　監督は野村（芳太郎）さんでと考えていましたが、あとのスタッフ、キャストは具体化していなかったですね。

——『映画の匠　野村芳太郎』（二〇二〇年、野村芳太郎著、野村芳樹監修、小林淳編、ワイズ出版）や『日本映画を創った男　城戸四郎伝』（九九年、小林久三著、新人物往来社）には、「出資とともにプロデュースもしたい」と申し出た角川さんを受け入れるかどうか、松竹内部で賛否が分かれ、最終的に城戸四郎（当時松竹会長）が提携を却下した、と書かれています。

角川　そんなことを私はまったく知らない。私はすでに『八つ墓村』の原作権を松竹に売ってしまっていたから、映画界に参入するには松竹と共同製作するしかなかったんですよ。しかも、ウチとしては映画と七五年十月後半の角川文庫「横溝正史フェア」を連動させようと思っているのに、松竹からは待てど暮らせど返事が来ない。待たせるばかりで、延々と時間が無駄になる。松竹は最初、実費とは別に「間接費が四億円かかります」と要求して来ました。間接費とは「手数料」的なお金のつもりだったんでしょう。要するに素人だと思って吹っかけてきたわけです。

——「金持ちのドラ息子がバクチ場にきた。せいぜい楽しんでもらおう」と某有名監督が言った、と当時の『朝日新聞』（七六年十一月二十七日）にあります。

角川 とにかく新参者にはひどい扱いでした。私が四億円の手数料を「冗談じゃない」と蹴ったら、それが二億に下がって、最後には七千万にまで落っこちた（笑）。すべてに根拠がないんです。こういう会社は信用ならない。こんな会社とやったらロクなことにはならないと思いましたね。

——そんな折、日本ATGが、角川文庫の横溝正史の『本陣殺人事件』（七五年）を高林陽一監督で映画化します。

角川 ウチは宣伝協力費として五十万円を出資しました。それまでに横溝さんの文庫は二十五点あったんですが、映画の公開に合わせて「横溝正史フェア」を開催し、タイアップの影響もあって『本陣殺人事件』はATGとしては初めて配収一億円を突破したんですね。この映画で金田一耕助を演った中尾彬のジーパン姿を見て、金田一は原作通り、オカマ帽によれよれの袴にした方が良かったのに……と思いました。この映画を企画した葛井欣士郎とこのとき知り合うんですよ。

——「新宿文化」の支配人で実験的なATG映画と演劇をプロデュースした葛井さんのインタビュー本『遺言』（〇八年、フィルムアート社）には、月十万円で角川さんの企画顧問になったとあります。

角川 『オイディプスの刃』が頓挫するまで顧問契約をしました。

――当時、ほかに企画のブレーンの方はいたんですか？

角川　20世紀フォックスの古澤利夫や『キネマ旬報』の黒井和男には映画製作のいろんなことを相談していましたね。

映画製作会社「角川春樹事務所」設立（三十四歳）

七六年一月八日、角川は三十四歳の誕生日に、映画製作の母体となる「角川春樹事務所」を設立する。飯田橋の「ポンピアン・ハイツ」というマンションの六畳と四畳半の二部屋が事務所で、スタッフは六名でほとんどが二十代半ば。全員専属ではなく、角川書店との兼業だった。

――「今のやり方だと、講談社、小学館、集英社、新潮社、文藝春秋などにウチが追いつくまでに50年かかる。倒産を覚悟で映画を作るしかない。もし当たれば映画のヒットと同時に本が売れる。そうすれば、10年でウチは大手五社に追いつける」とこのとき、角川さんが言ったと見城徹は書いていますが（『たった一人の熱狂――仕事と人生に効く51の言葉』〔一五年、双葉社〕）、そういうお気持ちだったんでしょうか？

角川　五十年かかるというのは大げさですが（笑）、確かにそう思っていましたね。映画は「掛け算」か「割り算」です。つまり、映画が失敗したら割り算で会社は沈む。成功すれば掛け算になって会社は躍進する。私は賭けに勝って、新潮社を追い抜く自信がありました。

――当時、角川さんの目標は新潮社だったんでしょうか？

角川　そうです。新潮社は老舗でもあるし、書籍出版ではもっとも優れた出版社だと思っていました。売上げでは講談社、小学館に及びませんでしたが、良い作家を大勢抱え、経営内容もよく、商売になりにくい純文学の書き下ろしシリーズを成功させていました。そういうわけでずっと新潮社を目標に闘ってきたのですが、並のやり方では、約四百五十人の社員がいる新潮社に、アルバイトをふくめて百八十名の角川書店はとうてい追いつけない。ミドル級とフライ級ぐらいの差がある。追いつくには、掛け算と〝狂気〟しかないと思ったんです。

――なぜ角川書店内に映画のセクションを作らず、あらたな会社を立ち上げたのでしょう？

角川　徳間書店は大映に出資するとき、会社のなかに映画事業部を作りました。そうした形だと書籍で出た利益の「税金対策」「利益調整」のための映画製作と思われかねません。だから角川書店とはべつに映画の製作会社を立ち上げたんです。そうすれば、出版業とは別に本気で映画製作に乗り出すという覚悟を示すことができるとも思いました。

三本の未映画化企画（三十三歳）

七六年五月、角川春樹は東京プリンスホテルで三本の映画の製作発表を行う。角川と東宝が製作費を半分ずつ出資し、東宝が配給する『犬神家の一族』（市川喜一プロデュース、市川崑監督）、角川が全額出資し、東映洋画が配給する『いつかギラギラする日』（日下部五朗プロデュース、深作欣二監督）、角川が全額出資し、ＡＴＧ系で公開される『オイディプスの刃』（葛井欣士郎プロデュース、村川透監督）の三作品である。『いつかギラギラする日』は、九二年に同じ深作欣二監督によって撮られるギャング映画『いつかギラギラする日』（九二年）とはまったく関係がない内容で、『オイディプスの刃』は八八年に成島東一郎監督で角川春樹がプロデュースすることになる。

角川　三本まとめて製作発表したのは、角川春樹事務所が映画を一本だけでなく、永続的に作ることを知らせたかったからです。このとき、すくなくとも十年は地固めのつもりで、最低十年は映画をやろうと思っていました。

——角川映画といえば大作映画のイメージがありますが、『オイディプスの刃』は四千万円と低予算でした。

角川　『犬神家の一族』は全国東宝系、『いつかギラギラする日』は全国の東映洋画系で公開する大作であるのに対し、『オイディプスの刃』はATG系数館だけで公開する低予算映画で、そのころは商業主義的でポピュラーな大作とATG映画のように実験的な小品を組み合わせて発表しようと思っていました。

三本の企画の多様性から角川の日本映画へのヴィジョンと夢が窺える。

『オイディプスの刃』

——『オイディプスの刃』（赤江瀑著、角川文庫）は「第一回角川小説賞」受賞作品ですね。日本刀を始めとする日本的な美意識や「母親の恋をきっかけに、異母兄弟が殺し合う」ギリシャ悲劇的な近親相姦劇である点が、角川さんの嗜好にぴったりの題材だったように思います。

角川　その通りで、脚本に着手する前に、南フランスのグラース（香水の名産地）に松田優作や中山仁を連れていって撮影を始めたんですが、葛井欣士郎がかつて組んだ若い作家を起用して書かせた脚本がホモセクシュアルの話になっていて、けっしてホモセクシュアルを否定はしないのですが、エンターテインメントではなく、私が受け入れられるものではなかったんですね。「これは私の映画の脚本ではない」とギャラを払った上で中止にしました。

――葛井欣士郎も「上がって来た台本を読んで全く失望しました。赤江さんの原作の美麗さ、妖しさの影もないのです」(『遺言』)と書いています。
キャストは小品といえども、ヒロインに藤村志保、三兄弟に中山仁、藤竜也、松田優作。それに渡哲也、瑳峨三智子、川口晶という豪華キャストが発表されていました。

角川 渡哲也には話(出演依頼)は行っていなかったと思いますよ。
このときは断念しますが、この原作には愛着があり、のちに映画化するんですね。

『いつかギラギラする日』

――もう一本の頓挫した企画が『いつかギラギラする日』。七二年の衆議院総選挙で日本共産党が自民、社会に次ぐ第三党に躍進した際、東映の岡田茂社長が、「赤旗」の購読者層の組織動員を狙って立てた、戦前の非合法時代の共産党を『仁義なき戦い』のタッチで描こうとした企画です。東映では労働組合の反対で映画化できなかった企画が角川さんのもとに来たんですね。

角川 そうです。東映でのタイトルは『実録・共産党』。そのタイトルでは最初《はな》からやる気はなかったので、河野典生の小説名で気に入っていた『いつか、ギラギラする日々』をもらおうとしたんです。タイトルに作家の著作権はなく、タイトルを使うことに著作権法は及ばないんですが、そのことで、当時日本推理作家協会理事長だった佐野洋さんが私に咬みついてきたり、河野典生自身もあれこれ言ってきたりして、アヤが付きました。

――笠原和夫、野波静雄脚本の『実録・共産党』を、『明日に向かって撃て!』(六九年、ジョージ・ロイ・ヒル監督)や『俺たちに明日はない』(六七年、アーサー・ペン監督)のようなアメリカン・ニューシネマのようなタッチに、また「どこにでもいるような若者が、ちょっとイイ女の共産党員にちょっかいを出すうちに運動に巻きこまれてゆく」ストーリーに変えていますね（笠原・野波稿に深作欣二、神波史男が潤色）。

角川　深作さんと相談してそうしました。主役の渡辺政之輔（非合法時代の共産党書記長。台湾基隆《キールン》で官憲に包囲され自殺）役は川谷拓三でいこう、というのが深作さんの構想でした。

――大作の主演がスターではない川谷拓三というのは冒険ですね。『昭和の劇　映画脚本家　笠原和夫』（〇二年、笠原・荒井晴彦・絓秀実共著）によれば、角川さんが〝亀戸事件〟つまり関東大震災下の憲兵による労働運動家・社会主義者の虐殺事件のエピソードを全部削ってくれと要望したため、笠原さんと喧嘩別れになり企画が流れた、と笠原和夫自身が語っています。

角川　それは事実じゃありませんね。私が笠原の脚本に納得しなかったことは本当ですが、この企画が流れたのはもっと根本的な理由です。当時、東映の営業のトップだった鈴木常承さんから「題材の問題で上映できる劇場がない」と言われ、東映系の映画館では上映できず、単館ロードショーしか可能性がなくなったのでやめたんです。

第一弾『犬神家の一族』（三十四歳）

七六年、「角川映画」第一弾として『犬神家の一族』が製作される。製作費は二億二千万円（一億五千万円が角川春樹事務所、七千万円が東宝の出資）。当時、監督（市川崑）や主演（石坂浩二）に知名度が足りないと思った角川は、自らが宣伝塔になり、製作発表の席で、棺桶のなかから白装束、映画の「佐清《すけきよ》」と同じ白いマスク姿で登場したり、取材では「ヒトラーの『わが闘争』がバイブルだ」と語るなど、世間を挑発することで人々の耳目を「角川映画」にあつめた。日本映画でいままで黒子《くろご》的存在だったプロデューサーがこれほど映画の前面に出たのは初めてのことだった。

――最終的に合計八十冊、累計二千万部という途方もないヒットになった「横溝正史フェア」と連動させるために、『犬神家の一族』が選ばれます。

角川 私は出版社の社長で、「映画とのジョイントで本を売ること」が本分ですからね。

――横溝作品のなかで最初に『犬神家の一族』を選んだのはなぜでしょう?

角川 このころ、映画の『オリエント急行殺人事件』（日本公開七五年、アガサ・クリスティ原作、シドニー・ルメット監督）やテレビドラマシリーズの『刑事コロンボ』（日本での放映は七二年～、NHK）などで探偵ものや推理ものが注目を集め始めていましてね。金田一探偵シリーズのなかで『犬神家の一族』を選んだのは、「タイトルが〝絵的〟で良いなぁ」と思ったからです。それにすこし前に、山崎豊子さんの『華麗なる一族』（七四年に山本薩夫監督で映画化）がベストセラーになるなど、〝一族〟という言葉が流行っていて、一族の問題や親子の関係はタテ社会に生きる日本人に受ける普遍的なテーマだろうとピンと来たんです。

その連想で、一族が争うマカロニウエスタンがあることに気付きました。一族が二つに分かれて諍う町に流れ者がふらりとやってきて、両方とも滅んで去っていく、というプロットの映画です。

――『荒野の用心棒』（六四年、セルジオ・レオーネ監督）。黒澤明監督の『用心棒』（六一年）のいいただきですね。

角川 そう。『犬神家の一族』はそのさらにいただきでいこうと（笑）。しかし、『用心棒』も、ダシール・ハメットのハードボイルド『血の収穫』（探偵が、鉱山の町を支配する二つの勢力を同士討ちさせ、悪を一掃する）から着想を得ている。

――金田一耕助がクリント・イーストウッド演じる名なしのガンマン。

角川 それが刑事コロンボふうに推理する。

――横溝正史と『荒野の用心棒』とコロンボを結び付けた発想は、慧眼としか言いようがない。

角川　プロデューサーの役割で一番大事なポイントは、〝ファーストアイデア〟です。いままで誰もやっていないワンアイデアを見付けて、そのワンポイントだけで勝負したほうが映画は強いものになる。

――『汚れた英雄』（八二年）の二輪レース、『愛情物語』（八四年）のミュージカル、『REX 恐竜物語』（九三年）の恐竜……。

角川　残念ながら映画にはなりませんでしたが、赤川次郎さんの『三毛猫ホームズ』シリーズ（一九七八〜二〇一七年、猫がそのそぶりによって推理した結果を示すミステリー）の映画化を企画したとき、猫をロボットで作ろうと相当研究しました。〝ロボットの三毛猫ホームズ〟を売りものにしようと。

七〇年代後半のスピリチュアリティ

――角川さんは、モダニストの市川崑監督を起用して、日本の習俗を美しく撮ろうとしました。その背景には、広告プロデューサー藤岡和賀夫《ふじおかわかお》が、電通時代に仕掛けた国鉄（現JR）の「ディスカバー・ジャパン」という旅行促進キャンペーンや、『an・an』（マガジンハウス）や『non・no』（集英社）という女性誌が作った「アンノン族」（若い女性）の国内旅行ブーム、日本テレビの旅番組『遠くへ行きたい』（七〇年〜）といった「日本回帰」現象がある、とさまざまなところで書いていますが、八〇年にこんなことも語っています。

「近代化が進めば進むほど、反比例して人間の精神は土着化していく。70年代後半は、地方の出版物とか地方の芸能というものが20年前には考えられないほど盛んだった。それを支えているのは当時の若者で、それをとても面白い現象だと思って見てたんです。民族の復活とか神の復活が80年の直前に出て来たな、面白いなと」

——『キネマ旬報』八〇年六月下旬号

——これは七〇年代の日本文化史に関する貴重な証言だと思います。

角川　実際、七〇年代後半に地方の出版物がものすごく増えたんです。文部省からの助成金をもらって、郡や市町などその土地の歴史を本にすることが盛んに行われ、角川書店もお手伝いをしました。同時にこの時期には、地方においてそれまで廃《すた》れていた祭りや郷土芸能が復活するんです。担い手がいなくなって、いったん滅んだ祭りやお神楽などの芸能を若者たちがあらたに復活させて、再興していったのが七〇年代後半なんですね。

——六〇年代の高度経済成長期に地方から大都市に働きに出た人が、オイルショックのあとの低成長や人口の過密化や公害といった大都市での生活環境の悪化にともない、地方にUターンするケースが多くなってますが、それと、祭りや郷土芸能の復活は関わりがあるのでしょうか？

角川　そうした地方回帰の現象とともに、七九年に大平正芳首相がスローガンに掲げた「田園都市構想」など地方への支援や助成も影響していると思いますよ。各町内で祭りが行われるようになるとともに、神社への参拝客がにわかに多くなった。

明治神宮の初詣参拝者数は、七〇年に一七一万人だったのが七五年には二〇八万人、八〇年には二九四万人となるように（石井研士「初詣の実態研究序説——戦後の神社神道の変容の解明に向けて」八八年、明治聖徳記念学会起用復刊第一号による）神社への参拝客数は七〇年代半ばから急増する。

角川　若い女性が近所や地方の神社にご利益を求めて出かける風潮がこのあたりから出てきて、それを旅行雑誌や情報誌がフォローアップするようになってきた。このように、七〇年代後半からしだいに「スピリチュアル」や「聖地巡り」がブームになってきて、アンドレ・マルローが言った「二十一世紀は霊性の時代となるであろう。さもなくば二十一世紀は存在しないであろう」（『マルローとの対話――日本美の発見』〔九六年、竹本忠雄著、人文書院〕）という予言が実現してゆく。その起点となったのが七〇年代後半だと私には思えます。

「犬神統」という被差別存在

――『犬神家の一族』の当主「犬神佐兵衛」（三國連太郎）は、長野県諏訪市で製糸業を興し〝製糸王〟と呼ばれた片倉佐一を横溝正史がモデルにしたといわれています。角川さんは犬神佐兵衛と源義さんを重ね合わせたのでしょうか？

角川　それはないですね。『犬神家の一族』を選んだのは、先ほどお話ししたことに加えて、「犬神」という語感に惹かれたからです。「犬神」＝「犬の動物霊を使っての憑物《つきもの》」は、「蠱道《こどう》」（古代中国で発祥した、神霊に祈って他人を呪詛する術。平安時代には禁止された）に起源があるといわれます。牡犬を頭部だけを出して生き埋めにし、目の前に食べ物を置いて、餓死する直前に犬の首を刎《は》ね、焼いて器に入れる。そのご神体に犬の好物を供えて神籤《みくじ》を上げると願望が成就するという残忍な呪術ですが、犬神を使って富み栄えたと噂される一家が「犬神統」と呼ばれたんです。

――夢野久作の小説『犬神博士』（三八年）や映画『犬神の悪霊《たたり》』（七七年、伊藤俊也監督）にもその儀式が出てきますね。

角川　遡って歌舞伎の『小笠原諸礼忠孝《おがさわらしょれいのおくのて》』（一八八一年初演）にも、お家乗っ取りを企む悪役の犬神使い（犬神兵部・岡田良助）が登場します。

――『犬神家の一族』でも、高峰三枝子（犬神松子役）が自分の部屋の和箪笥《わだんす》の奥に、犬の顔に、竜のような身体に四つ足という異様な生きものが描いてある掛け軸を掛け、苦境に陥ったときにそれに手を合わせる場面が出てきます。

角川 あのシーンひとつで、この一家が代々犬神を祀って来たことを表現したんです。

――『憑霊信仰論』（九四年、小松和彦著、講談社学術文庫）には、高知県物部村に当時、「犬神統」「犬神筋」と呼ばれる家筋があったと書かれていますね。

角川 そう。かつて犬神筋は中国、四国、九州地方に広く分布し、岡山に疎開していた横溝正史さんは中国地方に残る犬神統をヒントに小説を書いたんですね。

――「犬神統」には新興財産家が多い。貧しい先住民がにわかに金持ちになった成り上がり者を羨《うらや》み、妬《ねた》み、制裁を加えたいという悪感情が「あの一家は犬神統で、犬の持つ霊力を借りて財を成した」という風聞を流布させ、出雲の「狐憑き」の家系同様、「犬神統」の娘はその土地での縁談に差し支えたといわれます。

角川 犬神統は「悪神《まがつかみ》」を信仰していると蔑《さげす》まれたんですね。そうした「犬神家」の背景にある差別／被差別の匂いに私は惹きつけられたんです。

――角川さんは爽やかなエンターテインメントにも賤とされたものの匂いを入れます。差別や禁忌に対する民俗学的考察が『犬神家の一族』から『悪霊島』（八一年、篠田正浩監督）を経て『湯殿山麓呪い村』（八四年、池田敏春監督）にいたる伝奇・土俗的な角川ミステリー映画を産んだように思われます。

角川 それは、役小角《えんのおづぬ》（奈良時代の山岳呪術者、修験道の祖）の弟子たちを描いたアニメーション『宇宙《うつの》皇子《みこ》』（八九年、吉田憲二監督）まで続きますね。

諏訪と〝まつろわぬ神〟

——ところで、小説『犬神家の一族』の舞台は長野県諏訪市（映画は上田市、青木湖などでロケされた）。『天と地と』（九〇年）でも上杉謙信と武田信玄にとって諏訪が重要な場所になっていますが、角川さんにとって「諏訪」はどんな場所なのでしょうか？

角川　諏訪には「御柱祭《おんばしらさい》」という日本三大奇祭で有名な諏訪大社がありますが、そこに祀られている神が「建御名方神《たけみなかたのかみ》」という、大国主神《おおくにぬしのかみ》の子供なんですね。大和朝廷が日本を平定して国を作る歴史を神話の形で描いたのが『古事記』ですが、そのなかで建御名方神は、高天原の最高司令官の天照大神《あまてらすおおみかみ》が「地上の国の統治権を禅譲しなさい」と各地の神々に迫ったとき、最後まで抵抗した神なんです。ほかの大国主神の子供たちはみんな帰順するんですが、唯一承諾しなかった子供が建御名方神だった。交渉に応じなかったので、武甕槌神《たけみかづちのかみ》との力くらべに負け、故郷の出雲を追われる。諏訪まで逃げのびて、そこで国土を譲り渡すことにやっと同意したので諏訪に鎮座した——と『古事記』には〝敗者〟として書かれています。しかし、これはのちに勝者（大和朝廷）が書き改めた歴史で、建御名方神はもともと出雲から日本海側を通って諏訪まで進出していた部族の神で、大和朝廷が東方へ進出する過程で諏訪において立ちふさがった、大和に反抗する人々が信奉した神だといわれています。私は体制に抵抗した神々にシンパシーがあり、出雲に次いで、もっとも大和朝廷にあらがった部族と神が棲む諏訪という土地に惹かれるんです。

——出雲の人々がなぜはるばる諏訪までやって来たのか。その理由として、古代においては翡翠《ひすい》の「勾玉《まがたま》」が祭祀において重要な意味を持ち、その翡翠の唯一の産地が新潟県の糸魚川近辺なので、出雲からそれを求めて日本海沿岸伝いに糸魚川まで進出し、それから信濃川に沿って諏訪にたどり着いたという学説があります。

角川　たぶんそうでしょう。そのあと、大和朝廷が東征し、出雲や諏訪をはじめ、その土地土地の神が変えられていくんですね。たとえば、長野の戸隠神社にはもともと九頭竜の神が祀られていましたが、大和の進出により脇に追いやられ、「天手力男神《あまのたぢからおのかみ》」という、天照大神が隠れた天の岩屋の戸を手で開けたという逸話で知られる「天孫降臨」に従った神が代わりに祀られました。

――神道においては、大和朝廷の皇族や氏族が信仰していた神が「天津神《あまつかみ》」、大和に制圧された地域の人々によって信仰されていた神が「国津神《くにつかみ》」ということになる。

角川　そうです。国津神は、大和朝廷がやって来て、天津神を祀ったときにまったく消されるか、祟《たた》りを恐れて脇の神として祀られるか、いずれかだったんです。私は大和朝廷側の天津神ではない国津神に対する関心が昔から強かったんですね。天津神に敗れた国津神に対する私の共感や親和性は、日本人が古来から持つ〝判官びいき〟の一種でしょう。それはさきほどお話しした、私の「南朝支持」にも繋がるんです。それに、家の近くの神社の境内の砂を袋に入れ、それを枕の下に敷いて寝ると病気が平癒《へいゆ》すると古来から言い伝えられているように、民衆を護るのは、天津神に祀り替えられる前にその土地に鎮座していた国津神です。国津神のなかでもとくに、地元の神＝「産土神《うぶすなかみ》」を大切にしなければならないと私は思っているんです。

そんなことから、私は「国津神神道」を信奉し、明日香宮（角川が建立した軽井沢にある神社）では天津神の祝詞も上げますが、一方で「山蔭神道」という、いまはもう廃れてしまった古神道の祝詞をあげて祭事を行っているんです。古神道を現代風にアレンジして、シンセサイザーで神儀をやり、剣《けん》祓《ばらい》（日本刀によって邪気を祓う儀式）も行う。戦前は剣祓の儀式は多くの神社で行われていましたが、戦後は日本刀がアメリカ軍によって没収されることで消え失せ、現在でも剣祓を行っている神社は、うち（明日香宮）くらいです。

――滅んでゆくもの、権力が制圧しようとしても「まつろわぬ者」が角川さんにとってのロマンなんですね。

角川　そうです！「まつろわぬ神」です。

――第三句集（八三年、河叢書）の書名である《流され王》と《まつろわぬ者》というふたつの言葉が、角川さんの全生涯を貫くキーワードのように思えます。流離しながら何者かになってゆく貴種、けっして平伏しない漢《おとこ》のイメージが。

角川　たしかに、私が心を惹かれる神々や英雄にはその属性がありますね。

文化革命としての映画製作（三十四歳〜）

角川が行った〝メディア・ミックス〟は、日本映画では、一九二六年に東京朝日新聞の連載小説『修羅八荒』（行友李風）が映画会社三社で競作され、ラジオドラマ、浪曲、芝居になったことを嚆矢《こうし》とし、二八〜二九年に菊池寛が自身の小説『東京行進曲』を映画化（二九年、溝口健二監督）、舞台化、主題歌のレコード化をともに成功させた。七〇年代には前述の『日本沈没』などの先例があり、アメリカ映画では、パラマウント映画の製作担当副社長のロバート・エヴァンスが『ローズマリーの赤ちゃん』（六八年、ロマン・ポランスキー監督）、『ある愛の詩』などでその手法を用いた。しかし、角川は自らの手法の原点はナチズムにあると発言した。

「（ナチズムの宣伝方法は）軍服のファッション、ニーチェの超人思想、あるいはリルケの詩、ワグナーの音楽のすべてを動員した。これらはすべて活字と映像と音に集約される。要するにそれらのものをたくみに総動員することで民族主義というひとつのテーマを美学に仕上げて大衆を陶酔させていった。これは私が本や映画や音楽を売るときの戦略と本質的には同じものです」

――『月刊プレジデント』七七年十月号

――角川さんのこの発言は当時物議を醸し、現在でも誤解を招きかねません。

角川　私はけっしてナチズムの思想には賛同しませんが、ファシズムの宣伝方法には学ぶべきものがあると思い、こう言ったんです。当時、ファシスト扱いされましたね（笑）。

――角川さんが日本映画で初めてなさったことをこれからお伺いします。

映画宣伝でテレビスポットを大々的に使ったのはなぜでしょうか？

角川　そのころ、邦画各社はテレビ局を「映画館から観客を奪ったライバル」として敵視していて、映画会社がテレビ局と手を組むという発想はありませんでした。そうしたなか、『犬神家の一族』が初めてテレビスポットを多用した効果は大きかったですね。ただ、『犬神家の一族』で「テレビCMに巨額の金を使った」という通説は誤りで、実際に使ったお金は、「金田一さん、事件ですよ」というCMの製作費の五十万円と放映料五百万円の計五百五十万円だけです。映画のヒットを受けて、「膨大なテレビ宣伝費」という〝神話〟ができあがったんです。

――しかし、角川さんは角川書店の「横溝正史フェア」も含めて、製作費二億二千万円の『犬神家の一族』に総宣伝費を三億円かけました。また、『人間の証明』では製作費六億七千万円に対して宣伝費は四億三千万円。いままでせいぜい総経費の二五パーセント（四分の一）が相場だった日本映画で、製作費に匹敵する宣伝費をかけたのは前代未聞のことでした。

角川　大事なことは、角川映画の宣伝費は、映画を売るためだけではなく文庫を売るためでもあり、二つの目的があったからこれだけの宣伝費をかけられたということです。

――しかも、横溝正史作品を中心に一千万冊以上の文庫本に、映画の宣伝と割引券になる栞《しおり》を挟みこみました。

角川　「出版社ならではの映画の宣伝方法とは何か」を考えたんですね。いまではどこの出版社も真似てやっていますが、製本代を抑えるために文庫のスピン（しおり紐）をなくしましてね。その代わりに短冊形の紙製の栞を挟んだ。栞の表面は映画の宣伝文の付いた割引券にもなる、裏面にはほかの企業の広告を入れたんです。

――原田知世作品は東芝のラジカセ、薬師丸ひろ子作品は資生堂の広告が入っていました。

角川　よく覚えているね。スピンから栞に変えたことで広告料収入も得られたんです。

――〝読んでから見るか、見てから読むか〟のコピーも一世を風靡しましたね。

角川　あれは私が『人間の証明』のときに考えたものです。

映画と本の連動

――テレビ局に先に「放映権」を売って、製作資金を調達したのは角川さんが最初でしょうか？

角川　最初かどうかわかりませんが、やりましたね。七〇年代はテレビの「洋画劇場」枠で邦画の最新作が放映されることは珍しかったから、七八年にTBSで『犬神家の一族』が放映されたとき、四〇・二パーセントという驚異的な視聴率を叩き出したんですよ（現在でも歴代の邦画視聴率の第四位）。その実績から、『人間の証明』も『野性の証明』も公開前にフジテレビに放映権が四億円で売れたんです。

――当時、日本映画には「劇場公開から三年経たなければテレビ放映しない」というルールがあったと聞きます。角川映画だけ一年後にオンエアできたのはなぜでしょうか？

角川　三年という縛りは映連（日本映画製作者連盟）が決めたルールで、ウチは映連に入っていなかった。だから、角川映画の前作のテレビ放映日を新作の劇場公開日にぶつけて、相乗効果を狙おうと思ったんです。ほかの映画会社から、「封切り前に一年後のテレビ放映を決めるとは何ごとか」と非難を浴びました（笑）。『蒲田行進曲』（八二年）は角川と松竹が出資したんですが、松竹は金がなかったんですよ。私が松竹にＴＢＳの映画部の人を紹介して、「必ずこの映画は成功するから、俺の信用でお金を出してくれ」ということで、放映権を先に売る形で松竹に三億円出資してもらったんです。

――角川さんはスタッフのギャラを通常の額の倍にしたと聞きます。

角川　その通りです。映画の世界に入って、日本映画のスタッフは「（賃金が）安い、（拘束時間が）長い、（格好が）汚い」が基本だということに驚いて、これはおかしいだろうと思ったんですよ。だから『人間の証明』からはスタッフのギャランティを二倍にしました。

――日本映画の当時の相場の二倍ということですか？

角川　そうです。

――また、執筆前に何の交渉もなく、口約束でなし崩し的に決まるのが通例だった日本映画の脚本家のギャラについても、キャンセルになったときの補償もふくめて事前に決めたと聞きます。

角川　脚本を書いてもらっても、プロデューサーとしての判断でその脚本が使えないこともありますし、映画自体が流れることもあります。だから無駄働きにならないように、あらかじめそうしたときの補償額を決めておくんです。

――しかも、ポスターでは脚本家、撮影、照明などのスタッフ名を大きく表記し、角川映画の雑誌『バラエティ』で、ふだんは陽が当たらないスタッフによる対談や鼎談を行なっています。

角川　それはね、私が一本の映画が監督だけで論じられてしまうという傾向にすごく反発を感じていたからです。映画は、製作者、シナリオライターを始めとする全スタッフの才能が結集されてこそ優れたものができるはずです。

——映画のクレジットタイトルに宣伝スタッフの名前を出したのも角川映画が初めてでした。

角川　それまでの日本の映画会社は「良い映画を作ればおのずと客は来る」と信じて、製作スタッフを重んじ、宣伝スタッフを二の次に考え、映画のタイトルに出さなかったんです。私は「何を売るか」がもっとも重要で、そこから「どう作るか」を考えましたから、宣伝を大切にし、スタッフの名前もクレジットに載せましたね。

——さらに、『犬神家の一族』のとき、市川崑監督と石坂浩二に対して、興行で利益が出た場合、それを配分する契約をしたというのは本当でしょうか？

角川　しました。『犬神家の一族』の市川崑さんには五百万円のギャラのほかに七百万円のインセンティブ（追加のギャラ）をお支払いしました。石坂浩二さんにも利益をシェアしました。そのあとの映画の監督と主演俳優とも契約を交わし、各作品で角川がもらう利益の一パーセントをお支払いしてきました。ハリウッドでは当たり前のことですが、日本映画では角川映画が最初で、いまのところ最後でしょう。

——どうしてほかの映画会社は、映画がリクープ（資金回収）できたときに利益を分配しないんでしょうか？

角川　どうしてかわかりませんが、そういう例は聞きませんね。私は利益が出たときのインセンティブを約束したうえで、監督や主演俳優に全国キャンペーンに参加してもらったんです。

——だから角川映画は、監督や俳優による全国キャンペーンができたんですね？

角川　そう。それまでの日本映画は、宣伝費のなかにキャンペーンの費用が計上されていなかったんですよ。映画で地方キャンペーンに行った場合、地元の本屋さんを招待して、映画の試写を観てもらうということもしていました。完成披露パーティには本屋さんと取次さんも呼ぶんですよ。

――本屋さんという出版業の〝現場〟を大事にしたんですね。

角川　映画館という〝現場〟も大事にしましたよ。『人間の証明』のときは、佐藤純彌監督、岡田茉莉子さん、松田優作さん、映画評論家の黒井和男さんを私が率いて、全国主要十五都市の劇場で舞台挨拶を行いました。それと並行して、そのとき角川書店が全社を挙げて売ろうとしていた角川版『日本地名大辞典』のキャンペーン隊と森村誠一さんが主要都市の書店を回り、合計三千人の方を相手に森村さんにサイン会をやってもらいました。

――映画と本の全国キャンペーンが連動していた。

角川　そうです。ときどき二つが合流し、森村誠一さんに映画館に挨拶に来てもらったりしましたね。

大野雄二による新しい映画音楽

――角川さんは日本で初めて映画のサントラ盤ＬＰを映画の公開と同時に発売しました。

角川　「映画の公開が終わっても音楽は残る」ということに『卒業』（六七年、マイク・ニコルズ監督）の劇場公開後のサントラ盤の売れ行きを見て気付いたんです。音楽が売れると、原作本もわずかながらだけど売れ続けていくんですよ。

――ジャズ・ピアニストで、それまで映画音楽を手がけていなかった大野雄二を『犬神家の一族』に抜擢したのはなぜでしょうか？

角川　日本テレビの『火曜日の女』（六九～七三年）や『土曜日の女』（七三～七四年）のようなサスペン

スからNHKの『ニュース・センター9時』（七四〜八八年）のテーマ曲まで、テレビで大野さんの曲を聴いていたんですね。自分が映画を作るときには、もう林光や芥川也寸志の時代じゃないと思っていた。だからといって、ロックやフォークがいいわけじゃなかったんです。この原作にはどんな音楽がふさわしいかと考えたときに、おどろおどろしい『犬神家の一族』の世界に清明な〝水〟のような音楽を流したい。だったらクールなジャズがいい。メロディアスなジャズを書けるのは大野雄二だ、と閃いたんです。そのころの日本映画の音楽費の相場が百万円でした。それにそれまでの日本映画でもっとも音楽にお金をかけたのが『砂の器』の三百万円だったんですが、『犬神家の一族』では大野さんの音楽に一千万円以上かけましたね。しかし、『悪霊島』（八一年、篠田正浩監督）でのビートルズの『Let it Be』と『Get Back』の使用料にくらべれば安かった。あれは二曲で五千万円かかりましたから。しかも、契約上の問題で、劇場公開でビートルズを流せても、ビデオ化のときのは追加料金を取られるので使えなかった（笑）。

――『花のあすか組！』（八八年、崔洋一監督）ではザ・ローリング・ストーンズの『サティスファクション』を流します。ビートルズのときの轍を踏まないように、音楽プロデューサーの石川光さんがストーンズの事務所に、作品の意図と『サティスファクション』が不可欠であることを手紙に書いて送った、と聞きました（伊藤の取材、石川光の証言）。

角川　それは知らなかった。百万円以下ですんだのは石川のお蔭なのか。ストーンズはビートルズに比べて「えらく良心的だな」と思っていました。

――『犬神家の一族』に話を戻しますが、ペルシャ起源の楽器、ダルシマーと琵琶を邦楽らしからぬ感覚で使った見事なテーマ曲でした。

角川　でもあのサントラは失敗しましたね。もしインストゥルメンタルじゃなく歌が入っていれば、もっと売れたでしょう。だから次の『人間の証明』のテーマ曲はジョー山中に歌わせたんです。

七六年十月十六日、『犬神家の一族』が先行ロードショーされる日比谷映画劇場には〝チンドン屋〞が出ていた。角川が宣伝の仕上げとして雇ったのだ。その日はあいにくの雨だったが、観客の行列が劇場を二周し、同劇場での『エクソシスト』（七四年、ウイリアム・フリードキン監督）と『ジョーズ』の興行記録を塗り替えた。『犬神家の一族』は十二月十一日から全国東宝系百館で『岸壁の母』（大森健次郎監督）と二本立てで拡大公開され、約十五億円の配収を上げ、それと連動した横溝正史の角川文庫本も約四十点が累計販売数一千八百万部も売れ、サウンドトラックも日本映画としては珍しくヒットした。角川春樹は賭けに勝ったのだ。

プロデューサーを告訴（三十四歳）

――しかし、この映画（『犬神家の一族』）の公開中、角川さんは市川喜一プロデューサーを横領罪で告訴しました。

角川　出版社では使途不明金が出てくることなんてあり得ないんですが、『犬神家の一族』の経費をチェックしたら、何とか酒屋って書いてある領収書が出てきて、調べてみるとそんな酒屋はどこにもない！　そういう使途不明金や伝票操作をして着服した金が百十万円も出て来ましてね。

――「忙しい映画製作の現場では、領収書をもらえない時もある。裏金を渡すケースも出てくる」（『朝日新聞』七六年十一月二十七日）と市川プロデューサーは反論し、逆に角川さんを告訴（誣告罪《ぶこくざい》及び債務不履行）しました。また、『朝日新聞』は同じ記事で、「春樹氏の合理主義とは、結局はもうけのためだ。外国の場合は知らないが、日本の映画界にも良さはある。古い人情は一概に否定されるべきではない。その点も理解してほしい」という角川さんと同世代のあるプロデューサーの意見を匿名で紹介します。

角川　これを読んで、「金を出す側の気持ちも考えてみろ」と思いましたね。こうした日本映画界のなれ合いや古い因習が、新規参入しようとする人たちを拒むんですよ。一般社会では通用しない、そういういい加減さがまかり通ることに我慢がならなかったんです。

――『朝日新聞』の前述の記事や『犬神家の一族』の映画評（「朝日新聞」七六年十月二十二日夕刊）の「角川書店の若社長が初めてプロデュースした作品だ」という書き出しなど、当時のマスコミには「本屋の二代目のぼんぼんが道楽で映画を作った」という揶揄《やゆ》と「文庫の宣伝のために映画を作るな」という反感を露わにしていました。

角川　そういう奴らに嘗《な》められちゃいけないと思いましたね。最終的には東宝側と話し合い、お互い告訴を取り下げますが、映画界の浄化のために『犬神家の一族』の使途不明金の件は表沙汰にしました。それからは、経費はすべて自分でチェックしましたね。

第二弾『人間の証明』（三十五歳）

『犬神家の一族』の成功は日本映画を変えた。フジテレビや徳間書店など他業種からの映画への本格的な参入を促し、いままで「二本立て／二週間」の興行を続けてきた東宝、東映、松竹の各社を「一本立て／大作／ロングラン」の興行にシフトさせ、〝洋高邦低〟だった興行において、洋画から邦画に観客を取り戻した。同時に洋画の宣伝方法にも影響を与え、東宝東和はこの年末に公開した『キングコング』（七六年、ジョン・ギラーミン監督）に過去最高の三億六千万円の宣伝費を投じるなど、宣伝方法が興行を左右する時代がやってくる。

七七年秋に公開された角川映画第二弾『人間の証明』（森村誠一原作、佐藤純彌監督）は、プロデューサーと監督が東映、撮影・照明・録音などのスタッフと撮影所が日活、配給は東宝と東映という混成チームで、従来の映画会社の閉鎖性に風穴を空け、『犬神家の一族』を上回る二十二億円の配給収入を上げた。角川が二十七歳の時には売上十八億円（経常利益五千万円）だった角川書店は、この年、売上一三〇億円（経常利益二十五億円）にまで成長し、新潮社を追い抜いた。

――『人間の証明』のファッションショーなど、角川さんは見せ場になるシーンには惜しげもなくお金をかけ、徹底的に見せます。また、一本の映画にメロドラマ、カーアクション、海外ロケなど多くの要素をこれでもかというほど詰めこみます。これはなぜでしょうか？

角川 私は映画というものは〝幕の内弁当〟だと思ってるんですよ。あれも入っています、これも入っています、何でも入っています、という、豪華な幕の内で観客をもてなしたい。

――〝幕の内弁当〟と〝観客をもてなす〟というのは角川映画のキーワードですね。加えて、〝意味のない豪華さ〟（中川右介著『角川映画1976-1986 日本を変えた10年』での表現）も角川映画の特徴だと思います。

角川 「意味がない豪華さ」とは？

――「ここまで金をかけ、力を入れなくてもいいのにな」と思うほど細部にまでこだわり、手を抜かないという意味です。

角川 たしかに全編力を入れましたね。

――『人間の証明』を第二弾に選んだのは、「母親への思慕」がテーマだからでしょうか？

角川 そうです。母を求めて日本にやって来るジョニー・ヘイワードの「母親に会いたい」という切実な思いが私には身につまされ、彼は私の分身のように思えました。公開後、「日本的な母ものじゃないか」という批判がありましたが、私はそもそも母ものとして、〝国際スケールの母もの〟を目指してつくったんです。

――「興行においては勝つことだけが善」とクールに言いながら、七歳のときに生き別れになった生母への心情を映画に塗りこめる。そこが角川さんらしく、ハリウッド映画的スケールと個人史の物語が共存している点で、『人間の証明』は間違いなく「最初の角川映画」だと思います。

角川　私もそう思います。

五百万円の脚本公募とニューヨーク・ロケ

――『人間の証明』は脚本の一般公募が話題を呼びました。当時の脚本料の相場は、日活ロマンポルノが三十万、一般映画が百万〜百二十万、最高額で三百万の時代に賞金を五百万としました。

角川　脚本というのは映画の生命線ですが、『人間の証明』の場合は「こういうジャンルの脚本を誰に書いてもらったらいいか」がわからなかったんです。だったら、いっそのこと五百万円の懸賞をかけて一般公募にした方が話題性もつくれるし、とんでもない脚本が現れるのでは、と期待したんです。

――結果、六百六十九本の応募があり、『名もなく貧しく美しく』（六一年、松山善三脚本・監督）に代表されるヒューマンで抒情的な作風の脚本家、監督、松山善三のシナリオが選ばれました。

角川　最終選考に残った三本は、松田寛夫さん、小林久三さん、松山善三さんと、すべてプロの脚本家や作家によるものでしたね。

映画『人間の証明』は、「キス・ミー」という言葉を残し、ニューヨークから喜び勇んで来日した黒人青年、ジョニー・ヘイワード（ジョー山中）が高層ホテルを見上げながら、何者かに刺殺される場面から始まる。同時刻に、世界的なデザイナー八杉恭子（岡田茉莉子）の息子（岩城滉一）がひき逃げ事件を起こす。「キス・ミー」という言葉と、彼の遺品にあった「西条八十詩集」と麦わら帽子を手がかりに、棟居刑事（松田優作）はヘイワードが八杉恭子の息子であることを探り当てるが、棟居には恭子との奇縁があった。棟居はニューヨークに渡り、ケン・シュフタン（ジョージ・ケネディ）の協力を得ながら、ヘイワードが自分を捨てた母に再会するために日本にやって来たことを突きとめる……。

――正直、松山善三さんの脚本には原作の瑕疵《かし》がそのまま残っていると思いました。原作では、主人公の棟居刑事が少年時代、闇市でGIのケン・シュフタンに犯されそうになった娼婦の八杉恭子を助けた自分の父がなぶり殺しにされ、孤児になります。そして、三十年後に棟居は偶然、八杉に会い、さらに偶然が重なりシュフタンと再会します。そうしたいささか作りすぎた因果話を松山さんの脚本が引き継いでいる。

角川　それは脚本の弱さかもしれないが、松山善三さんの脚色は、原作にはない、棟居刑事がニューヨークに捜査に行くシークエンスを付け加えています。原作からニューヨークのシーンを大きく膨らませたことが〝ビッグアイデア〟なんですよ。

――角川さんはこのビッグアイデアを五百万円で買った、と？

角川　その通りです。松山さんのアイデアを得て、初めて映画に〝眼目〟ができたんです。私はいつでも素晴らしいアイデアにはお金を惜しまずに出します。

――たしかにこの映画は製作費の半分を投じたニューヨーク・シーンが白眉ですね。ケン・シュフタン刑事のジョージ・ケネディ、オブライエン署長役のプロドリック・クロフォードがじつに良い味を出しています。クロフォードは『オール・ザ・キングスメン』（四九年、ロベール・ロッセン監督）でアカデミー主演男優賞を獲っていますね。

角川　そう。私は彼が演じた『ハイウエー・パトロール』（アメリカのTVドラマ、五五〜五九年）のダン隊長が好きでした。ジョージ・ケネディもアカデミー賞助演男優賞（『暴力脱獄』〔六七年、スチュワート・ローゼンバーグ監督〕）俳優で、さすがに巧いなぁと思いましたね。たとえば、ラスト近くの空港で、日本に帰る棟居刑事をシュフタンが見送るシーン。「どういうふうに見送るんだ？」と事前にケネディに訊くと、ニヤリと笑って「任せてくれ」。本番でケネディは、ズボンのポケットからちょこっと手を出し、ものすごく小さく優作に手を振るんですよ。棟居刑事の複雑な心境もわかりながら、しかし彼を見送ってやりたいシュフタンの中途半端な気持ちをかすかに手を振る芝居で表現したんですね。「これだったのか！」と感心しましたね。

——原作にはないケン・シュフタン刑事が刺されて死ぬシーンと、棟居刑事が鏡の中のシュフタンに拳銃を撃つシーンに、これまで伺った角川さんのアメリカへの複雑な思いが反映されているのではないでしょうか？

角川　ああ、そうかもしれない。

——佐藤純彌監督によって撮られた『人間の証明』と『男たちの大和／YAMATO』は、角川さんのアメリカへの愛憎がにじむ二部作ですね。

空から氷が落ちて来たハーレム・ロケ

——当時ニューヨークで最も危険な地域といわれたイーストハーレムでのロケの思い出を聞かせて

ください。

角川　ハーレムを仕切っている人間に話をつけて、きちんと支払いをした上で撮影したんですが、撮影中にアパートの上から水を引っかけられ、ときには氷が落ちてきました（笑）。

ニューヨークでは出番のない岡田茉莉子さんが日本から遊びに来たとき、私がケネディ空港に迎えに行こうとしたんですが、迎えに行くタクシーがハーレムには怖くて入れないというんですよ。そこでハーレムのボスに頼んで、黒人の若い奴に茉莉子さんを迎えに行かせるんですが、「ケネディ空港に行ってくれ」と私が言うと、「それはどこだ?」。彼は生まれてこのかたハーレムから一歩も出たことがないから知らないんですよ。

――ニューヨーク・ロケ中に松田優作さんが現地コーディネーターのサイモン・ツェーさんを殴る事件を引き起こします。

角川　私は頭にきましてね。周囲に示しを付けなきゃならないので、彼をホテルの私の部屋に呼びつけて殴ろうと思いました。優作はそのころ極真空手の黒帯を取ってたけれど、私はパレスチナで兵士相手に素手で殴り合って打ち勝つなど、殺し合いの場数を踏んできましたから。これはかなり激しい殴り合いになるだろうなと覚悟してたんです。しかし、優作は部屋に入って来るなり、パッと絨毯の上に土下座して、「何をされてもけっこうです」と言ったんです。このタイミングが絶妙だったので、私は笑っちゃいましてね。そのあと、優作と一緒にダウンタウンに飲みに行くんですが、彼は意外に臆病で、黒人しかいない店に行くと、けっこう怯えてるんですね。「おまえ、怖いのか?」って訊くと、「いえ」と言いながら強張って飲んでるんです（笑）。

——鶴田浩二の役名「那須」は青樹社の編集者の苗字と同じですね。

角川　そう。森村誠一さんはたしか『東京空港殺人事件』（七一年、光文社）から、『人間の証明』を第一作とする〝棟居警部シリーズ〟までしばしば「那須英三」や「那須警部」を登場させています。自分を見出してくれた編集者の名前を自作に刻み、彼から受けた恩を忘れまいとしているんです。

——小説のキャラクターに那須さんご本人の人柄が反映させられているんでしょうか？

角川　たぶんそうでしょう。森村さんはそういう作家なんですよ。

——銀座の「クラブ順子」のママ、田村順子が特別出演し、ニューヨーク在住のカメラマン、吉田ルイ子の写真が使われ、吉田がモデルと思われる写真家をジャネット八田が演じています。角川さんはお二人と交流があったのですか？

角川　それはね、そのころ付き合っていた女性が「クラブ順子」のホステスだったんです。

——のちに角川さんが経営する銀座のクラブ「高倉」のママになるKさんですね？　音楽関係者に顔が広かったKさんは音楽面でも角川さんをサポートします。

角川　そう。それで、順子が「私も映画に出たい。亭主（和田浩二）も出してよ」と言ってきたんです。だから、〝毒を食らわば皿まで〟で和田浩二まで出して（笑）。

——毒を食らわば……とは和田浩二さんにひどい（笑）。

角川　だから何の意味もない（笑）。

——そんなことはないです。田村順子が映っていたり、吉田ルイ子の写真が使われていることは、時代の貴重なドキュメントになっている。同時に、同じ画面に鶴田浩二とハナ肇と松田優作がならぶ『人間の証明』は、日本映画の転形期である七七年を象徴しています。

角川　そういう見方もできるか。三船敏郎も出てますしね。吉田ルイ子さんにはハーレムの写真集

(『ハーレムの熱い日々』〔七二年〕など)がありましてね。『バラエティ』でも、彼女の写真とニューヨークの紀行文を連載しました。

スキャンダルがあってもかまわず公開

――『人間の証明』の配給は東映洋画部。劇場は東宝の直営館である日比谷映画劇場で先行ロードショーし、地方では東映の洋画系ロードショー館で公開されました。このように複雑なブッキングになったのはなぜでしょう?

角川 東映の全国配給が決まったあと、『犬神家の一族』を配給した東宝の方でもやってほしいと言ってきたんです。東映の岡田(茂)さんと東宝の松岡(功)さんが話し合って、封切りは東宝の日比谷映画劇場で五週間、四週目から東映の洋画系ロードショー館で上映することが決まりました。正直なところ、東映の通常番組が上映される邦画系の劇場より、東映が輸入した洋画が公開される洋画ロードショー館のほうがきれいで、指定席もあるので、この作品にはふさわしいと思いましたね。いずれにしても、こういう形での公開は日本映画では初めてでしょう。

――『人間の証明』の撮影中に岩城滉一が麻薬取締法違反と銃器所持法違反容疑で逮捕され(劇中の岩城の声は吹替え)、七七年八月、主題歌のレコード発売当日にロックシンガーのジョー山中が麻薬取締法違反容疑で逮捕されます。しかし、角川さんはレコードを販売しつづけ、主題歌の流れるCMを自粛しませんでした。

角川 ゴールデン・トライアングルでの取材から日本に戻ると、ジョー山中が逮捕されたという知らせが待っていましたが、私は予定通りレコードを販売し、彼の歌が流れるテレビCMもそのまま流しました。ジョー山中の歌は日本中にあふれ、ヒットチャートの一位を何週も続けました。ジョーが佐世保刑務所から出てきたときには、彼はスーパースターの一人になっていたんです。いまだったらレコードはおろか、岩城のシーンもカットしろと言われたでしょうね。

――当時は「自粛しろ」という圧力はなかったんですか？

角川　ありませんでしたが、かりにあってもかまわずやったでしょう（笑）。

生母との苦い再会

――『人間の証明』のキャンペーン中、テレビのワイドショーの「生き別れになった母子が再会する」という企画で、角川さんは生母の冨美子さんに再会します。

角川　うん。映画をつくったおかげで、三十年ぶりに生みの母親に会えたんです。そのテレビ番組の収録中に生母と電話で話し、そのあと彼女を当時私が住んでいた東京郊外のひばりが丘のマンションに招いて、生母は泊まっていった。けれどそのあと、生母は私に黙って『週刊朝日』に彼女が私に電話をかけている写真を撮らせ、再会の模様を取材させました。そのことを知り、とたんに心が冷えましたね。生母にそのことを抗議し、以来、生母とは縁を切りました。その後、生母は私のところへ「お金を貸してほしい」と言ってきたことがありました。一度は貸しましたが、二度目は断りました。生母とはそれ以来、音信が途絶えました。

冨美子はそののち、秋田で洋裁を教えたり、故郷の岩手県一関市で食堂を営んだり、関東地方のある都市で年齢を偽って銀行の食堂の賄《まかな》い婦として生計を立て、二〇〇七年に一関で逝去した。角川は実母の葬儀に参列せず、翌年の母の日に仏壇に二本のカーネーションを供えた。

メディアクロスマガジン『バラエティ』

――『人間の証明』の公開に合わせて創刊した『バラエティ』（月刊誌、七七～八六年、角川書店）のことを聞かせてください。

角川 あれはね、アメリカの『Variety』（ショー・ビジネス情報誌）から雑誌名だけもらいましてね。映画のタイトルに版権がないのと同じように、雑誌のタイトルにも版権が発生しないんですよ。角川書店は雑誌が弱かったから、文芸誌の『野性時代』に続いて、「角川映画を特集する雑誌」というコンセプトで『バラエティ』を始めたんです。

――薬師丸ひろ子や原田知世や渡辺典子のファンクラブを作らなかったのは、『バラエティ』を〝ファンクラブ会報誌〟にしたかったからでしょうか？

角川 その通りです。とくに薬師丸は芸能活動より学業優先で、年に一本だけ、春休みと夏休みにしか映画に出なかった。だからファンの飢餓感をあおり、薬師丸が宣伝に協力できるその時期に、『バラエティ』に彼女の情報を一挙に出したんです。

――初期の『バラエティ』には角川映画の情報以外に、小林信彦の小説『変人十二面相』や大友克洋のコラム漫画や吾妻ひでおと新井素子の交換日記（「ひでおと素子の愛の交換日記」）が連載され、ボクシングやプロ野球情報までありました。映画が〝幕の内弁当〟だとすると、この雑誌は〝五目ちらし〟のようです。

角川 たしかに、何でもかんでも混ぜ込みましたね。

「シナリオ文庫」を刊行

――角川さんは『人間の証明』から、映画の公開に合わせてその映画の脚本を「シナリオ文庫」として角川文庫から発売します。脚本を文庫化したのはなぜでしょうか？

角川　そうすれば脚本家に脚本料に上乗せして印税が入るじゃないですか。一〇パーセントの印税のうち、脚本家に半分、原作者に半分が行く。『人間の証明』のシナリオ文庫は、映画の話題性と松山善三さんの脚本が一般公募作品だったからか五万部以上売れましてね。その分、松山さんに印税が入ったはずです。

――『蒲田行進曲』のシナリオ文庫には、つかこうへいが書いた脚本最終稿と深作欣二監督の意見によって第一稿がどのように最終稿に変わっていったかの過程が明記されており、巻末ではつかと深作が戯曲と映画脚本の違いを討議しています。

角川　それはつかと深作が揉《も》めたから、いっそのこと揉めた経緯を文庫に載せちゃおうと（笑）。角川映画のファンに、原作を読んでもらって、脚本も読んでもらって、脚本が二本ある場合は読み比べてもらって、さらに映画と見比べる楽しみを提供できると思ったんですよ。

映画の現場と国際麻薬密売地帯の往還

――角川さんは『人間の証明』と『野性の証明』の間に、「野性号Ⅱ」でフィリピンから鹿児島まで航海し、この旅をドキュメンタリー映画『野性号の航海　翔べ怪鳥モアのように』（七八年、門田得三監督）として公開します。それとともに、危険なゴールデン・トライアングルへの旅を続けます。映画と冒険を併行させたのはなぜでしょうか？

角川　私は人生を〝一所不在〟と考え、同じことをやり続け、一か所にとどまっていると自分が腐ってしまうと思っていたんです。だから、先ほどお話ししたように、父源義が入院しているがん病棟からゴールデン・トライアングルに行き、肩書きが何も通用しない、暴力だけが支配する世界で一人の人間として殺戮部隊やゲリラ部隊に対峙してきました。

——映画という冒険だけでは満足できなかった？

角川　物足りなかった。日本にいると「暴力に対する感性」が鈍ってくるんですよ。

——「暴力に対する感性」とはどういうことでしょうか？

角川　日本人は「暴力反対」ばかりを唱えていますが、私が行く辺境の地域を始め、世界には一触即発の暴力が満ち満ちています。そうした暴力が支配している場所では、暴力に対する感受性が必要なんですよ。どの場所に行ったら危険にさらされるか、何をしたら命を取られるかの勘が働かないと生き延びることはできない。暴力に対する感受性は、暴力の中で育つんです。私はさまざまな危険な地域に足を踏み入れ、その経験の中で「死を超越する感覚」というものを培っていきました。

——命の危険を感じたことは何度もあった……と。

角川　死ぬのかな、と思ったことは十数回ありました。シャン州にあるヘロイン工場を取材するため、馬に乗って道なき道を行ったとき、そのときはちょうど雨季で、私が乗っていた馬が足を滑らせ、坂道を暴走した末に、前足が二本とも崖っぷちから出てしまったんです。とっさに兵士が馬の鐙《あぶみ》をつかみ、引き戻してくれたので助かりました。兵士のとっさの機転がなければ、私の命はなかったですね。

アヘンを軍資金とするシャン同盟軍のキャンプに着いたときにも危うく命を落としかけました。あらかじめ華僑のアンダーグラウンドの新聞記者と話を付け、撮影も録音もできるということで一万ドルを払っていたにもかかわらず、「カメラも録音も駄目だ！」と現地の軍隊がつっぱねたんですよ。聞けば、私が渡した一万ドルが現地の人間に届いていなかったんですね。それじゃ何のためにここまで来たんだかわかんない。ぜんぜん話が違うんですよね。それで私が烈火のごとく怒って、日本語で啖呵を切ったんですよ。その瞬間、軍隊のすべての銃口が自分に向いたんです。そのとき、自分の中でパチンとスイッチが切り換わって、あとは何も恐怖なんてなかったですね。あ、俺は死ぬな……と。

——日本に帰って薬師丸ひろ子の映画を作らなきゃ、とか思わなかったんですか？

角川　そんなことはまったく思わない。

——もし撃たれたらどうするんですか？

角川　「死んだら、お前ら全員呪い殺してやる」と（笑）。

——おそろしい（笑）。そうした決死の冒険はいつまで続けられたんですか？

角川　ゴールデン・トライアングルに何度も足を運んで十年が経ったころ、ベイルートで捕えられて尋問されるという夢を見たんです。それでピタッとゴールデン・トライアングルに通うのはやめましたね。もう潮時だという啓示だ、これ以上行けば命を失うな、と。

「神は我なり、我は神なり」（三十五歳）

——角川さんは、七七年、「野生号Ⅱ」でフィリピンから日本に向かう途中で「宗教に帰依した」と語っています。航海中、何があったんでしょうか？

角川　フィリピンのルソン島からバターン島（第二次大戦の日米両軍の激戦地）へと北上しているとき、強風でマストが折れて、帆船が黒潮に流されたんです。五日間漂流しつづけ、「もう航海は断念しよう。伴走船を無線で呼んで曳航《えいこう》してもらおう」と船長と相談して決めた瞬間、私のなかに猛烈な怒りがこみあげましてね。海に向かって般若心経《はんにゃしんぎょう》を唱え、とっさに「神は我なり、我は神なり。神、我とともにあり！」と叫んだんです。そのあと昼食を取っていると潮目が変わり、帆船が動き始め、あれよあれよという間に夕方にはバターン島に着いてしまった。そのとき私は「人間の祈りの力」に初めて気付いたんですね。それから、三十五歳で日蓮宗の密教を始め、断食行を重ね、三十六歳で神道に入って、霊能者のところに行ったり、滝行もやりましたが、道を指し示してくれる師は見つけられませんでした。「この人だ！」という人生の師に出会ったのは七八年、伊勢神宮の遥宮（別宮）である伊《い》雑宮《ざわのみや》の前で道場を開く小《こ》泉《いずみ》太《たい》志《し》命《めい》先生を訪ねたときでした。

——小泉太志命師は鹿島神流の剣の達人ですね。今泉定助（神道思想家）や中川小十郎（立命館大学の創設者）の私設秘書になり、西園寺公望（最後の元老、元首相）からの依頼で、皇室に降りかかる邪気や邪霊を振り払うために、伊勢から皇居にむかって三十年間、一日に三万三千回真剣を振りつづけた人。

角川　そう。先生は一生、天皇の陰のボディガードとして剣祓いをなさり、無名のまま世を去った方です。

——角川さんは小泉師の「天皇の守護をする」という使命に共鳴されたんですか？

角川　いや。すでに堤（清二）さんや高瀬（幸途）について話したように、私はその人の持つイデオロギーなんてどうでもいい。極右であれ極左であれ、私は筋を通し、節を曲げない生き方を貫いた人に文句なしに敬服します。

小泉先生にお目にかかったとたん、恐れ慄《おのの》きましてね。「この人は本物だ」と身体が震え、まもなく「この人は神だ」と確信しました。それから先生がお亡くなりになるまでの十三年間、毎月欠かさず伊勢に通いました。

——そこでどのようなことをされたのでしょうか？

角川　先生のお話を伺い、先生の別荘で夕食をともにするだけです。

第三弾『野性の証明』（三十六歳）

七八年、日本映画は「一本立て大作」の時代に突入した。『野性の証明』が公開された十月七日には、松竹系で『鬼畜』（野村芳太郎監督）、東映系で『ダイナマイトどんどん』（岡本喜八監督）が封切られ、東宝系では『聖職の碑』（森谷司郎監督）、松竹系の『皇帝のいない八月』（山本薩夫監督）も続映中で、観客の争奪戦を繰り広げていた。そうしたなか『野性の証明』が二十一億円の配収を上げ圧勝した。このころ、角川映画はもはや日本映画になくてはならない存在となり、映画会社各社が提携を持ちかけた。

一方、映画評論家は「こけおどしで中身がない」「角川映画はイベントで映画ではない」などと批判した。小説家からの、角川書店への反発も少なくなく、「精神にかかわる本をラーメンや雑貨のように売るな」「角川は文化じゃなくて一過性の風俗現象だ」という批判が相ついだ。

角川　小松左京さんからも「映画に手を出すと角川書店は潰れるぞ」と意見されました（笑）。

——しかし、『野性の証明』は高倉健主演ということもあり、前二作とは違った客層も取りこみ大ヒットします。封切り当時、映画館を訪れた角川さんはこう語っています。

「映画館で煙草を吸うの久しぶりで見ましたよ。日比谷映画で煙草吸う客がいる。つまり東映の客が来てるわけね。それと朝一回目を見に来たヤクザ風のサラリーマンが、混んで入れなくて、怒ってるのね。一回目は貸し切りかって（笑）。いつもは空いてるところで、足投げ出して見てるから」

——『季刊映画宝庫』九号、七九年

角川　それに、封切りのときに映画館に行くと久し振りに「ダフ屋」が出てまして、「角川さん、これからも儲けさせてくださいよ」とダフ屋に頼まれたので、「よし、わかった」と（笑）。

『野性の証明』の主人公は、政府が極秘裏に編成した自衛隊の特殊戦闘部隊の一員、味沢（高倉健）。味沢は東北の原生林で過酷な訓練中、ある村落で発狂した住人が手斧で村人を大量殺戮するところに遭遇し、頼子という娘（薬師丸ひろ子）にも手をかけようとしたその住人を殺害し、娘の頼子を助けるが、彼女はそのときのショックで記憶を失う。一年後、味沢は自衛隊を除隊し、頼子を養女にして保険の外交員として平穏に暮らしていた。しかし、警察は味沢を大量殺人の犯人と疑い、警察によって秘密の部隊の存在と元自衛官の殺人が露見することを恐れた自衛隊幹部らは味沢と頼子の親子を抹殺しようとする……。

原作と違わなきゃ映画は面白くない

――『人間の証明』は比較的原作に忠実でしたが、『野性の証明』は原作のラストを映画では大きく変えました（脚本＝高田宏治）。味沢（高倉健）が自衛隊に立ち向かうシークエンスは小説にはなく映画のオリジナルです。

角川　原作の結末（味沢が軟腐病に罹って発狂する）は映画に向いていないと思ったからです。

――これ以降、角川さんは『Wの悲劇』（八四年）や『野獣死すべし』（八〇年）に顕著なように、脚本家や監督が原作を大きく変えることを認めます。原作と映画の関係をどのように考えていたのでしょうか？

角川　小説の読者は活字や行間から自由自在にイメージをふくらませますから、どんな素晴らしい映像も読者のイメージの大きさや多様性には敵わないんですよ。ですから、「原作を変えないかぎり映画は原作に勝てない」というのが私の基本的な考え方なんです。ウチの小説を映画化する場合は、ネームバリューとコンセプトを借りるだけでいい。原作を忠実に再現したって面白くもなんともありませんし、原作の読者を驚かせ、裏切らなければ、映画を作る意味はないと思っています。

――「原作の確認のために映画を観る」現在の風潮とは真逆ですね。近年は、原作に忠実ではない脚本や映画に対し、原作者や出版社が「読者を裏切る」「原作への冒瀆だ」とクレームを付けることが頻繁に起こっています。

角川　知ってますよ。ここ十五年くらい、「原作を変えてはダメだ」とか「この脚本ではやらせない」とか原作者の意見が強くなってきましたが、角川映画の〝メディアミックス〟では、映画が原作と違わないと面白くないんですよ。映画が原作通りなら、原作だけ読んでいればいい。角川映画の場合、原作者に対し「小説と映画は表現形態が違う」ということを前もってはっきり言いました。「変えますよ。変えなかったら映画にしませんよ」と。

――原作を劇中劇だけに使用し、そのほかの物語をオリジナルで創作した『Wの悲劇』（脚本＝荒井晴彦・澤井信一郎）も原作者の夏樹静子さんとの間でトラブルはなかったんですか？

角川　まったくありません。「これでやりますから」で終わり。脚本家から「原作を劇中劇にしたい」という話を聞いたとき、「面白いなぁ。それで行こう」と劇中劇の構成を決めましたから。

――しかし、『いつか誰かが殺される』（八四年、脚本＝高田純、監督＝崔洋一）で完膚なきまでに原作を変えられた赤川次郎さんは初号試写のあと、「これは僕の作品ではありません」ときっぱりおっしゃった、と聞きました（伊藤の取材、崔洋一の証言による）。

角川　赤川さんがどう言われようと、私は事前に断り、赤川さんの本をちゃんと売りましたから。

——観客がSNSでクレームを付ける現在とは違って、角川映画の時代は、観客の成熟度が高かった気がします。

角川　私もそう思いますね。八〇年代から九〇年代は、お客さんは大人で見識が高かった。「小説は小説、映画は映画」と思って楽しむ〝度量〟がありました。二〇〇〇年代になって、それがしだいに消えていきましたね。

もっとも頼りになるプロデューサー

——角川さんはいろいろな現場プロデューサーと組みましたが、いちばん信頼できるパートナーは誰だったんでしょうか？

角川　それは間違いなく黒澤満《みつる》（元日活）です。『野性の証明』や『男たちの大和』などで組んだ坂上順《すなお》も『魔界転生』や『蒲田行進曲』などを委ねた佐藤雅夫（ともに東映）も良いプロデューサーですが、黒澤ほど〝現場主義〟じゃないんです。

——〝現場主義〟とはどういうことでしょう？

角川　『人間の証明』は調布の日活撮影所で撮ったんですが、そのとき彼は撮影所長だったんですね。私が『人間の証明』の公開が終わったあと、挨拶のために日活撮影所を訪ねたら、黒澤満が玄関に「歓迎　角川春樹さん」という垂れ幕を張って、撮影所全体で迎えてくれたんですね。あんなふうに現場を掌握しているプロデューサーは他にはいなかった。

——それからまもなく、黒澤プロデューサーは根本悌二社長と折り合いが悪くなり、日活を追われます。そして東映の岡田茂社長に招かれ「東映セントラルフィルム」を立ち上げ、松田優作の〝遊戯シリーズ〟、『最も危険な遊戯』『殺人遊戯』（ともに七八年）、『処刑遊戯』（七九年、すべて村川透監督）をつくる。

角川　そのあと私は『野獣死すべし』（村川透監督）から『時をかける少女』（九七年、角川春樹監督）まで十一本の映画のプロデューサーをお願いしましたが、何の心配もなく現場を委ねられたのは彼だけでしたね。黒澤満さんが亡くなったとき、「黒澤さんのどこがいちばんいいところですか？」と取材で聞かれ、「けっして人の悪口を言わない」「どんなにきつい状況でも愚痴を言わない」「つねに人の言い分に耳を傾ける。いつも聞く側に回る」人だと答えました。彼とは長いつき合いですが、二人きりで食事をしたり、飲んだりすることはありませんでした。私が監督したときに陣中見舞いに来てくれるんですが、彼は自分から口火を切って話すことはなく、いつも私が話し始めるのを待っていた。優作など気むずかしい俳優や監督の話を聞き、的確に判断を下してゆく。スタッフ、キャストの中に溶けこんで現場を掌握してゆく——黒澤満は徹底した〝現場主義の人〟でしたね。

角川映画vs.映画評論家

——『犬神家の一族』は興行も批評も良く（『キネマ旬報』ベスト・テンで五位、読者のベスト・テンで一位）、第一回報知映画賞で作品賞、助演男優賞（大滝秀治）を受賞しますが、『人間の証明』『野性の証明』は興行的に成功し、『キネマ旬報』の「読者のベスト・テン」（八位と七位）に入ったものの、批評家の評価は芳しくありませんでした。一方、『Wの悲劇』『麻雀放浪記』『蒲田行進曲』は批評家に絶賛されました。当時、角川さんは批評家、評論家の評価をどのように思われていましたか？

角川　まったく信用していませんでしたね。褒められても貶《けな》されても、映画批評家の評価とはいったい何なんだろう、と思っていました。アメリカの映画批評家は地位と影響力を持っています。日本の映画批評家も七〇年代までは新聞を中心に興行を左右しましたが、それから影響力がどんどんなくなっていきました。『キネマ旬報』ベスト・テンも興行的価値とはまったく関係のないところで選ばれています。『Wの悲劇』や『蒲田行進曲』は賞をもらいましたが、賞をもらうために作った映画ではありません。単館上映の作品を作っている監督にとって、賞は興行面で必要でしょうが、私にとって大事なのはお客さんで、映画を作る上で一度も賞を狙ったことはありません。

――では、角川さんにとって、興行成績以外の拠りどころは何なんでしょう？

角川　それはお金を払って映画を観てくださるお客さんの評価ですよ。映画の初日はかならず銀座や渋谷や新宿の上映館の外でアンケートを取っていました。アンケートといっても簡単なものなんです。「面白い」「まあまあ面白い」「普通」「つまらない」のどれかに〇を付けてもらい、できればその理由を書いてもらう。お金を払って映画を楽しもうとして来た人たちですから、「つまらない」に〇する人は、損をしたと思っているんですよ。「つまらない」が一五パーセントまではいい。けれど、それが三〇～四〇パーセントになったら映画は間違いなくヒットしません。アンケートを取り始めたのは『人間の証明』からですが、『人間の証明』、『野性の証明』の満足度は高かったですね。評論家は評価しませんでしたが、お客さんは支持してくれたんです。

――角川映画に対する評論家の「テレビスポットなど宣伝費に膨大な金をかけて客を呼び、作品の質が低いので客が離れ、それが観客の日本映画離れにつながった」という批判をどう思われますか？

角川　白井佳夫を筆頭とする評論家がそう批判しましたが、金をかけてテレビスポットをどんどん打てば映画が当たるなんて、興行も観客もそんなに生やさしいものではない。現に、角川映画に追従してテレビスポットに宣伝費を割いた映画の多くが失敗しています。角川映画のなかでも上手くいかなかった作品はあります。要はテレビスポットで何を訴え、どう映画を観たくさせるか、それがすごくむずかしい。『悪魔が来りて笛を吹く』のとき、コピーライターの糸井重里に依頼しましたが、糸井をもってしてもインパクトのあるコピーができなくて、宣伝部員が考えた「私はこの恐ろしい小説だけは映画にしたくなかった」と横溝正史が言う広告を窮余の一策で採用しました。『人間の証明』の「母さん、僕のあの帽子、どうしたんでしょうね」から始まる西条八十《やそ》の詩（『帽子』）、『野性の証明』の「お父さん、こわいよ！　何か来るよ。大勢でお父さんを殺しに来るよ」というコピーは上手くいきましたが、どのように宣伝で一般の方々に映画を観たくさせるかということは至難の技です。

大作からプログラム・ピクチャーへ（三十七歳）

角川は『野性の証明』を成功させたあと、七九年、超大作『復活の日』の準備を進めつつ、東映にプロデューサーとして招かれ、『悪魔が来りて笛を吹く』（七九年、斎藤光正監督）、『白昼の死角』（七九年、村川透監督）を製作した。大手映画会社が外部のプロデューサーを招聘した稀有のケースだった。以降、角川は自社で『蘇える金狼』（七九年、村川透監督）、『戦国自衛隊』（七九年、斎藤光正監督）、『野獣死すべし』（八〇年、村川透監督）といった男性向けのアクション映画を製作するかたわら、『金田一耕助の冒険』（七九年、大林宣彦監督）や『ニッポン警視庁の恥といわれた二人組　刑事《デカ》珍道中』（八〇年、斎藤光正監督）といった低予算のコメディーを作る。

角川　『蘇える金狼』は地方上映では『金田一耕助の冒険』と、『野獣死すべし』は全国で『刑事珍道中』と二本立てで上映されました。『復活の日』や『戦国自衛隊』のような大作とはべつに、「これからはお客さんがリラックスできる〝B級映画〟を作ろう」と思ったんですね。

――角川さんが言う〝B級映画〟とは具体的にどういった映画でしょう？

角川　それはね、少年時代に観た中村錦之助や東千代之介の東映時代劇や石原裕次郎や小林旭の日活アクションみたいな、評論家からはまったく評価されないけれど、映画本来のスピリットが画面にあふれた中規模以下の予算のプログラム・ピクチャーですね。ちょうどこのころ、優作の『最も危険な遊戯』（七八年、村川透監督）やジョン・トラボルタの『サタデー・ナイト・フィーバー』（七七年、ジョン・バダム監督）を観て、こういうB級映画がなくなったから日本映画はつまらなくなったんだなあと思ったんです。

――しかし、プログラム・ピクチャーをなくすことに拍車をかけたのは、ほかでもない『犬神家の一族』から始まる角川映画じゃないですか？

角川　それはそうですが（笑）、いざ大作主義の時代になると、本当の大作というのは年に数本しか作れないし、製作者としてはハイリスク・ハイリターンなんです。角川映画では、低予算のB級映画と大作が補完し合っていかないと若い映画ファンを映画館に呼び戻せないと思ったんですね。

それに、八〇年代に入ってビデオの時代、BSやCSなどの多チャンネル放送の時代が来ることがわかっていましたから、低予算で映像ソフトを少しでも多く作っておきたかったんです。

このころ角川春樹は午前中は角川書店で出版業の執務、午後は角川春樹事務所で映画や音楽の打ち合わせを行い、夜はクラブ「高倉」に移動した。角川はいつも背広のポケットに縦長の手帳を携え、そこには全国の大都市別の書籍の売れ行きのチャート表や読者の性別、年齢などがグラフになっていた。

『悪魔が来りて笛を吹く』とラジオとテレビと新しい才能（三十七歳）

――いままで大量のテレビスポットを流してきた角川さんが、『悪魔が来りて笛を吹く』（七九年）の宣伝では一転、テレビを一切使わず、すべてをラジオに注ぎこみました。これはなぜでしょうか？

角川　当時の映画観客の八五パーセント以上は十五歳から二十三歳までの若者たちで、一方、ラジオというきわめてパーソナルなメディアのリスナーも同じような年齢構成だったんです。それに、このころラジオのパーソナリティや声優からヒーローが生まれ、映像メディアには出ないで音だけで勝負するアリスのようなミュージシャンを支持するムーブメントも現れていました。そうした時代背景とともに、『悪魔が来りて笛を吹く』がフルートの音色《ねいろ》を伴って殺人事件が起こる、音が重要な役割を担う映画だったので、宣伝にラジオの効力が期待できると思ったんです。

――TBSの「パック・イン・ミュージック」の中に〝金田一耕助探偵事務所〟コーナーが出来、西田敏行が聴取者からの人生相談に答えていましたね。

角川　そう。三十数局ネットで全国をカバーしているニッポン放送ではずっとフルートのテーマ曲を流し続けました。一方、テレビでは角川書店の定期スポット以外、いっさい宣伝しませんでした。

――結果はいかがでしたか？

角川　東宝で作られた金田一シリーズ（『悪魔の手毬唄』〔七七年〕、『獄門島』〔七八年〕、『病院坂の首縊りの家』〔七九年、いずれも市川崑監督〕）は観客の年齢層が三十〜四十代と高かったんですが、『悪魔が来りて笛を吹く』では金田一シリーズに若い客層を呼び戻すことが出来ました。

――斎藤光正監督を起用したのはなぜでしょう？　日活出身の斎藤監督は、当時テレビドラマの花形ディレクターでしたが、映画は七一年の『女の意地』以来遠ざかっていました。

角川　テレビの横溝正史シリーズ（ＴＢＳ系列）を全部観て、彼の『獄門島』（七七年、古谷一行主演）がいちばん優れていると思ったからです。一番良いものを作った人間に任せれば間違いないだろうと、同じ横溝原作の『悪魔が来りて笛を吹く』をお願いしました。そのあと、松田優作や中村雅俊が出ていた『俺たちの勲章』とか『俺たちの旅』（ともに七五年、日本テレビ）などの青春ドラマを観て、脚本家の鎌田敏夫さんとのコンビがいいなぁと思って、『戦国自衛隊』（七九年）をこの二人に委ねるんです。

――当時、映画は「本編」と呼ばれ、テレビドラマとの間には隔たりがあると思われていました。テレビのディレクターに映画を委ねることに不安はありませんでしたか？

角川　まったくない。村川透さんもテレビの『大都会　闘いの日々』（七六年、倉本聰脚本）を観て連絡しましたし、『岸辺のアルバム』（七七年）や『ふぞろいの林檎たち』シリーズ（八三年、八五年、九一年）を演出したＴＢＳのディレクター、鴨下信一さんにも『汚れた英雄』（八三年）のときに、草刈正雄に推薦されたこともあり、声をかけました。要は、テレビであろうが、低予算のロマンポルノであろうが、その監督が撮った作品に〝気骨〟と〝志〟が見えるかどうかなんです。

〝現場主義〟の角川は気になる監督や脚本家がいると、すぐさまその作品を観に行った。映画館の前に社用車を停め、後部座席の車内電話で上映時間を確認し、上映まで間があるときには角川書店の書類を決裁したり、ゲラに目を通しながら待ち、開始時間が来ると映画館に飛びこみ、上映が終わるとまた社用車に戻った。そして映画が気に入ると、監督や脚本家にすぐさま会いに行った（伊藤の取材による脚本家丸山昇一の証言）。

角川　当時、私の周りには映画にくわしい「ブレーン」が何人もいて意見を聞いていました。ですが、彼らが推薦する監督たちと仕事するとうまく行かないんですね。ブレーンの意見は当てにならないと思い、あるときから私は自分の目で作品を判断し、実際に会ってみて監督を選ぶようにしました。

――『悪魔が来りて笛を吹く』は当初、室田日出男に金田一耕助役のオファーがあったと室田さん自身が語っています。七九年に覚醒剤取締法違反で逮捕され、釈放されたばかりの室田さんに、角川さんはぽんと百万円とこの映画の撮影台本を送ったと（『FB』五号　特集「俳優考」）。

角川　送ったことは覚えていませんが、室田は「ピラニア軍団」のころからずっと観ていて、いつか組みたい俳優でしたね。川谷拓三を『いつかギラギラする日』で主演させようとしたように、きっと室田を『悪魔が来りて笛を吹く』で抜擢しようとしたんでしょう。

――角川さんは大野雄二に初めての映画音楽を書かせ、斎藤光正、村川透に大作映画を委ね、川谷拓三、室田日出男、夏八木勲に主演をさせようとするなど、つねに新しい才能を抜擢しようとしました。

角川　リスクがあることはわかっていましたが、世に知られていない才能を発掘し、その人が思ってもみなかった企画を提案し、新境地を拓かせる――それが編集者やプロデューサーの仕事の醍醐味なんですよ。それに既成の日本映画をブッ壊すには新しい才能を結集するしかないと思っていました。

――室田日出男は『悪魔が来りて笛を吹く』を断りますが（日活の『人妻集団暴行致死事件』〔七九年、田中登監督〕に主演したため）、翌年の『野獣死すべし』に出演してから、角川映画になくてはならないバイプレイヤーになります。

角川　それはね、室田が角川春樹事務所の所属俳優になったからです。ウチが八七年に俳優のマネージメント部門をやめるまで、野村宏伸と室田日出男のふたりが専属男優でした。

村川透の傑作『白昼の死角』（三十七歳）

七〇年代末、横溝正史と森村誠一の文庫フェアの成功により、角川書店にさまざまな作家が集まり、角川はその作家の作品を原作にプログラム・ピクチャーを作ろうとした。

そのころ、角川映画の「スタッフルーム」は、銀座六丁目のビルの七階にあるクラブ「高倉」。その入口奥の神棚が設えられた六畳の別室がミーティングルームだった。夜になると店にやってくる角川春樹を20世紀フォックスの古澤利明や東映宣伝部の福永邦昭などのブレーンが取り囲み、各作品のプロデューサーや宣伝担当が脚本やポスターの色校正などを持って角川を訪ね、音楽関係者がデモテープを、広告代理店がタイアップ提案を持参し、商談の順番待ちをする彼らをママのKがもてなした。「八〇年前後の『高倉』はメディア・ミックスそのものだった」と福永邦昭は述懐する（伊藤の取材）

――七九年から高木彬光と大藪春彦のフェアが始まります。

角川　高木彬光さんはカッパノベルスから分厚い『白昼の死角』が出ていましてね。北海道へ出張したとき、台風で飛行機が欠航になって、千歳空港でひと晩寝ないで『白昼の死角』を読み始めたんです。夜が明けて、キャンセル待ちの人が並んでいる千歳空港でこのまま待っていても、この日の便に乗れないかもしれないと閃いて、始発の電車で函館まで出て、函館から飛行機に乗って羽田に着いたんですが、その間、ずっと『白昼の死角』を読んでいて、「凄いなぁ、この小説」と思いました。

――高木彬光には、明智小五郎、金田一耕助と並ぶ名探偵の神津恭介シリーズ、検事霧島三郎、弁護士百谷泉一郎などのシリーズがありますが、『白昼の死角』は単独の作品でした。

映画化されたときのコピーが「狼は生きろ、豚は死ね！」。六〇年に石原慎太郎が劇団四季のために書き下ろした戯曲『狼生きろ豚は死ね』からの引用ですね。文庫フェアのコピーは「第三の男、高木彬光」。

角川　テレビでも「横溝正史シリーズ」「森村誠一シリーズ」に続いて「高木彬光シリーズ」（七九年四月〜）が始まり、角川文庫の高木作品は五十点を超え、累計販売部数二千万部を突破しましたから、角川文庫にとっての高木彬光さんは、横溝さん、森村さんに続く〝第三の男〟だったんですよ。

――『白昼の死角』（七九年）の監督は村川透。このあと『蘇える金狼』（七九年）、『野獣死すべし』（八〇年）とコンビが続きます。

角川　村川さんは『白昼の死角』が一番の傑作ですね。彼と仙元誠三さん（撮影監督）のコンビがとても良かった。優作との『遊戯』シリーズ三部作とか、私と一緒にやったなかでは『野獣死すべし』だとか『蘇える金狼』とか。けれどあるとき、村川さんと仙元さんの仲が割れるんですね。そのあと、村川さんは石原良純主演の『凶弾』（八二年）をやったけれど、私は良いと思わなかったし、作品への評価も低かった。映画というのは、監督とキャメラマンとの組み合わせが非常に大事なんだなあ、小説でいえば、〝文体〟をつくってゆくのはキャメラマンなんだなあ、とそのとき気付いたんです。

――『白昼の死角』の原作は、映像化が難しい〝コン・ゲーム〟ものでした。ヘンリー・セシルの『あの手この手』（五二年）やジェフリー・アーチャーの『百万ドルを取り返せ！』（七六年）、日本では梶山季之の『夜の配当』（六三年）や小林信彦の『紳士同盟』（八〇年）と同じジャンルで、手形詐取の手口をわかりやすく映画にするのは難しかったと思います。

角川　脚本（神波史男）が上手くて、パクリの手口をみごとに画で見せましたね。

――それに〝勧善懲悪〟を旨とする日本映画のなかでは珍しい、無辜《むこ》の人々を踏みにじって生き延びる「ピカレスクロマン（悪漢小説）」でした。

角川　そう。人間も映画も、天国よりも地獄、善より悪の方がはるかに魅力がありますからね。
――たしかに角川映画は「悪」や「魔」がつくタイトルが多いですね。『悪魔が来りて笛を吹く』『魔界転生』『悪霊島』『幻魔大戦』（八三年、りんたろう監督）……。
角川　悪魔と聞いて思い出すのは岩下志麻さんのことですね。岩下さんは『悪霊島』と『この子の七つのお祝いに』に主演してもらったんですが、霊感が強く、見えちゃう人なんですね。そんな岩下さんが「角川さんの背後には黒い悪魔が見える」とずっと言っていました（笑）。
――『白昼の死角』では、『人間の証明』や『野性の証明』で脇を固めた夏八木勲を主役に抜擢します。
角川　夏八木はもともと苦労人で、『野性の証明』のアメリカロケで自分の出番がないときも、疲れているエキストラに声をかけたり、周りのキャストやスタッフにつねに気を配っていました。それに、撮影中は毎朝走り、筋トレを欠かさない。高倉健さんはそんな夏八木を眩しそうに見ていましたね。それで思い切って『白昼の死角』で主演を任せ、『戦国自衛隊』でも実質的な主演の長尾景虎を委ねたんです。
――角川映画は女性アイドルで語られることが多いのですが、男優陣も壮観ですね。
角川　とくに夏八木勲と渡瀬恒彦には支えられましたね。『天と地と』（九〇年）では、夏八木が山本勘助、渡瀬が宇佐美定行を演じたんですが、二人の掛け合いには背筋がぞくぞくするほど興奮しました。

SF大作『戦国自衛隊』（三十七歳）

――東映が出資した『悪魔が来りて笛を吹く』『白昼の死角』のあとは角川春樹事務所が全額出資

の『戦国自衛隊』（七九年）、初めてのＳＦです。

角川　このころ、『スター・ウォーズ』（七七年、ジョージ・ルーカス監督）のヒットで、日本でも『宇宙からのメッセージ』（七八年、深作欣二監督）といったＳＦ映画がつくられていましたが、ハリウッドの大作ＳＦ映画に対抗するには、たとえば〝新派風ＳＦ〟とか〝俳句のリズムに乗ったＳＦ〟とか、日本の風土と生活に根ざした日本独自のＳＦ映画をつくるしかないな、と思っていたんです。そんなときに半村良の『およね平吉時穴道行』（七一年、早川書房）や『戦国自衛隊』を読んで、私が求めていたのは「時代劇とＳＦの融合だ」と気付いたんです。

――『およね平吉時穴道行』は、江戸時代の戯作家、山東京伝に心酔する現代のコピーライターがその日記を漁るうち〝時穴〟を通って来た江戸時代の女性に出会う短編で、七七年にＮＨＫでドラマ化されました。『戦国自衛隊』は自衛隊の一個師団が〝時震〟により戦国時代に行く中編。いずれも現代から過去へのタイム・スリップものです。

角川　そう。しかし、東宝の支社長会議でプレゼンしても、彼らの頭のなかでどうしても「時代劇」と「自衛隊」が結びつかないんです（笑）。いくら熱弁をふるっても、「ご高説は拝聴しましたが分かりません」の一点張り。「わからないのはあなた方だけで、あなた方の子供なら理解できるよ」と最後には劇画化された原作を配りましたね。結局、他社からの出資をあおげず、家を抵当に入れて銀行から十一億五千万円を借りました。

――主題歌が七曲もある豪華なサウンドトラックや八千万円の戦車も話題になり、角川映画にとっての初めての正月番組になりました。

角川　正月映画をつくるという永年の夢は叶いましたが、大作でしたので収支はトントンでしたね。

大藪春彦リバイバル（三十七歳）

――『蘇える金狼』『野獣死すべし』『汚れた英雄』と三本映画化した大藪春彦はどのように復活させたのでしょう？

角川　私が学生時代の頃に大藪春彦の第一回目のブームがありましてね。『野獣死すべし』（五八年、講談社）を始めとする伊達邦彦シリーズなどを、当時徳間書店が「大藪春彦ホット・ノベル・シリーズ（略称ＯＨＳ）」全六十七巻（六五～八一年）として出していて、それを私は読んでいました。七九年の『白昼の死角』のあと、私の方から徳間康快《やすよし》さん（徳間書店社長）と西崎義展（オフィス・アカデミー社長）に、一緒に大藪春彦のキャンペーンをやらないかと申しこんだんです。帝国ホテルで三人そろって記者会見し、私が七九年夏に『蘇える金狼』を、翌八〇年に徳間さんと西崎が『汚れた英雄』を、八一年に徳間さんと西崎が『傭兵たちの挽歌』（七八年、角川書店）を映画化して、ウチと徳間書店が大々的に書店での「大藪春彦フェア」をやることを発表したんです。だけど、お二人は一緒にやると言いながらやらなかったんですね。西崎は映画から撤退し、徳間さんの大映は経営が苦しくなったからです。それで『汚れた英雄』の版権は二年か三年の期間でしたので、大藪さんとお話しして、大藪さんの徳間書店の作品を全部角川で文庫にしたんです。そのときの角川文庫のキャッチフレーズが、「いま何故か――大藪春彦。」。これ、褒め言葉になってないんですよ（笑）。ですが、角川が『蘇える金狼』『野獣死すべし』『汚れた英雄』という大藪さんの代表作三作を映画化し、大藪春彦フェアを行うことで、大藪さんは二度目のブームになり、一度目より爆発的に売れるんです。

――『蘇える金狼』のキャッチフレーズは、「動く標的、撃ち落とせ！　いま何故か――大藪春彦。」でした。

角川　そう。そのあと、「気をつけろよ。刺すような毒気がなけりゃ、男稼業もおしまいさ。」と続くんです（ポスターの惹句にもあり）。それはそのときの私自身の心境だったんですね。「毒気がなくなったらもう終わりだぜ」と。七十九になったいまも〝生涯不良〟だと思い、つねにファイティングポーズを取っています。うちの女房は「いつまで不良ひきずってんのよ」って嫌がってるんですが（笑）。

『野獣死すべし』と丸山昇一（三十八歳）

松田優作が「昼は実直なサラリーマン、夜は大企業の乗っ取りを企む野心家」という二面性のあるヒーローを演じ、『蘇える金狼』は配収十一億円のヒットを飛ばす。しかし、松田は次回作の『野獣死すべし』で『蘇える金狼』の二番煎じをやりたくなかった。そこで、奥歯を抜き、八キロ痩せ、幽鬼のように歩く、煙草や酒や女に興味がない〝草食系〟のハードボイルドヒーローを造形する。だが、そうした村川透と松田優作の『野獣死すべし』での実験は角川春樹の逆鱗《げきりん》に触れる。この映画の脚本は丸山昇一。『野獣死すべし』『化石の荒野』『汚れた英雄』『晴れ、ときどき殺人』『友よ、静かに瞑れ』『ＲＥＸ　恐竜物語』『蒼き狼　地果て海尽きるまで』ともっとも多く角川と組んだ脚本家である。

角川　丸山とは非常にウマが合いました。最初、黒澤満から彼を推薦されて、丸山が脚本を書いた『処刑遊戯』を観に行ったんです。低予算の映画で劇場はガラガラでしたが、映画はとても面白かった。

――そのあと、丸山昇一さんは角川書店の忘年会で角川さんに会い、じっと十秒見つめられたあと、「今度『野獣死すべし』をやるんで、君が書きなさい」といきなり言われて、驚いたと語っています（伊藤の取材）。たった十秒で丸山さんの何を見抜かれたのでしょう？

角川　直感で「彼ならやれる」と思ったんです。

――角川さんの直感はかならず当たるんですか？

角川　いや。外れたこともたくさんありますよ。でも、私は自分の勘にしたがって人物を判断することにしています。判断するのは、その人の持つ才能とともに、自分との相性ですね。会っているときに気疲れしない、別れるときにまた会いたくなる人とは相性が良いんです。

「私が欲しいのは、『野獣死すべし』というタイトルと原作の伊達邦彦の生きざまだ。それさえあれば、あとはどんなふうに変えたって構わない。その代わりお前が作家でいろよ」と角川は丸山昇一に念を押す。角川は「金も出すが口も出す」と世間では思われているが、脚本家に任せたら出来上がるまで一切口出しをしない、日本映画では珍しいプロデューサーだった、と丸山は述懐する（伊藤の取材による）。

角川　でもね、丸山は脚本を書き始める前、私にプレゼンに来たんです。そのやりかたが面白くてね。ものすごく長い巻き紙に、丸山は重要なシーンのト書きとセリフを書いてきて、「こんな感じでどうでしょう？」とバーッと読み上げるんです。彼は結婚式場の司会をやっていたからしゃべりが上手い（笑）。聞いていると、原作では英米文学の大学院生である伊達邦彦が脚本では従軍カメラマン。『リップ・ヴァン・ウィンクル』（アメリカの小説家、ワシントン・アーヴィングの短編小説〔作品集『スケッチブック』所収〕の主人公。猟に出たリップが酒をふるまわれて寝こむと、二十年が経っている）や萩原朔太郎の詩（『漂泊者の歌』）も出てくる。「丸山、ほとんど原作を使ってないじゃないか」。「これが一九八〇年の伊達邦彦です」と丸山が言うから、一〇分間目を瞑って考え、「よし。これで行こう！」。

――大藪春彦さんは怒らなかったんですか？

角川　原作者は怒らなかったんですが、私が怒ったんです。シナリオが原作と違うのは了解したんですが、映画の撮影の途中で、優作たちが自分たちのやりたいようにやって、脚本のラストがまるで変わった。それで私が怒りましてね。

――映画の終盤、列車の中で室田日出男の刑事を撃ち殺したあと、松田優作が狂気と幻想の世界に入って行き、死んだはずの室田が登場し、松田は撃ち殺される――脚本とは異なるラストシーンのことですね。

角川　そう。優作はやりたい放題、映画は観客を置き去りにして、娯楽映画の範囲を超えていた。だから「優作を拉致して来い」と当時角川書店の社員だった二人に命じましてね。一人は二十五歳で柔道五段、もう一人も同い年で少林寺拳法五段で、彼は当時の私の秘書だったんです。この二人に、「渋谷東映の初日の舞台挨拶が終わったあと、とにかく優作を連れて来い。お前たちは手出しをするな」。それで私は渋谷のガードの下で待っていたんです。

――社長自らガードの下で……（笑）。

角川　山手線の下にけっこう長いガードがありますよね。私がそこで手ぐすね引いて待っていたら、何と手ぶらで社員二人がやって来るんですよ。「お前らどうした！　優作はどうなった！」って聞いたら、「渋谷東映は満員で入れませんでした……」（笑）。私は爆笑しましてね。その瞬間に優作への怒りがなくなったんです。

――大入りなら、まぁいいかと（笑）。

角川　そう。不本意な映画でしたが、初日満席ならまぁいいかと（笑）。その晩、私が経営していたクラブ「高倉」に優作が中村雅俊（併映作『刑事《デカ》珍道中』の主演）を連れて飲みに来るんですよ。でもそのときには私はもう怒ってませんからね。

――『野獣死すべし』はラストは混乱していますが、時代の鬱屈と狂気をとらえ、小林麻美のキャラクターなど出色です。松田優作が「肉体のないハードボイルドだ」と言い、丸山昇一が「ハードボイルドはコミュニケーションがとれない男のドラマだ」と言ったように、いままでの日本映画にはない「角川ハードボイルド」がここから始まったと思います。

角川　大島渚監督は褒めましたね。でも、『蘇える金狼』のような優作を観たくてこの映画を観に来たお客さんの半分は幻滅しました。先ほどアンケートのところでお話ししたように、来場者の三割がつまらないと思った映画は間違いなく当たりません（『野獣死すべし』の配収は『蘇える金狼』の七割、七億三千万円に終わった）。それにこの映画はラストを観客の想像に委ねている。ハッピーエンドだろうとアンハッピーエンドだろうと、ちゃんとお客さんに納得してもらって帰ってもらうのが、私が考える娯楽映画です。私はお客さんをちゃんともてなしたい。けれどこの映画の投げ出したようなラストはお客さんのもてなしになっていないんです。

『野獣死すべし』は、角川春樹事務所と共同製作した東映の営業部長鈴木常承が、予定された上映時間より二十分長い初号を観て、「劇場に渡した脚本の結末と違うし、一日の上映回数が少なくなる」と短縮を要求。角川も同意見でカットに応じたことから、『白昼の死角』から始まった角川春樹と村川透の関係はこの映画で終わりを告げた。

深作欣二と『復活の日』（三十八歳）

――『復活の日』（八〇年）が、このあと『魔界転生』（八一年）、『蒲田行進曲』（八二年）、『里見八犬伝』（八三年）で続けてタッグを組む深作欣二監督との初めての仕事になります。

角川　彼の『仁義なき戦い』（七三年）には心を揺さぶられましたので、一度会いたいと思って、『宇宙からのメッセージ』（七八年）のロケ現場、近鉄あやめ池遊園地（奈良市）を深夜に訪ね、紹介されたときが初対面だったと思います。

――深作欣二と佐藤純彌はともに角川映画にとって欠かせない監督ですが、二人の資質の違いは何でしょうか？

角川　二人はまるで違う。性格が正反対。佐藤純彌さんはきちんと物事を論理的に組み立てていって、例えば……やくざ映画でやくざが待ち伏せして相手を刺す場合、ちゃんと順を追って、なぜこうなるのかという筋道を立てて撮っていく。深作欣二さんの映画は、ドスを構えたらもう刺してる（笑）。いきなり机に乗って拳銃をぶっ放すとか、論理というより感覚で撮ってるんです。理詰めで悩んだりするのは純彌さんで、撮るときも迷ったり悩んだりしていますが、深作さんの場合は悩むというより、とにかく凝りまくるんですよ。深夜になっても凝りつづけて、テスト、またテストでみんなくたびれ果てるんですよ。彼は夜型ですから、徹夜してもへっちゃらなんですね。

――プロデューサーにとっては深作監督のほうが厄介ではないですか？

角川　もちろん手がかかります。『里見八犬伝』をやったときも、深作さんは鎌田敏夫さんのシナリオを大幅に変えようとするんですよ。

――角川さんが提示した「『南総里見八犬伝』を『レイダース　失われた聖櫃《アーク》』『スター・ウォーズ』『アメリカン・グラフィティ』のイメージで」という注文を深作監督は受け入れず、『魔界転生』に近いどろどろした世界にしたそうですね。

角川　そう。『魔界転生』のときもそうでしたが、深作さんは話を暗い方へ暗い方へと変えたがる。「あんたが入ると駄目だ、退いてくれ」と私が深作さんをシナリオから外そうとすると、「角川さん、僕を信用しないんだ?」。「信用なんかするわけないじゃないか」と私が言って、それで終わり(笑)。第五稿以降、彼を『里見八犬伝』の脚本には関わらせませんでした。彼は東映や松竹ではやりたいようにできましたが、私は深作監督のペースでやらせませんでしたから。

『蒲田行進曲』のときもこれまた、つかこうへいと揉めるんですよ。つかは自分の劇団の役者たち(平田満や風間杜夫)を使ってくれないんだったらやらないというし、深作欣二は銀ちゃんは優作でいきたいという。深作さんのアイデアは面白いんだけれども、つかと優作は在日同士で二人とも屈折してるから上手くいくわけがない。二人は並び立たないと私は思ったんですよ。しかし、深作さんは折れないし、つかは譲らず、二人は延々と口論をしている。私は堪忍袋の緒が切れて、「おまえら、ガタガタ言ってんだったらもうこの企画はやめだ!」と席を蹴って帰っちゃったんです。そうしたら、そのあと深作さんとつかで話し合ったらしく、「角川さんを宥《なだ》めよう」ということで、真夜中に、私が当時住んでいた六番町のマンションまで懐柔に来ました(笑)。結果、つかの劇団の平田と風間を主役に、松竹側では深作さんの意志を尊重してヒロインを松坂慶子にしたんです。

こんなふうに、深作さんとは毎回毎回揉めながら、二人で最後は握手している(笑)。いつも侃々《かんかん》諤々《がくがく》やりあった深作欣二は、忘れられない監督ですね。

コロナ時代を予見

八〇年、角川春樹がついに『復活の日』を作るときが来た。小松左京の小説『復活の日』(六四年)は、英国で秘密裡に開発された細菌兵器が事故により拡散、猛毒のウイルスが世界中に蔓延し、人類が壊滅状態に陥る。しかし、ウイルスが活動できない極寒の南極にいた各国の観測員と海中を航海していた原子力潜水艦の乗組員だけが生き残り、彼らはワクチン開発や種の保存により人類の存続を目指す——という壮大なストーリー。小松自身が「映像化は無理」と断じた小説を、角川は東京放送（ＴＢＳ）からの八億円の出資をふくめた総額二十億円というそれまでの日本映画で最大の製作費を注ぎこみ、オリヴィア・ハッセーやロバート・ボーンなどの外国人俳優を招き、一年かけて南極、カナダ、北米南米でロケ。角川は九作目にして世界マーケットを目指した。

——二〇二〇年初頭から新型コロナウイルスが世界中で蔓延し、日本では二〇年四月に初めての非常事態宣言が発出されてから、『復活の日』はYouTubeでの再生回数が一千万アクセスを超え、二〇年六月に新宿ピカデリーなどでリバイバル上映が決まるなど、「パンデミックを予見した映画」として再評価されました。

角川　『復活の日』の再生回数を知り、驚きましたね。海外からのアクセスが多くなっているのは、この映画の英語題名が『VIRUS（ヴィールス）』だからでしょう。

——原作は六四年が初版で、小松左京は、当時流行っていた「香港風邪」と「ロンドンでペストに罹った人を調べてみると細菌兵器の研究者だった」というニュースから小説を着想したと書いています（『復活の日』巻末インタビュー〔ハルキ文庫〕）。六四年当時、アウトブレイク（感染症集団発生）で世界が滅びることのリアリティはあったのでしょうか？

角川　まったくなかった。六二年のキューバ危機の直後ですから、世界は核戦争で破滅すると思われていました。「細菌兵器」という言葉がクローズアップされたのが、七九年の『復活の日』の撮影中でした。そのころ、ソ連の軍事施設の杜撰な管理によって炭疽菌《たんそきん》が流出し、近くの町で五十人の人が呼吸困難で死亡する事件が起こったんです。

——同じころ、アメリカがベトナムで、ソ連がアフガニスタンで、ジュネーブ協定で禁止されている神経ガスを使用していることが明らかになります。アメリカでは〝ハイ＆ロウ作戦〟と名付けられ、ハイはミサイル、ロウは細菌兵器でした。

角川　そうしたことは『復活の日』の公開後にしだいに明らかになりました。やがて映画に時代が追いついて、それから四十年後にウイルスが世界を滅ぼすということが現実になったんです。

——「私はこの作品を作ることができれば、映画作りは辞めてもいいと。それくらいの想いがありました」（『いつかギラギラする日　角川春樹の映画革命』）と言うほど、この作品は角川さんにとって宿願の映画で、総製作費二十四億円をかけ、海外でのセールスを狙いました。

角川　国内での配収は予想したより低くて二十四億円。海外への販売も成立しませんでした。

——なぜ海外に受け入れられなかったんでしょう？

角川　原因はいろいろ挙げられますが、まず、物語が日本人の視点で描かれ、物語の日本的な情緒やウエットなキャラクターが海外では通用しなかったこと。次に草刈正雄の英語の問題もありました。さらに、仲介したのがインチキなブローカーだったこと。もっとも大きな壁だったのがハリウッドのユダヤ資本です。彼らは日本人のハリウッドへの進出を歓迎していなかったんです。『復活の日』は海外で上映され、ソフトも販売されているのですが、収益がこっちに入って来ないんです。全部、間に入ったユダヤ人ブローカーに搾取され、彼らの懐に入っている。

いずれにしましても、『復活の日』という自分の大きな目標を実現させたので、「これでひと勝負終わった」と思いましたね。これからは大作はやめて、収益の上げられる映画作りをやっていこうとシフトチェンジしました。

大林宣彦とアイドル映画（三十七歳〜）

『復活の日』で精魂尽きはてたのか、この作品以降、角川春樹の映画製作への情熱は急速に萎《な》えてゆく。『復活の日』の後に作った作品、『野獣死すべし』と『刑事《デカ》珍道中』の二本立て、『スローなブギにしてくれ』（八一年、藤田敏八監督）の興行はかつての作品のように利益を齎《もたら》さず、角川映画は正念場を迎えた。そんな角川にふたたび映画を作る喜びを与えたのは深作欣二の『魔界転生』（八一年）であり、角川映画を次のステージに導いたのは、製作原価が安く高収益のアイドル映画路線だった。

――オーディションで選んだ〝角川三人娘〟（薬師丸ひろ子、原田知世、渡辺典子）はじめ専属俳優を持とうと思ったきっかけは何だったんでしょうか？

角川　それは、『人間の証明』のときに、出演俳優のスケジュール調整ですごく苦労させられたからです。当時（七七年）、日本映画は大作一本立ての時代に入り、製作本数が減っていて、俳優は映画とテレビの〝かけ持ち〟をしなければならなかったんです。たとえば、優作はニューヨークロケの最中も、『大都会ＰＡＲＴ Ⅱ』と『人間の証明』の現場を一週間ごとに行ったり来たりで、アメリカ人スタッフは「彼は主役なのに何をやっているんだ」と呆れ返っていました。そんなふうにとにかくスケジュール調整が大変でしたから、自前の俳優を持ちたいなあ、とそのとき思ったんです。

七〇年代に入り、映画が斜陽化するにつれ、映画会社は自社でスターを育てる力を失い、レコード会社や芸能プロダクションからグループサウンズや若手の歌手を借りたので、それまでの「スター映画」は「アイドル映画」になった。さらにはアイドルの活躍の場がテレビやコンサートに移り、アイドル映画が消え失せようとしていた七〇年代後半、かつての映画会社のように、自前で新人を発掘し、育てたのが角川映画だった。

角川　私は「アイドル」を発掘した覚えはないんです。薬師丸ひろ子も原田知世もその作品にふさわしい「女優」として選んだ。もともと女優だった彼女らがたまたまアイドル視されただけです。

――その「女優」を選ぶとき、何をポイントにされましたか？

角川　まず、目かな。薬師丸ひろ子を選んだのも、彼女の目力が強かったから。『野性の証明』の彼女は一種の超能力を持った役ですから、この目は外せないなと思ったんですよ。演技はレッスンすれば上手くなるんですが、「目は心の窓」といわれるように、その人間が反映されていて変えようがありません。あと華やかさも大事です。華やぎを持っている女優だけがスターになれるんです。

加えて大事なのは、脚本の読解力ですね。薬師丸も知世も脚本の読みこみが深かったですね。私はいつも、自分のセリフだけじゃなく他人のセリフも全部覚えろ、と言っているんです。そうすれば脚本のなかの自分の立ち位置がわかります。

――角川さんは「芸能界に憧れのある人間は選ばない」と公言していますが、なぜでしょうか？

角川　憧れだけじゃ長く続かないからです。だから芸能界で生き残ろうとか、ステイタスを持とうと思っている人とはやりたくないんです。薬師丸も知世も宮沢りえも谷村美月も芸能界が好きだからオーディションに来たわけではなかった。ですから、彼女らとは一作だけやろうというスタンスで選んだんです。

――一本撮ったら終わりだと、宮沢りえや谷村美月のときも思ったんですか？

角川　終わりかもしれない……そういう覚悟でやりましたね。

――『ねらわれた学園』（八一年、大林宣彦監督）で薬師丸ひろ子の相手役だった高柳良一のように途中で俳優を辞めた人もいます。

角川　高柳は素晴らしい素材でしたが、最初《はな》から芸能界に執着がありませんでした。大学（慶應義塾大学法学部）卒業までは俳優を続けましたが、その後、角川書店に入り、現在はニッポン放送の総務部長です。

――角川さんは「自分は未完成なものに惹かれる」と常々語っています。

角川　惹かれますねえ。私はいつも「オーディションに向かない子」を選んでしまう。ひろ子も知世もおそらく他のオーディションでは受からなかったでしょう。ひろ子につかこうへいが「ピンク・レディーを歌ってもらえる?」と頼んだら「嫌です」のひと言（笑）。知世も「絶対受かりたい!」という執念が見えない子だった。注目を浴びたいという欲望があからさまに見える子よりも、少し気持ちを引いている子の方が、私にはピュアだと思えるんですね。こちらが掬《すく》いとらないと、捕まえることができないものがその人の本質だと思います。

そして、角川アイドル路線を牽引した監督が大林宣彦だった。

CMという異業種から参入した映画監督

――二〇年四月十日に亡くなった大林宣彦監督は、六本というもっとも多くの角川映画を撮った監督でした。

角川　最初に会ったときはこんなにたくさん仕事をするとは思わなかった。私が初めて大林さんに会ったのは『本陣殺人事件』（七五年）のプレミア上映のときかな。大林さんはこの映画の監督の高林

（陽一）さんと親しかったんですよ。

大林さんに興味を持ったきっかけは、彼からもらった名刺でした。デビュー作『ＨＯＵＳＥ／ハウス』（七七年）の公開直前に、お化け屋敷のイラストが描かれたカラー版の大きな名刺をもらって、「この人はとにかく人の気を引こうとしてるんだ」と感心しましてね。そのころの若手の監督は格好をつけて、自分の映画を積極的に売る者などいませんでしたから。ＣＭという異業種から映画界に参入した大林さんは、プロデューサーも兼ね、映画の売り方を真剣に考えていましたね。主題歌をブレイク直前のゴダイゴに依頼したり、映画の公開に先駆けて『ＨＯＵＳＥ／ハウス』をラジオの「オールナイトニッポン」で四時間生放送のドラマとして放送したり、『月刊少年マガジン』や『月刊セブンティーン』でコミック化したりするヴィジュアル世代へのアプローチは、角川映画の「メディアミックス」の手法と明らかにリンクしていました。

角川映画のパロディ『金田一耕助の冒険』（三十七歳）

――大林監督との初めての仕事が『金田一耕助の冒険』（七九年）でした。

角川　あの映画は金田一シリーズのいわば〝別冊付録〟。全編が横溝正史作品とそれまでの角川映画のパロディでしてね。私も「角川春樹」の役で出演し、横溝さんのお宅にジュラルミンのトランクいっぱいに詰めた印税を届けるんですよ。でも、本物の一万円札は一番上の列だけで、その下は白紙なんです（笑）。「中身が薄いですね」と先生に見抜かれ、私は頭をかくんですが、まさに「薄い映画」を作ろうとしたんです。

――しかもこの映画で角川さんは二役で登場し、団地でランニング姿で〝新潮文庫〟（『江戸川乱歩傑作選』）を読んでいて、闖入《ちんにゅう》してきた金田一耕助（古谷一行）に「おまえらは血が汚れている」と言われます。角川書店の社長がライバル会社の文庫を読んでいるうえに、角川さんが「汚れた血のための殺人」を描いた横溝作品を映画化してきたことを金田一本人に当《あ》て擦《こす》られるという、何ともいいようがない「楽屋落ち」でした（笑）。

角川　こんなヒドいシーンを撮ってくれるのは、当時、大林さんしかいなかった（笑）。「大愚匠と呼ばれる覚悟で大顰蹙《ひんしゅく》映画を作る」と付き合ってくれました。案の定、真面目な批評家たちはカンカンに怒って、〝角川映画最大の愚作〟と叩きましたが、こっちは最初《はな》から愚作を作ってるんだ（笑）。

最初の打ち合わせのとき、大林さんはジーンズを穿いて、西部劇のガンマンみたいな大きなバックル付きのベルトを締めていました。私を見つけると、笑みを湛えた顔で近づき、「やあ、やあ」と肩を叩き、握手を求めてきました。こんな監督、それまでにいなかった（笑）。

撮影現場でも、大林さんはけっして怒鳴らず、役者に対してもスタッフに対しても、つねに相手の目線と同じ高さでフランクに話をする。叱るときもユーモアを交えて、諭すように叱る。あるとき照明マンがうっかりレフ板をまたいでしまったんですが、「侍にとって刀は命より大切で決してまたがないんだよ」と穏やかに言ったんです。役者たちにもきびしく指導するのではなく、自由にのびのびと芝居をさせる。とくに女優は褒めまくって、瑞々《みずみず》しい魅力を最大限に発揮させる。そうした彼の姿を見ているうちに、「新人女優をスターにすることができる監督だ」と思って、薬師丸ひろ子の主演第一作を委ねたんです。

『ねらわれた学園』と薬師丸ひろ子と松任谷由実（三十九歳）

角川　しかし、映画は当たりましたが、薬師丸は大林さんとは合いませんでしたね。峰岸徹（「金星の魔王子」）が「私は宇宙だ！」と叫んだり、大林さんの悪ふざけが過ぎて、大林さんの作品のなかでもそれほど良い出来ではなく、薬師丸にとっても本意な作品ではなかったでしょう。それに、『ねらわれた学園』（八一年）の前の『翔んだカップル』（八〇年）で、薬師丸は相米（慎二）と芝居を一から作り上げる面白さを覚えたところだったから、俳優を素材として扱うCMディレクター出身の大林さんに違和感を覚えたのかもしれません。この映画のあと、カドカワノベルズ創刊のCM（八一年）で大林さんに「桃太郎」の扮装をさせられたときも、薬師丸はものすごく嫌がっていましたから。

――しかし、この映画の主題歌として松任谷由実が書き下ろした『守ってあげたい』のレコードは累計販売枚数六十九万枚の大ヒットになり、七六年に結婚してから商業的には低迷していた松任谷由実の再ブレイクがこの曲から始まりました。

角川　そう。ユーミンの曲の売れ行きが落ちてたときに、彼女との関係もあって「あなたの歌で行こう」と頼んだんです。『時をかける少女』（八三年）のときにもユーミンに作詞作曲を頼んで知世が歌って大ヒットし、「ブームが落ちたときに引っ張り上げてくれた」と彼女からはいまだに感謝されています（笑）。ユーミンは『Wの悲劇』のテーマ曲、「Woman〝Wの悲劇〟より」（作詞は松本隆）を「他人に提供したもののなかで一番の〝神曲《かみきょく》〟（優れた楽曲）」と言っていますが、私もこの曲が一番好きです。

――大林監督の『ねらわれた学園』の次回作の『転校生』（八二年）は日本テレビとATGの提携作品ですが、角川さんのところに出資依頼が来たと聞きます。

角川　『転校生』はクランクイン直前にスポンサーのサンリオが降りて、ウチに話が来ました。しかし、原作の『おれがあいつであいつがおれで』（山中恒著）の版元が旺文社だから、私は自社の原作しか映画にしないので、出資を断ったんですよ。完成した作品が青春映画の傑作となっていて、後悔しましたね。

『時をかける少女』と原田知世（三十九歳）

――筒井康隆の『時をかける少女』は、最初は学習研究社の『中学三年コース』『高1コース』に連載（六五〜六六年）された、いわゆる「ジュブナイルSF」ですね。そのあと、眉村卓の『なぞの転校生』や光瀬龍の『夕ばえ作戦』などとともに、早川書房出身の編集者で作家の福島正実が企画した、盛光社の「ジュニアSFシリーズ」に収録されます。

角川　そう。そうした動きを見て「これからはSFだ」と思ってウチで『時をかける少女』を文庫化したあと、NHKの「少年ドラマシリーズ」で『タイム・トラベラー』（七二年）としてドラマ化されたこともあり、版を重ねました。

――大林監督は「『転校生』のあと尾道で映画を撮るつもりはなかった」とさまざまなインタビューで語っています。しかし、角川さんは『転校生』を観て、『時をかける少女』を尾道で撮ってほしいと大林監督に依頼します。

角川　直感で、『時をかける少女』は知世で尾道、と閃いたんです。

薬師丸ひろ子には都会が、知世には地方の風土が似合うんです。幻想的な古い町並みが背景だとさらに知世は引き立ちます。しかも、古めかしいくらいのきちんとした言葉遣いや所作が彼女にはある。かつて林真理子さんに「当時、あんな女子高生はいなかった」と指摘されましたが、「どこにもいない女子高生」を描いたことが、現在、多くの人が『時をかける少女』を「角川映画のベストフィルム」として挙げるような普遍性につながったのだと思います。

初めから古いものはけっして古くならない。だから、私は時代劇を作り、現代劇でも着ている服を古めのものにします。

大林さんと私の間にはさまざまなシンクロニシティ（偶然の一致／共時性）がありましてね。一九九七年に『時をかける少女』を私の監督でリメイクしたとき、「この映画を参考にしたい」と松任谷正隆さんとユーミンにDVDの『ある日どこかで』（八〇年、ジャノー・シュワーク監督）を手渡すと、「これ持ってます」と言うんです。聞けば、八四年版のクランクインの前に大林さんがメインスタッフに渡したと。

――『ある日どこかで』（原作と脚本はリチャード・マシスン）は、脚本家の青年が古い写真の中の女優に魅入られ、タイムスリップしてその女優に会いに行くが、偶然のいたずらで彼女とは結ばれず、現在に帰ってくる――という時空を超えた悲恋ですね。

角川 そう。私と大林さんははからずも同じことを考えていたんだと驚きました。

――お二人はまた、祖父母に大事にされたということも共通していますね。『週刊文春』（〇二年八月一日号「家の履歴書384　大林宣彦」に、「母の家は院長を務める祖父を家長に祖母、母、二人の叔父と一人の叔母、僕の七人家族。姉やと呼んでいたお手伝いさんも二、三人いました」とあるように、大林監督は角川さんと同様、祖父母と同居で育ちました。

角川 そうか……大林さんもお祖父《じい》ちゃん子、お祖母《ばあ》ちゃん子だったのか。

――だから、大林監督も角川さんも年配の俳優や祖父母の世代の習俗を大事に撮るのでは？

角川 たしかに、大林さんの『時をかける少女』のラスト近くの上原謙さんと入江たか子さんの描写は剣持亘の脚本にはなくて、大林さんが現場で付け加えた場面ですね。アイドル映画であっても、家族を失くした老夫婦の感慨を加筆しないと自分の映画にはならない、血肉が通わないと彼は考えていた。「商業映画であると同時に〝プライベートフィルム〟じゃなければならない」ということを、私は大林さんから改めて教えられたのかもしれません。

――この映画は十五歳の原田知世さんなくしては成り立たなかったですね。

角川　そう。でも、原田知世にとって、デビュー作が代表作になったことは女優としてとてもしんどいことだったと思います。オードリー・ヘップバーンが生涯、『ローマの休日』（五三年、ウィリアム・ワイラー監督）のアン王女のイメージに呪縛されたように、彼女もそのつらいハードルを乗り越えたから、五十歳を過ぎたいまでもピュアなままの知世なんですね。

――ラストの〝カーテンコール〟はどなたのアイデアでしょう？

角川　あれは大林さんです。それをまた深作が『蒲田行進曲』で二番煎じなのにやるんだね。あの手はもう誰も二度とできないでしょう（笑）。

八〇年代の角川映画で、森田（芳光）とともに大林さんは私にとってはライバルでしたね。『時をかける少女』を超えようと私が知世で『愛情物語』（八四年）を撮り、それに対抗するように大林さんは『天国に一番近い島』（八四年）を撮って、角川映画十周年の私の『キャバレー』と大林さんの『彼のオートバイ、彼女の島』（ともに八六年）は併映でしたから。一緒に仕事をしたのは『彼のオートバイ……』が最後になりましたが、大林さんはプライベートフィルムと商業映画を往還し続け、私はそれに刺激を受けました。

大林との別れと再会（六十三歳）

――大林監督は角川さん製作、佐藤純彌監督の『男たちの大和／YAMATO』の戦艦大和のロケセットを故郷の尾道市が観光客誘致のために引き取り一般公開したことに抗議し、尾道市と疎遠になったと聞きます（一般公開は、〇五年七月〜〇六年三月までの九か月限定）。

角川　大林さんから手紙が来ましたよ、映画の公開前に。

――どういう内容だったんでしょうか？

角川　戦艦大和のセットを故郷で公開することへの拒絶反応が書かれていました。

――それを読んで、どう思われましたか？

角川　私は尾道市が大和のロケセットを公開することが映画のプロモーションになると思い、市に協力しました。長渕剛がそこでテーマ曲（『ＣＬＯＳＥ　ＹＯＵＲ　ＥＹＥＳ』）を歌って「ニュースステーション」（テレビ朝日）で流れるなど、結果的に尾道市に百十万人の集客ができ、五十億円の経済効果がありました。

それに、大林さんが手紙を書いてきたのは、映画が完成する前、映画を観てもいないときでした。『男たちの大和』は大林さんが懸念したような戦争賛美ではなく、公開後に「赤旗」が激賞したような反戦映画でもありません。私は八〇年代に沈没した大和の探索を行い、艦首を発見し、姉である辺見じゅんの原作に導かれるように『男たちの大和』を作った。映画がまだ出来上がっていない段階で、観る前から戦艦大和というだけで批判する大林さんは間違ってると思いましたね。大林さんと尾道の市長や商工会議所もそのときからギクシャクしはじめたんです。

――それは大林監督が遺作の『海辺の映画館――キネマの玉手箱』（二〇年）を尾道で撮影するまで続くんですね。

角川　そう。けれど、一二年に原田知世がデビュー三〇周年を迎えるときに『週刊現代』の企画でここ（角川春樹事務所社長室）で大林さんと対談しましてね。そのときには、もうわだかまりはありませんでした。対談の前に二人で食事をしながら、『『ローマの休日』のような映画を一緒に撮ろうよ。二人でオーディションして、新人を発掘して」と話しましたが、一六年に彼が肺がんで余命宣告されたと聞いたとき、「ああ、この夢はもう叶わないんだろうな」と。

けれど、そこからが大林さんの驚くべきところで、余命宣告されてから三年半も生き、執念で映画を二本も撮った。映画を作りたいという一念が、命を引き延ばしたんでしょう。映画監督として実にいい幕切れで、羨ましくもありました。

私は七十三本の映画を作り、多くの監督と仕事をしましたが、亡くなったときに俳句を詠んだのは森田（芳光）と大林さんだけです。

――十二月二十日に亡くなられた森田監督を悼んだ句が〝映写機のノイズに年の暮るるなり〟。四月十日に逝去された大林監督の追悼句が〝監督の椅子に君なき四月かな〟ですね。

角川　そうです。物凄く仲が良かった深作さんやお世話になった市川（崑）さんや佐藤（純彌）さんが亡くなられたときにも詠んでいない。それだけ森田と大林さんの存在は自分のなかで大きかったんだと思います。

森田芳光との真剣勝負（四十二歳）

――二〇一一年に六十一歳で早逝した森田芳光監督のことを聞かせてください。

角川　森田を紹介してくれたのは片岡義男なんです。彼を誰よりも先に評価したのが片岡なんですね。

――片岡さんは森田監督の8ミリ自主映画『ライブイン茅ケ崎』（七八年）を、水道橋の『ぴあ』の畳敷きの試写室で観たときのことをこう書いています。「この8ミリ映画に、ぼくはたいへんな感銘を覚えた。この感じを忘れないまま成長していけば、この青年は新しいタイプの映画監督としてかならず成功をおさめるだろう、とぼくは確信した。その確信ゆえに、ぼくは、森田さんを角川さんにひきあわせておいた」（『メイン・テーマ1』後書き　八五年、角川文庫）。さらに、『キネマ旬報』（七八年五月下旬号）に「『ライブ　イン　茅ケ崎』に感動した！」という文章を寄稿し、絶賛します。

角川　そのあとかな、片岡に「すごく面白い映画がある」と誘われて、『ライブイン茅ケ崎』を日本ヘラルドの試写室で観ましてね。確かに光るものはありましたが、「やっぱり自主映画だね。商売にはならない。だから三十五（ミリ映画）で持ってこい」と森田にキツいことを言ったんですね（笑）。森田はそのあと自己資金で三十五ミリ映画『の・ようなもの』（八一年）をつくり、それをヘラルドの原正人さんが配給し、劇場映画のデビュー作になるんですね。

森田の才能にびっくりしたのはやはり『家族ゲーム』（八三年）でした。最終日に有楽町のスバル座で観て、都市生活者の明るさと虚ろさがサリンジャーの『フラニーとゾーイー』（六九年、鈴木武樹訳、角川文庫）みたいだなあ、と。

――『フラニーとゾーイー』は、エゴとスノッブがはびこる周囲の状況に耐えきれず、病的なまでに鋭敏になっている妹で女子大生のフラニーと兄で俳優のゾーイーを巡る、ある土曜日の午前から月曜日までの物語。六九年に角川さんが初めて文庫化しました。

角川　『家族ゲーム』を観て、サリンジャーが描いたアメリカ東部の大学がある街の住人たちのことを思い出しましたね。それに、ラストの食卓の横移動には驚きました。私がそのあと『天と地と』（九〇年）の撮影を前田米造さんにお願いするのは、彼が『家族ゲーム』のキャメラマンだったからですよ。

――前田キャメラマンは、角川さんのことを「森田芳光のお兄さん」と評したそうですね。

角川　それは知らなかった。

――「唇のぶ厚い風貌が似ているというのも確かだが、自信満々の物腰の割りには意外と照れ屋で、子供っぽい悪戯心に満ちているところなどどこか二人は似通っている」と、『復活の日』『家族ゲーム』のプロデューサーである岡田裕さんも書いています（『映画　創造のビジネス』九一年、ちくまライブラリー）。

角川　そうか（笑）。森田には最初、『探偵物語』のときに声をかけましたが、『家族ゲーム』とスケジュールが重なっているからと断られ、『メイン・テーマ』（八四年）で初めて仕事が実現するんです。

――森田監督は「『ライブイン茅ケ崎』のときの決着をつけるという意気込みがあった」とさまざまなインタビューで語っています。

角川　森田を高く評価している片岡義男の原作なら、森田と相性が良いんじゃないかと思って、そこで片岡に、「森田が監督、薬師丸ひろ子が主演の夏休み公開の映画の原作をカドカワノベルズの一冊として書いてくれ」と頼んだんです。

――しかし、片岡義男は森田芳光を挑発するかのように、ヒロイン（薬師丸）が二十歳の青年（野村宏伸）とともに日本各地を旅するうちに出会う人々が登場するたび、「フラッシュバック」（回想）でその人の物語がしばらく展開するという、小説ならではの形式の、そのままでは映画の原作にならない小説を書きます。

角川　そんな映画にしにくい小説を森田は見事に自分の脚本にしましたね。それまでの角川映画では、脚本の第一稿にＯＫを出すことはなかった。かならず何らかの注文を脚本家に出していましたが、『メイン・テーマ』だけは文句の付けようがなく、一発でＧＯサインを出しました。

――『メイン・テーマ』は角川さんの監督作品『愛情物語』と二本立てで八四年七月に公開されます。

角川　公開の前年かな、「森田。来年は角川春樹vs.森田だな」と言うと、森田は「角川さん、それ、記者団の前で言ってください」と返しました。こういう明るい監督というのは、ものすごく珍しかった。健康的な明るさを持っていましたし、自分で「天才・森田」と言うくらい自信家でしたが、ものすごい勉強家でもありました。東映の岡田茂さんが私のことを「武蔵みたいな男だ。つねにライバルを探し求め、勝負を挑んでいる」と言っていましたが、私は森田に本気で勝負をかけました。『メイン・テーマ』と『愛情物語』を同じ予算にして、『愛情物語』のクランクインの日、スタッフの前で「森田にだけは負けるわけにはいかない！　俺のプライドが許さない！」と宣言したんです。

——森田組のロケ地の沖縄が天候に恵まれず、『メイン・テーマ』が予算をオーバーしそうになったとき、『愛情物語』を撮影中の角川さんが「森田のほうは雨が降ればいい」と言い、「沖縄は雨です」と報告を受けた角川さんが「そうか！」と喜んだ。それを沖縄で聞いた森田監督は「ひどいな、（「メイン・テーマ」の）プロデューサーなのに」と苦笑した、と『角川映画1976-1986　日本を変えた十年』にあります。

角川　そこまで馬鹿なことは言わないが、近いことはあった気がします。なにしろ真剣勝負でしたから（笑）。

——社長がガード下で役者を待ち伏せしたり、併映作の監督に真剣勝負を挑んだり、そんな映画会社はほかにありません。

角川　まぁ、東宝やフジテレビはやらないでしょうね（笑）。

——こうした角川さんの無茶と稚気がまぎれもなく角川映画の破天荒さに反映されています。

森田監督との二本目の作品は二十三年後の『椿三十郎』（〇七年）になります。この映画のことはのちほど伺いますが、私は角川さんと森田監督との第三作があると思っていました。何か企画はあったんでしょうか？

角川　残念ながらありませんでしたね。でも、どういう映画かはわかりませんが、「森田とはまた出会うことがある」と彼が亡くなる日まで、ずっと思っていました。

角川春樹は大林宣彦や森田芳光のみならず、篠田正浩、藤田敏八、長谷部安春、澤井信一郎といった一九三〇年代生まれの監督たちに加え、五〇年前後生まれの相米慎二、根岸吉太郎、池田敏春、井筒和幸、崔洋一などの新鋭に映画を任せ、日本映画の世代交代を一挙に推し進めようとした。

新しい才能の抜擢──根岸吉太郎と池田敏春

──日活ロマンポルノでデビューして以降、一般映画を撮る根岸吉太郎監督、池田敏春監督はどのように選ばれたんでしょうか？

角川　八〇年代の初めごろ、「ディレクターズ・カンパニー」（長谷川和彦をはじめ九名の新進監督によって設立された映画会社）のメンバーと次々知り合っていきましてね。根岸は『キャバレー日記』（八二年）や『遠雷』（八一年）を観ていて、『汚れた英雄』のときに最初に声をかけたんです。そのときは断られたんですが、このあと『探偵物語』（八三年）で仕事をしましてね。彼の作品群のなかでも傑作に位置する仕上がりでしたね。池田敏春は根岸から推薦されたんです。伊勢の小泉先生の道場に行った帰りに、彼の『人魚伝説』（八四年）の現場に立ち寄った覚えがあります。「池田とはいずれ一緒にやってみたい」と思って、そのあと『湯殿山麓呪い村』（八四年）をオファーしましたが、とことん暗い映画に仕上がり、往生しました（笑）。井筒和幸もディレクターズ・カンパニーの誰かに紹介されたんじゃなかったかな。『晴れ、ときどき殺人』（八四年）の芝居の付け方が上手かったから、『二代目はクリスチャン』（八五年）をお願いしたんです。

澤井信一郎と和田誠

——澤井信一郎監督はデビュー作の『野菊の墓』（八一年）しか撮っていないときに、角川さんから『Wの悲劇』の監督を依頼されたばかりか、その撮影も始まっていない製作発表の席で次回作の『早春物語』をオファーされ、驚いたと語っています。「こちら（伊藤註——『Wの悲劇』）はまだ撮影していませんし、映画を見てがっかりなさるかもしれませんので、そのときに判断なさったらどうですか」と澤井監督が言うと、角川さんは「大丈夫、信用してますから」と（『映画の呼吸　澤井信一郎の監督作法』〔〇六年、澤井信一郎・鈴木一誌共著、ワイズ出版〕）。澤井監督は「角川さんは人を信用する能力のある人だと思いますね」と語っています（『映画芸術』九四年冬号）。

角川　『野菊の墓』が気に入り、澤井さんに会って「彼ならいけるだろう」と思ったんですが、旧知の和田誠さんが『麻雀放浪記』の脚本を澤井さんと共作するなかで高く評価していたことも大きかったですね。

——澤井監督とは『Wの悲劇』、『早春物語』（八五年）、『恋人たちの時刻』（八七年）、『蒼き狼　地果て海尽きるまで』（〇七年）と四本の映画で組みます。澤井監督は若手女優を育てることで、角川映画に〝女性映画路線〟を作りました。

角川　『Wの悲劇』のとき、東映東京撮影所の撮影現場を訪ねるたびに、澤井さんが「傑作に一歩一歩近づいていますよ」と自信満々に言うんだね。本当かよ……と眉に唾をつけて初号試写を観たら、豪語した以上の傑作で、エンドマークが出たあと椅子から立ち上がれませんでした。あの年（八四年）は、それまで公開された私の映画の入りが予想をはるかに下回り、最後に賭けた作品が正月映画（十二月十五日公開）の『Wの悲劇』でしたから、うれしさより脱力したことを覚えています。

続く『早春物語』でも「知世をここまで追いつめるのか」と驚きましたね。初号を観た原作者の赤川次郎さんが、「『Wの悲劇』はアメリカ映画で『早春物語』はフランス映画のようだ」と言っていましたが、言い得て妙で、澤井さんは作風に幅のある監督でした。

——『早春物語』で、原田知世が酔いをさますために洗面所で顔を洗い、鏡の自分を見る場面がありますが、角川さんは監督作品の『キャバレー』（八六年）で三原じゅん子に同じ芝居をさせていますね。澤井監督と〝勝負〟をされたんでしょうか？

角川　あれは『早春物語』への〝返歌〟ですよ（笑）。

そのあと、澤井さんは、寺久保友哉の『恋人たちの時刻』という短編集（七九年）の一篇（『翳の女』）を映画化したいと言ってきて（伊藤注——この映画の脚本を書くことになる荒井晴彦が澤井に推薦した）、新潮社の単行本をウチで文庫にして、映画化（『恋人たちの時刻』八七年）するんですね。

——和田誠さんを監督デビューさせたのはどういった経緯なんでしょう？

角川　和田さんとは星新一さんや遠藤周作さんの装幀をお願いしたころからの古い付き合いです。和田さんが角川書店主催の「日本ノンフィクション賞」を『ビギン・ザ・ビギン　日本ショウビジネス楽屋口』（八二年）で受賞したころかな、彼が『麻雀放浪記』を映画にしたいというので脚本を書いてもらったら、和田さんは同時に絵コンテも描いてきて、本職だから当たり前だけど、これが巧いんですよ。「ここまでイメージが出来てるのなら、監督もやったら」と言ったら、「ズブの素人だけど、いいの？」と驚いていました。撮影に入るとき、和田さんは『月刊カドカワ』と『野性時代』でイラスト連載を抱えていて、「角川映画のために角川書店の仕事を休んじゃ困るでしょ？」と訊くから、「撮休（撮影の合い間の休日）というものがあるよ」と休みの日にまとめて描いてもらいました（笑）。『麻雀放浪記』を観てみると、第一作なのに非の打ちどころがなくてびっくりしましたね。新人監督なのに映画を知り尽くしているなあと。初日の舞台挨拶のあと、「まだ朝だけど飲もうか」と渋谷東映で和田さんを誘ってビールで乾杯したことを覚えています。

相米慎二との距離

——相米慎二監督とは『セーラー服と機関銃』（八一年）という配収二十七億円の大ヒット作を作ります。角川映画で二本目の相米作品があるんじゃないかと期待してましたが、その後、相米監督との仕事はありませんでした。

角川　相米は腕のある監督です。しかし、薬師丸のことを「お前」と呼ぶんです。年下の女優に対して上から目線で物を言う相米を私は正直、好きではありませんでした。私も薬師丸のことをプライベートでは「ひろ子」と呼ぶことはあります。けれど、オフィシャルな場ではひとりのプロの女優としてきちんと遇し、けっして呼び捨てにすることはしません。そんなこともあり、相米とは冷却期間を置こうかなと思っているうちに、アイドル映画の分野で澤井さんに出会い、相米と組むことがなくなったんです（相米慎二は〇一年に五三歳の若さで死去する）。

崔洋一独自のハードボイルド

——崔洋一監督とは『いつか誰かが殺される』（八四年）、『友よ、静かに瞑れ』（八五年）、『黒いドレスの女』（八七年）、『花のあすか組！』（八八年）と四本の作品をつくります。

角川　崔は優作が「高倉」に連れて来て、「日本でいちばんケンカが強い助監督だ」と紹介してくれたんですよ（笑）。崔と優作はほんとうに親しかったんですね。崔は父親が北朝鮮出身の在日朝鮮人ですが、そのあと韓国籍に変えました。優作は父親が大韓民国出身の在日韓国人で、彼は私と会う前に帰化したんですね。八〇年代に私が住んでいた恵比寿のマンションの上の階に優作が美由紀（夫人）と住んでいて、崔が訪ねて来て、三人でよく飲みに行きました。優作と崔をボディガード代わりに私の前と後ろを歩かせ、一緒にニューヨークやハワイに行ったりもした（笑）。崔は内田裕也主演の『十階のモスキート』（八三年）で監督デビューするんですね。

――角川さんは『十階のモスキート』を観て、「こういう社会派もこれからのアイドル映画には必要だ。子供に釣られて来た大人を満足させる映画をつくらなければならない」と崔監督を呼んだと聞きました（伊藤の取材での崔洋一の証言）。

角川　たしかに、「女こども相手の商売にも幅が要る」と言いましたね。

――そして、『いつか誰かが殺される』の試写を観たあと、「崔。次は北方謙三をやれ！」と、三冊の原作本、『過去、リメンバー』『さらば、荒野』『友よ、静かに瞑れ』を渡した、と。

角川　それで彼はそのなかから『友よ、静かに瞑れ』を選んだ。北方の小説の舞台は山陰の温泉町なんですが、崔は「これを沖縄で撮りたい」と言ったんですよ。

「『それはお前の趣味だ。この原作を沖縄で撮る必然性は何もない』とプロデューサーの黒澤満さんは猛反対した。ですが角川さんは面白がってくれて、『やりたければやらせてやれ。あいつが話を沖縄へ持っていってどう料理するか楽しみだ』と賛成してくれたんですね。〃この人は急進的冒険主義的プロデューサーだな〃と思いましたね。ただ、ひとつだけ釘を刺されました。『辺野古の開発に反対する男の話だけど、赤旗だけは振るなよ！』と（笑）」と崔洋一は思い返す。

（伊藤の取材による）

角川　彼は赤旗を振りそうだったから（笑）。沖縄で撮ることが決まって、スタッフが沖縄中をロケハンし、名護市辺野古《へのこ》に入ったとたん、全員が「ここだ！」と決めたんです。

――辺野古（映画では多満里になっている）は終戦後には米軍が近隣の住民を強制収容した大浦崎収容所で、ベトナム戦争（六五～七五年）時は米軍のベトナムへの出撃拠点になった「キャンプ・シュワブ」と隣接し、ベースに駐在する米兵で栄えた歓楽街ですよね。

角川　そう。辺野古ロケに行くと、食堂の料金表は円とドルの両方が書いてあった。それに、町の子どもの多くが混血なんですね。崔はそういう辺野古で撮影したかったんでしょう。見事な脚色です。

――それに、この映画は四半世紀後に起こる辺野古の基地移設と反対闘争を予見していますね。

角川　その通り。

――そうした先見性もふくめて、『友よ、静かに瞑れ』は大藪春彦三部作から始まった「角川ハードボイルド路線」のあざやかな帰結と思えます。

角川　私も最高傑作だと思う。この映画の試写のあと、崔と丸山（昇一）と固く握手を交わした。北方も「これだ！」と膝を打ったね。

――『いつか誰かが殺される』ではヒロイン（渡辺典子）を満州の混民族の血を引く少女にし、『花のあすか組！』ではアジア人に占拠された近未来の東京を造形するなど、崔監督は角川映画で作家性を発揮した監督ですね。

角川　やりたい放題でしたね（笑）。

――角川さんはそれを面白がってらした？

角川　そう。どんどんやれと。ただ、『いつか誰かが殺される』では「これで典子がスターになれるかどうか、それによってこの映画の評価が決まる」と。『黒いドレスの女』では「知世を女にしてくれ」とだけ言いました。

――そのあと角川さんは崔監督の代表作『月はどっちに出ている』（九三年）に製作アドバイザーとして協力します。

角川　プロデューサーの李鳳宇《リ・ボンウ》から頼まれたんです。脚本を読んだとき、「崔、これは面白い、絶対にやれ。だが興行はむずかしいぞ」と言ったんですが、試写を観て「この映画を観て、笑う奴がいたら俺は許さない」とこの映画に出てくる在日韓国人・朝鮮人に肩入れしましたね。

――試写会の三日後、角川さんは逮捕され、獄中から李鳳宇プロデューサーに「俺の名前を映画のクレジットから外せ」と指示します。

角川　私の名前が残っていると、崔の最高傑作が傷つくと思ったからです。

大友克洋と『幻魔大戦』（三十九歳）

アニメ映画は八〇年代以降の日本映画に欠かせないジャンルとなる。七八年に公開された『さらば宇宙戦艦ヤマト　愛の戦士たち』（舛田利雄監督）は配収二十一億円（邦画配収二位）を上げ、七九年の『銀河鉄道９９９』（りんたろう監督）も配収十六億五千万円（邦画配収一位）のヒット。八一年の劇場版『機動戦士ガンダム』（富野喜幸〔のち由悠季〕監督）も熱狂的なブームを巻き起こし、八五年には徳間書店がスタジオジブリを設立する。機を見るに敏な角川は、八三年の『幻魔大戦』（りんたろう監督）からアニメ映画に参入した。

――大友克洋監督の『ＡＫＩＲＡ／アキラ』（八八年）はコロナ禍のなかで、『復活の日』とともに〝予言的な映画〟としてあらたな脚光を浴びましたが、大友克洋を映画の世界に誘《いざな》ったのは角川さんでした。

角川　大友の『気分はもう戦争』（八一年、矢作俊彦原作、双葉社刊）を『漫画アクション』の連載で読んでいて、絵が上手くて、ストーリーもキャラクターも面白かったんですね。

――それで映画『幻魔大戦』のキャラクター・デザインに起用したんですね？

角川　たまたまりんたろうも大友克洋でいきたいと言ってきたんですよ。そうしたら原作者の平井和正さんが大友のキャラクター・デザインは「主人公の顔つきが陰険だ」とクレームを付け、りんたろうは大友じゃなければ自分はやりたくないと言い、石森（のち石ノ森）章太郎さんまで絡んできた。『幻魔大戦』は角川映画でもっとも揉めた作品で、さすがの私も疲弊しましたね。

――『幻魔大戦』と新宗教の関係についてお伺いします。

　映画は平井和正の小説（全二十巻、角川文庫）の三巻目までを描いていますが、そのあと原作は後半にかけてしだいに宗教色が色濃くなります。その時期、平井さんはオウム真理教や幸福の科学にも影響を与えたといわれる新宗教の「ＧＬＡ」の二代目教祖高橋佳子さんのブレーンで、高橋さんの著作『真創成記　黙示録　永遠の生命にいたるために』（七八年、祥伝社）の執筆にも協力したと『現代オカルトの根源　霊的進化論の光と闇』（一三年、大田俊寛著、ちくま新書）にあります。

角川　そう。平井さんは新宗教に肩入れしてから小説が説教臭くなりましたね。初期の『狼の紋章』（七一年、ハヤカワＳＦ文庫）から始まる〝ウルフガイシリーズ〟のほうがエンターテインメントとして優れていて、そちらのほうが彼の代表作でしょう。

　高橋佳子さんはＧＬＡの創始者である父、信次さんの死後、教団を継承し、精神世界の〝アイドル〟的存在になるんですね。私は高橋さんと食事をしたとき、「きちんとした修行をしていないあなたはこのままだと周囲に振り回されるよ」とぴしゃりと言ったんです。彼女は相当落ちこんで、いったんGLAから離れ、あらためて覚悟を決めてGLAの主宰になります。

——映画『幻魔大戦』は「ハルマゲドン」（＝新約聖書やヨハネ黙示録における「神が悪魔と戦って勝つ世界最終戦争の場所」）という言葉を日本で広め、オウム真理教もこの言葉をキーワードにしました。このことをどう思われますか？

角川　オウム真理教に影響を与えたとしたなら、きわめて不愉快で不本意ですね。しかし、現代日本の「終末思想」は五島勉の『ノストラダムスの大予言』（七三年、祥伝社）から始まり、ノストラダムスが「恐怖の大王が来て、人類が滅びる」と予言した九九年七月が近づくにつれてしだいに過熱化していきました。『幻魔大戦』などのサブカルチャーが「ハルマゲドン」という言葉で終末思想を煽り、八〇年代以降の新宗教に影響を与えたことは間違いない。

ともかく、『幻魔大戦』は大友克洋がキャラクター・デザインを描いたこともあり、「ジャパニメーション」の先駆として海外で高い評価を受けています。大友はそのあと、私が製作したオムニバス映画『迷宮物語』（製作は八七年、公開は二年後の八九年、眉村卓原作）の一篇『工事中止命令』で監督デビューし、八八年『AKIRA／アキラ』でブレイクするんですね。

『カムイの剣』と『ボビーに首ったけ』（四十二歳）

——『カムイの剣』（八五年、矢野徹原作、りんたろう監督）は、「親殺しの汚名を着せられ村を追われた少年が、父の形見の短刀を懐に、父と自分の出生の謎を解く旅に出る」という冒険時代劇アニメですが、知る人ぞ知るこの原作はどこで見つけたのでしょうか？

角川　星新一さんが教えてくれたんです。原作者の矢野徹さんはSFの翻訳家として、ロバート・

A・ハインラインの『月は無慈悲な夜の女王』（六九年、ハヤカワSFシリーズ）、フランク・ハーバートの『デューン　砂の惑星』（七六年、ハヤカワ文庫）、リチャード・マシスンの『地獄の家』（七七年、ハヤカワ文庫、映画『ヘルハウス』〔七三年〕の原作）など二百冊以上の本を訳していますが、その彼が七〇年に書いた初めての小説が『カムイの剣』で、星新一さんが『野性時代』に売りこみに来た。この本を手にしたとたん、途中で本を置くことができず、ついにその日は終日仕事を放棄せざるを得なかった。それほど面白かったんです。

これを実写で映画化したいと企画書を持って来たのがATGのプロデューサー、葛井欣士郎です。『オイディプスの刃』をやっていたときだと記憶します。さっそく矢野さんに会って、『カムイの剣』を角川文庫で再刊しました（解説は星新一）。

――実写映画にすると膨大な予算がかかりますよね？

角川　そのときの葛井の予算は四億円だったかな。しかし、これはさすがに実写ではできないだろうなぁと思ったんです。『復活の日』のあとに企画が上がったんですが、アニメなら何とかなるかと。その結果、いま、『カムイの剣』と『幻魔大戦』は海外で大変な人気なんですよ。アメリカやアジアの各地で繰り返し上映されています。

――『カムイの剣』と同時上映の『ボビーに首ったけ』（八五年、片岡義男原作、平田敏夫監督）はキャラクター・デザインを吉田秋生に、『時空《とき》の旅人』（八六年、眉村卓原作、真崎守監督）のデザインを萩尾望都に依頼しましたが、角川さんは吉田秋生や萩尾望都の漫画を読んでいたんでしょうか？

角川　女性コミック誌『月刊Asuka』を創刊するぐらいでしたからもちろん読んでいました。吉田さんは『別冊少女コミック』、『プチフラワー』（ともに小学館）だったかなあ。昭和二十四年組の萩尾望都さんとか山岸涼子さんも読んでいました。山岸さんが聖徳太子を描いた『日出処の天子《ひいずるところのてんし》』（八〇〜八四年に『LaLa』〈白泉社〉で連載、のちに角川書店「あすかコミックス・スペシャル」に収録）とか大好きでしたね。武富義夫からは「お前はいつもマンガばかり読んでいるな」と馬鹿にされ、「小説よりマンガの方が先を行ってるんだ！」と言い返してましたよ。

――角川書店では、『カムイの剣』公開に合わせ、アニメ専門誌『New type』を創刊しました。

角川　『月刊Asuka』を刊行して、そこに連載された高口里純の『花のあすか組！』（八五〜九五年）も映画にしたんですよ（八八年）。

――テレビアニメ『アレクサンダー戦記』（九九年、荒俣宏原作、兼森義則・りんたろう共同監督）でキャラクター・デザインを担当した韓国系アメリカ人のアニメーター、ピーター・チョンはどこで見つけられたのでしょう？

角川　『AEON FLUX』（九〇年）というMTVネットワーク作品を見て、彼の絵が何とも色っぽかったから、アレクサンダー大王を描かせようと思ったんです。

仕事が叶わなかった監督たち（三十八歳）

――これまで角川さんが仕事をした映画監督たちについて尋ねてきましたが、こんどは仕事ができなかった映画監督について伺います。

角川さんは「今までに観た映画のベストは『七人の侍』と『ゴッドファーザー』だ」と言われるように、少年時代から黒澤明監督のことをリスペクトしていました。いつか仕事をしたいと願い、周囲も角川さんが黒澤監督と仕事をすることを勧めました。八〇年四月二十三日、黒澤明の新作『影武者』のワールド・プレミアの日、角川さんはついに黒澤明監督に会われます。

角川　その晩、有楽座で行われた『影武者』のワールド・プレミアに招待されたんです。その日、ゴールデン・トライアングルから帰国したばかりだったのでジャンパー姿でしたが、私は取るものも取りあえず黒澤さんのお祝いに駆けつけたんですね。映画館に到着すると、ロビーにタキシードの黒澤さんが立っていて、にこやかに招待客を迎えておられました。私が近付き、東宝の松岡功さんから黒澤さんに紹介され、お祝いの言葉を述べて手を差し出したところ、黒澤さんはプイと横を向いて、私を無視したんですね。そのとき、痛ましそうに松岡さんが見てるわけだ。どう言葉をかければいいかわからなかったんでしょうね。

『影武者』は上映時間が長いので、途中でインターミッション（休憩）がありました。それが終わって後半の上映が始まってしばらくして、劇場のバーで飲んでいた黒澤さんが微醺《びくん》を帯びて、来日していたジョージ・ルーカスやフランシス・フォード・コッポラと一緒に遅れて入って来ました。黒澤さんは「最初からやり直してくれ！」と上映を止め、いったん場内を明るくし、ふたたび自分たちのために上映のやり直しをさせました。私はこのとき、完全に切れましたね。

映画もどうしようもないと思いました。私がプロデューサーなら二十分切ります。時代考証も疎《おろそ》かで、合戦シーンも『七人の侍』に比べると力がなかった。この日以降、黒澤映画をプロデュースしたいという想いは一切なくなりました。何が黒澤天皇だと（笑）。

――ほかに、角川さんが仕事をしたかったのにできなかった監督はいますか？

角川　工藤栄一さんとはやりたかったですね。何といっても『十三人の刺客』（六三年）が素晴らしかったし、工藤さんの演出というのはテレビ東京の十二時間ドラマ（『大忠臣蔵』八九年）でも傑出していましたから。

――具体的な企画はあったんでしょうか？

角川　なかったんです。工藤さんなら当然時代劇だろう、と思っていましたが。

——テレフューチャー『死の断崖』（八一年、『白い崖』〈六〇年、今井正監督〉のリメイク。松田優作主演）や映画『逃がれの街』（九三年、北方謙三原作）のような現代劇でも良かった気がします。

角川　そうか。工藤さんで現代劇という発想はなかったな。次にやりたかったのが五社英雄ですね。五社さんはテレビ時代から観ていますが、ダイナミックでケレンみがあって、客を飽きさせまいとするサービス精神に、私と似たものを感じました。

——そうしたことから『魔界転生』は当初は五社監督で企画が進み、脚本の打ち合わせまでしながら、五社監督が拳銃不法所持事件で逮捕され、深作監督に代わった——と『試写室の椅子』（角川春樹著、八五年、角川書店）にあります。

角川　そう。『魔界転生』の翌年かな、五社さんの復帰作『鬼龍院花子の生涯』（八二年）の試写状と五社さんの達筆な巻紙の手紙が届いて、映画を観たんです。久し振りに大人の日本映画を観た気がしましたし、全編に鏤《ちりば》められた赤が艶やかでした。それで五社さんに声をかけ、羽山信樹の『流され者』（八四〜八五年に角川書店の月刊誌『小説王』に連載／八五年、カドカワノベルズ、角川文庫から全六巻を刊行）という時代小説の映画化を企画したんです。時代は幕末、当時流刑の島だった八丈島の島役人（最高責任者）の男が、島で溶鉱炉や大砲や軍艦を作り、佐幕と倒幕のいずれにも属さず日本の征服を狙うという物語で、主人公の男が剣豪でありながら衆道、つまり女を愛せない男というキャラクターである点、物凄く現代的な時代小説なんですよ。これを五社さんで映画化したら面白いだろうなあと思ったんですが、諸事情があって頓挫するんですね。

——観たかったですね。

角川　だからほんとに私がやりたかったのは、一に工藤栄一、二に五社英雄です。

角川映画と伊丹映画

――八〇年代の日本映画をリードしたのは、角川映画とともに伊丹十三作品でした。角川さんは伊丹映画をどうご覧になっていましたか？

角川　『お葬式』（八四年）はどうということはなかったですが、『マルサの女』（八七年）は面白かったですねえ。しかし優作はいつもこう言っていました。「伊丹さんの映画は信用できない」。

――どこが信用できなかったんでしょう？

角川　それがわからないから、彼の言葉がいまも引っかかっているんです。

――松田優作は『お葬式』のことをこう語っていますね。「おれはあの映画嫌いだから、はっきり言って。だって、血がかよっていないんだから。魚眼で全体を見ているような目だからね」（『ＰＬＡＹＢＯＹ』八五年十二月号）。

角川　そうか。優作は伊丹さんのそういう視点に違和感を感じたのかな。でも、『マルサの女』の金の隠し方は面白かったなあ。こんなことあるのかよって（笑）。

――では、角川さんは『マルサの女』のような映画をお撮りになりますか？

角川　私はやりませんね。

――なぜです？

角川　夢がない。

俳人と映画監督の間

第四章（四十歳〜）

文芸評論家・山本健吉、
姉・辺見じゅんとともに

同人「河」を引き継ぐ（三十八歳）

「火はわが胸中にあり寒椿」「わが生は阿修羅に似たり曼殊沙華」「薔薇の香りのやうな思想の詩を欲《ほ》りぬ」「眠りても大音響の桜かな」「煮凝りやわれに少しの妬みあり」「生きるとは生きのこること水の秋」――「火」や「水」や艶やかな色とともに角川春樹の命や魂が迸《ほとばし》り出たかのような俳句は、角川の全仕事のなかでもっともよく彼の本質を表わしえた文業といえる。

八二年、四十歳の角川春樹は、前年の第一句集『カエサルの地』に続き『信長の首』を上梓し、芸術選奨文部大臣新人賞に輝き、翌八三年の『流され王』は読売文学賞を獲る。一方、『信長の首』と同時期に『汚れた英雄』（八二年）で映画監督デビューする。このように角川の俳人としての活躍と監督への進出は軌を一にしていた。

――角川さんは俳人である源義さんから俳句を手解《てほど》きされたのでしょうか？

角川　まったくされていません。俳句との出会いは、家に親父が書いた掛軸がありましてね。小学校四年のとき、これが読めないんですよ。何て読むのかって訊いたら、五七五の俳句なんですね。「はー、こんなもんなら俺でも作れる」と思って詠んだのが、〝煙《けむ》の中焼かるるさんまおれを見る〟（笑）。親父がびっくりしましてね。中学一年のときに、親父が所属していた「季節」という俳句結社に入れられました。親父は三句、私は二句選に入り、親父が自分の句の感想を聞くので「面白くない」と正直に答えると、烈火のごとく怒りましたね（笑）。それから俳句は細々と続けていましたが、大学（早稲田大学）受験のときに途切れました。再開したのは十八年後、父源義が亡くなってからです。映画を始めたあとの七九年に、源義が五八年に創刊した俳句雑誌の「河」が分裂して、母の照子が主宰になって、私を副主宰に推したんですね。母から「あなたがやらないなら『河』は解散する」と言われ、二か月間、私がこの結社を引き受ける意味があるのかどうかを思いあぐね、親父が日本一の俳句雑誌にしようとしながら無念を呑んで他界した『河』を引き継ごうと決めて、本来ならば、会員の実力しかない私がいきなり選者の立場になったわけです。その責任が、俳句に対する急激な傾斜につながりましたね。

――声優の神谷明がパーソナリティを務めていたラジオ番組「オールナイト・ニッポン」のなかに「角川春樹の俳句教室」（七九年）という十五分のコーナーがあり、角川さんがリスナーの投句を添削していました。

角川　あれは「河」を引き受けたばかりのころで、ラジオ番組で俳句を親しみやすいものにしようと考えていたんですよ。

前衛俳人たちからの反発

――俳句の世界は通常、「結社」と呼ばれる数百人単位の集団がそれぞれ同人誌を発行し、折々に句会を開いて活動しています。権威や格式が幅を利かせる世界と聞きますが、俳壇からの抵抗はなかったんでしょうか？

角川　むちゃくちゃありました（笑）。それも驚いたことに、批判したのは古い結社の同人ではなく、ふだんは伝統的な俳句に抵抗している「前衛俳句」の人間だった。彼らは『毎日新聞』に、「泉下の芭蕉も嘆いているだろう」と書きました（笑）。あのクソ生意気な若造が俳句をやるなんて許せない。伝統文芸を土足で踏み荒らす気か――作品評価以前にそういう声が満ち満ちていました。その中心が、そういうことにこだわらないと思っていた高柳重信を中心とする左翼的な前衛俳句の人たちであることに呆れ返りましたね。

——なぜ前衛が角川さんに反発したのでしょう？

角川　それがわからない。私のことを新たな前衛と思い、自分たちが前衛の看板を降ろさなければならなくなると思ったのかもしれません。

そうした逆風のなか、角川春樹の俳句を高く評価したのが、吉本隆明、中上健次、山本健吉らだった。吉本は角川の俳風として「神話や説話の世界への自己同化のはげしいナルティシズム」を指摘し、「この俳人の出生の悲しさのようなものが、俳句のなかから宿命の共鳴音みたいに匂い立ってくる」（『情況へ』〇四年、宝島社）と書いた。また、山本健吉も「『いのち』と『たましひ』と『神』なるものの追及の尖端の現れ」（『角川春樹集・猿田彦』解説〔八五年、三一書房〕）と角川の句を評した。

——角川さんが俳句を始めたことは映画作りに影響していますか？

角川　たぶん、監督作品には影響があると思いますね。

——俳句と映画が響き合っているプロデュース作品に『蔵の中』（八一年、高林陽一監督）があります。冒頭とラストに掲げられた〝かげろうや塚より外に住むばかり〟の句。ゆらゆらと陽炎が立つ春の日、師である芭蕉の墓を病身である門弟、内藤丈草が訪れたとき詠んだこの句が、生と死、虚と実を往還するこの映画全編の象徴になっていますね。

角川　あれは脚本家（桂千穂）のアイデアです。映画の評価は低かったのですが、『蔵の中』の脚本は横溝正史さんの短編を見事に換骨奪胎し、原作を超えていました。

あと、俳句と映画ということでいえば、『時空《とき》の旅人』（八六年、眉村卓原作、真崎守監督）では随所に私の俳句が使われています。萩尾望都さんがキャラクター・デザインしたアニメーションのなかに俳句を入れる趣向が面白く、竹内まりやさんの曲（『時空《とき》の旅人』）も良くて、りんたろう（製作）と真崎守（監督）にしてはロマンティックな映画で、私は好きです。

『スローなブギにしてくれ』と『化石の荒野』の後悔（三十九歳）

角川春樹の監督としての評価は、プロデューサーとしてのそれに比べるといちじるしく低い。おそらく、監督業がオーナー社長の〝旦那芸〟と思われ、角川が映画以外のミュージック・クリップやプロモーションフィルムやファミコンの映像スタイルを映画に取りこみ、「人間ドラマ」を描かず、吉本隆明が言う「純映像映画」（『産経新聞』九三年九月七日）を俳人としての独自の感性で模索し、それが批評家に「映画的ではない」と軽視されたからだろう。

しかし、監督角川春樹は俳人角川春樹と不可分で、角川春樹監督作にこそ「情念」と「エンターテインメント」のアマルガム（融合）である角川映画の破綻や矛盾もふくめた本質がある、と私には思える。監督作品における試行錯誤を丹念に聞いていきたい。

——「もし角川春樹がずっとプロデューサーだけでありつづけていたら、八〇年代の日本映画はもう少し違っていたろう」と角川さんがプロデューサーに専念せず、監督業に乗り出したことを映画評論家の山根貞男さんが惜しんでいます（『朝日新聞』九三年九月十日夕刊）。

角川　彼はプロデューサーというものの虚しさを知らない（笑）。『スローなブギにしてくれ』（八一年、藤田敏八監督）と『化石の荒野』（八二年、長谷部安春監督）は興行的にも失敗し、作品の出来にも満足できませんでした。プロデューサーだけだと作品に責任が持てないんだなあ、監督兼プロデューサーというのが形としては一番いいなあと思った、それが最初でした。

――『スローなブギにしてくれ』の浅野温子は、薬師丸ひろ子や原田知世ができないフルヌードになる八〇年代のヒロインを演じ、素晴らしいと思いました。

角川　温子だけが光って、あとは私には不本意な映画でしたね。藤田敏八という人はなかなか本音を言わないので、コミュニケーションがとれなかった。私は脚本（内田栄一）にも感心しませんでしたし、片岡義男自身が納得していなかった。藤田敏八が山﨑努に自己投影して、浅野温子と古尾谷雅人の若いカップルじゃなく、中年男を主演にしてしまいました。

――そうすることで藤田監督が〝プライベートフィルム〟にしたんですね。動物虐待や女性蔑視の描写が多いところは気になりますが、プライベートフィルムでありエンターテインメントである点、『スローなブギにしてくれ』は角川映画らしい作品だと思います。

角川　いや。大林さんの『時をかける少女』や私の『愛情物語』はプライベートフィルムとアイドル映画が両立していますが、『スローなブギにしてくれ』は中年映画であって青春映画ではない。私は片岡の原作からもっと軽やかで爽やかな映画を作りたかったんです。

――しかし、印象的な歌い出しの南佳孝の主題曲、『スローなブギにしてくれ　アイ・ウォント・ユー』は二十八万五千枚の大ヒットになります。

角川　あれは私の提案です。もう亡くなられているからお話ししてもかまわないでしょうが……映画を始めたころに私が付き合っていた女性の一人が作詞家の安井かずみだったんですよ。安井かずみが南佳孝のファンで、全アルバムを持ってた。それを彼女と聴いているうちに、私のなかで、詞をふくめた南佳孝の世界が、片岡義男の世界と重なり合ったんですね。それで、片岡を映画化するときは南佳孝で行こうと。私は片岡を小説家にしましたから、佳孝もメジャーにしようと思ったんです。それに、発売当時は全然売れなかったけれど、佳孝のファーストオリジナルアルバムの『摩天楼のヒロイン』（七三年、プロデュース＝松本隆）の詞がすごく良いなと思って、そのあと松本隆に『探偵物語』（八三年、作曲＝大瀧詠一）の作詞を依頼するんですね。

――作曲＝大瀧詠一、作詞＝松本隆は『A LONG VACATION』（八一年）のコンビでもあります。『探偵物語』は薬師丸ひろ子のテーマ曲が有名ですが、クラブで秋川リサが歌う、安井かずみ作詞の『そうよMambo』（作曲＝加藤和彦）も忘れがたいですね。

角川　ああ。明るくてちょっと寂しくてメランコリックで、彼女らしい曲でした。

――先ほどのKさん、いままた安井さんのお話を伺い、角川さんは意外にも、その時々に付き合った女性の影響を受け、女性たちの持つ〝妹《いも》の力〟に左右される人なんですね。

角川　『妹の力』というのは柳田國男の書名だけれど……。

――角川さんは独断専行の人だと思われがちですが、妹の眞理さんから現在の奥さんにいたるまで、女性の意見を虚心坦懐に聞き、それをいろんなことに活かしてきた、女性の霊力を信じる人だと思いました。

角川　妹の力か……ときどきその魔力に翻弄されるけどね（笑）。

――話を映画に戻して、『化石の荒野』は西村寿行原作。西村作品はそれまで、菅原文太主演の『犬笛』（七八年、中島貞夫監督）も鶴田浩二主演の『黄金の犬』（七九年、山根成之監督）も当たっていないので配給の東映から映画化に随分反対があった、と聞きました。

角川　文太や鶴田で当たらなくても俺が渡瀬で当ててやる、と思ったんですよ（笑）。

――当時、角川文庫で「西村寿行フェア」が行われ、西村作品は三十五点、累計販売部数一千万部を超えていたのになぜ当たらなかったんでしょう？

角川　どんなに原作が売れていても、映画に力がなければ当たりませんよ。先ほど話したブレーンから長谷部安春を勧められたんですが、出来栄えに愕然としました。しかし、試写を観て無惨な思いを持っても、プロデューサーとしては「面白い」と言わなければならない……。

監督第一作『汚れた英雄』（四十歳）

『汚れた英雄』は大藪春彦の代表的な長編（六七〜六九年、徳間書店刊）。戦争孤児の北野晶夫は叔父の実家の自転車屋に引き取られ、長じて二輪レーサーとメカニックの両面での才能を発揮し、ライダーとして活躍。バイクショップのイタリア人オーナーの庇護のもとアメリカ、ヨーロッパに渡り、ロードレースの世界選手権を制覇し、同時に生まれ持った美貌と肉体で次々に女性たちを虜にしてゆく——。前述した、徳間康快と西崎義展との三者での大藪春彦作品の映画化計画が流れたあと、角川は『汚れた英雄』を角川文庫に入れ、映画化に着手する。

——『汚れた英雄』は、根岸吉太郎、村川透、鈴木清順を始めとする七、八人の監督に断られたと聞きました。なぜ多くの監督が断ったんでしょう？

角川　世界で初めての二輪（バイク）レースの映画だからかな。これまで『グラン・プリ』（六六年、ジョン・フランケンハイマー監督）とか『栄光のル・マン』（七一年、リー・H・カツィン監督）とか四輪の話はありましたが、二輪レースをどう撮ったらいいか、誰もわからなかったからでしょう。

——『汚れた英雄』は監督名がブランクのまま、東映が八三年の正月映画として『伊賀忍法帖』（斎藤光正監督）との二本立て興行を発表しました。当時のプレスには、丸山昇一脚本、草刈正雄主演とだけあります。

角川　東映が劇場を空けてくれたんですよ。監督が決まらないまま、俳優の登場しない特報の撮影を、六〇年代にアメリカのバイクに乗ったアウトロー集団「ヘルズ・エンジェルス」を撮った写真家の長濱治《ながはまおさむ》に委ねたんです。長濱と特報を撮りに鈴鹿（三重県）や菅生（宮城県）サーキットに行って耐久レースを見たり、レース中の事故でライダーが死んだりするのを目の当たりにするうちに、「依頼した監督がこの題材を出来ないと言うのは当然だよなあ」と納得しましたね。レース場を回りながら、脚本を丸山昇一とつくりました。全四巻、三十年にもわたる長大な小説をどう映画にするか――丸山は随分悩んでいましたね。最初の打ち合わせで丸山が、「レースからレースまでの二週間の話にしましょう。二つのレースの間に北野晶夫の私生活を叩きこむんです。それくらい大胆にやらないとこれは映画にならない」。私は十分間考えて、「よし、それで行こう！」。この映画の主人公は北野晶夫じゃなく、バイクレースそのものだ、レースをいかにセクシーに撮るかだ、とそのとき思ったんですね。

世界で初めての二輪レース映画

――角川さんは、いままで誰もやらなかったバイクレースだからこそやりたかったんですか？

角川　その通りです。先ほどお話ししたように、私はつねに、それまでの映画人がやれなかったワンアイデアを見つけ、徹底的に追求していく。映画をビジネスとして成功させるには、アイデアはひとつだけでいいと思っています。

テーマはレースシーンだ、と思ったとき、「他に監督がいないなら私がやるしかない、二輪レースを命がけで撮ろう」と臍《ほぞ》を固めたんです。

――角川さんが監督することに全員が反対した、と東映の遠藤茂行プロデューサー（角川映画の宣伝担当で、角川春樹監督の最新作『みをつくし料理帖』の製作統括）が証言しています（伊藤の取材による)。「大プロデューサーがあえて一監督になることはない。失敗すれば、角川さんが傷付く」と。

角川　「殿ッ、ご乱心を！」てなもんですよ(笑)。「社長、いいよ。やんなよ、運気はいま社長に流れてるぜ」と賛成してくれたのは優作だけでした。

――『汚れた英雄』の惹句は〝0・1秒《コンマ》のエクスタシー〟。新宿東映で観客が肩を揺らせながら観ていたことを憶えています。

角川　三台のマシーンが並走するシーンは、ポルシェを百四十五キロで並んで真横に走らせて撮ったんです。キャメラと映画のキャメラマン(仙元誠三)はポルシェのフロントグラスの前に縛って固定されているから、ポルシェの運転手(浅見貞男＝トップレーサー)は前方が見えないんですよ。前を見ずに、横に見えるライダーの動きだけを追って時速百四十五キロでヘアピンカーブをギリギリに回るんですね。まかり間違えば、大事故につながるのを覚悟して撮影を敢行しました。

――ライダーの主観でも撮られていますね？

角川　ポルシェから狙ったんです。

――クライマックスの全日本選手権の第九戦は手に汗を握らせます。

角川　あれはちょうど十八分なんですよ。私は映画の楽しませ方の原点は『ロッキー』(七六年、ジョン・G・アヴィルドセン監督)の構成にあると思ってるんです。だから、最後のレースを『ロッキー』のクライマックスのボクシングシーンと同じ長さにしました。それ以上長いと緊張感がなくなるし、それ以下だと物足りなくてもうちょっと見たい、そのスレスレが十八分だと思ったんですね。

――最終レースで転倒した草刈正雄がふたたび立ち上がり、逆転するところが、〝敗れざる者〟角川さんならではの展開ですね。

〝ハルキ・ブルー〟と俳句的イマージュ

——角川監督作品にはつねに基本色調がありますね。

角川　そうです。『汚れた英雄』はメタリックで無機質なブルーで行きたいと思って、すべての画面のどこかに青を入れたんです。〝あおあおと滝うらがえる野分かな〟という句を詠んだように、私は青が好きで、仙元誠三もブルーが好きだった。

——仙元誠三さんは大島渚監督の『新宿泥棒日記』（六九年、吉岡康弘とともに「撮影」とクレジット）で一本立ちし、松田優作の〝遊戯シリーズ〟を経て、『蘇える金狼』から『恋人たちの時刻』まで十二本もの角川映画を手がけた、角川映画とは切っても切れない撮影監督です。

角川　そう。『汚れた英雄』の撮影チーフだった柳島克己と北野武監督が考えた〝キタノ・ブルー〟は世界的になりましたが、本当は仙元誠三さんと私の〝ハルキ・ブルー〟のほうが早い（笑）。美術は今村力《つとむ》だったんですが、美術もそんな感じでいこうと、生活感のない、人を拒絶するような無機質な部屋にしたんです。

——今村力さんは東映東京撮影所で美術監督になったあと、『野獣死すべし』『花のあすか組！』などの角川映画を手がけ、現在は『孤狼の血』（一八年）などの白石和彌監督作品を支える美術監督ですね。今村さんがデザインした『汚れた英雄』の草刈正雄の部屋は、持てるものをすべて持ってしまった人間の気怠《けだる》さと、レーサーという〝板子一枚下は地獄〟と覚悟する人間の虚無感が表現されています。

角川　そう。俳句には「リズム感」「映像復元力」（行間からいかにイマジネーションを喚起させるか）「自己投影」が必要なんですが、映画でも、当時、私が映画や文芸の世界に身を置きながら感じていた刹那の虚無感を自己投影しました。

――撮影現場で角川さんは怒鳴りまくり、〝鬼〟のようだったと聞きました。

角川　撮影する前に絵コンテを描いて、あらかじめスタッフに配っておいたんですが、いざ現場に入って、座って被写体を見ていると、自分がこれから撮ろうとする映像が見えてくるんですね。それで、目の前でスタッフがコンテにしたがい準備しているライティングやセットが、私が思い浮かべた映像と違っていたら、その場でバーンとすべて変えました。カメラは全アングル覗きましたし、極端なときには、レンズも変えてもらいました。完成後にカメラマンの仙元誠三から「撮影中にこれほど腹を立てた現場はない。あなたほど傲岸不遜で自信満々の監督には出会ったことがない」と苦笑まじりに言われました（笑）。

人間ドラマではなくプロモーションビデオ

――丸山昇一脚本からかなりセリフを省いていますね。

角川　そう。日本映画はセリフに頼りすぎているので、画だけで見せるサイレント映画の時代に戻してもいいんじゃないか。そうすれば、言語の違いを越えて、海外でも十分通用する作品になると思ったんです。セリフが少なくなったもうひとつの理由は、草刈正雄です。草刈のマスク（顔）やスタイルはじつに美しく、立ち姿にはストイックでありながら、ある種の退廃《デカダンス》があります。けれど、当時の草刈はしゃべらせるとボロが出るというか、私が意図している虚無感から遠ざかり、薄っぺらなニュアンスしか出せなかった。だから、「お前を画として撮るから黙って立ってろ」と言いました。

――草刈さんは芝居をまったくさせてもらえず、撮影中に角川さんに殺意を抱いた、とのちに語っています。

角川　オブジェとしてしか撮らなかったから、きっと欲求不満だったでしょう。

――プロデュース作品とは一転、削ぎ落とされた「作家の映画」ですね。ただ、説明が少ない分、けっして観客に親切な映画ではありません。

角川　そう。観客を楽しませながら、観客に媚びない映画にしようと思いました。私は映画を観る楽しみは、行間を読むこと、読ませることだと思っているんです。

――しかし、この映画は画面が連なるだけで時間が流れません。また主人公の人間ドラマがまったく描かれないので、正直、「これは映画なのだろうか？」という疑問も湧き上がりました。『汚れた英雄』は北野晶夫というレーサーを主人公にした映画ではなく、まるで「北野晶夫というレーサーのプロモーションビデオ」のように思えました。

角川　それは私が意図したことですよ。八〇年代半ばにかけて、ビデオソフト（セルおよびレンタル）の売上げがレンタルビデオ店の増加とともに急増するんですね。八七年にソフトの売上高が劇場興行収入を上回り、九〇年にピーク（劇場収入の一六〇パーセント）を迎えるんです。つまり、八〇年代半ばになると映画館だけでなく、家庭のモニターでも繰り返し観られる作品を作らなければならなくなったんです。ですから『汚れた英雄』も、人物も風景もすべてをオブジェのように、映画全体を〝プロモーションビデオ風〟に撮ろうと思ったんです。

映画と同時にビデオも販売

――『汚れた英雄』の封切り館では同時に、その作品のビデオをロビーで販売しました。日本映画では初めてのケースです。

角川　それはね、のちにフジテレビの副社長になる石田達郎さんが日本ビデオ協会（現・一般社団法人日本映像ソフト協会）にいたころ、「ビデオを売るにはどうすればいいのか」と相談に来られ、「映画の公開と同時にビデオソフトを売っちゃえばいいんですよ」と提案したんです。それで、『汚れた英雄』を公開している劇場で、一万五千円の定価で『汚れた英雄』のビデオを販売しました。

——興行会社や劇場からクレームがつきませんでしたか？

角川　まったく。だって、当時（八二年）は、ビデオデッキを持っている人も限られていましたから。それに現在のようにソフトの価格が安ければ問題になったでしょうが、当時は入場料金との間に開きがあるから何ら問題はなかった。千本売れれば御の字という時代に『汚れた英雄』は三万本も売れましてね。家庭で二輪レースの大迫力を味わいたい人が買っていったんでしょう。角川映画では薬師丸ひろ子主演作品のＶＨＳは一万本以上売れて、当時の単価は一本一万九千円前後ですから、二億円近い売上げになりましたね。

悲劇を持たないヒーローは成り立たない

——角川監督作品は、男性を主人公にした映画が四本（『汚れた英雄』『キャバレー』『天と地と』『笑う警官』）、女性を主人公にした映画が四本（『愛情物語』『ＲＥＸ／恐竜物語』『時をかける少女』『みをつくし料理帖』）とちょうど半々に分かれます。女性を主人公にした物語が、女性がかならず周囲の人間たちの愛と献身で思いを成就するのに比べて、男性を主人公にした物語は、物語が進むにつれて主人公がどんどん孤独に苛《さいな》まれ、決まって悲劇で終わります。

角川　たぶん……男の主人公に試練をあたえるのは、〝悲劇を持たないヒーローというのは成り立たない〟と私が思っているからでしょう。日本武尊《やまとたけるのみこと》も義経も志半ばにして死を遂げ、アーサー王も姉との間にできた不義の子との闘いで、子供を殺すも自ら致命傷を負います。私の映画でも、悲劇性を賦与しなければ主人公にならないと思っているんですね。いっぽう、女性の主人公の思いが成就するのは、私の願望だからでしょう（笑）。実際、現場の演技指導において、男優は厳しく叱ると伸びるんですが、女優は褒めることで輝くんですよ。

――『汚れた英雄』の撮影現場には白鞘の短刀を持って行かれた、と聞きました。

角川　この映画で配収を最低十二億円は上げられなければ自刃しよう、という覚悟で撮影に臨んでいましたから、守り刀を肌身離さず持っていましたね。

公開当日、集合時間になっても角川は舞台挨拶が予定された丸の内東映に現れず、自宅で短刀を片手に震えていた、と宣伝担当の福永邦昭は証言する（伊藤の取材による）。福永が、劇場の周りを観客が取り囲んでいることを伝えると、角川は「そうか」と大きく息をつき、短刀をテーブルに置いて立ち上がった。『汚れた英雄』と『伊賀忍法帖』の二本立ては角川の目標を上回り、配収十六億円のヒットとなった。

――もし目標に届かなかったら、本当に自刃なさったのでしょうか？

角川　したかもしれない。でもね、このあと胃がんの手術で腹を切るんですが、あれはじつに痛いんだよね（笑）。『汚れた英雄』は配収十六億円まで行きましたが、前年正月の薬師丸ひろ子主演の『セーラー服と機関銃』の配収二十七億円には遠く及ばないんですよ。他社（東宝）作品ですが、この年（八二年）夏に公開された近藤真彦主演の『ハイティーン・ブギ』（舛田利雄監督）も十八億円の配収を上げましたから、八〇年代に入って、日本映画はアイドル映画やアニメだとお客さんが来るけれど、大人向きのドラマだと来ないなあ……と寂しく思いましたね。

脚本家の井手俊郎は『汚れた英雄』を、文学におもねっていない「理想のシネポエム」と絶賛した（『シナリオ』八三年五月号）。しかし、映画評論家はおしなべて、レースシーンは迫力があるが人間描写が弱いと評し、同年公開の『蒲田行進曲』が各映画賞を総舐めしたのに比べて、『汚れた英雄』の評価は低かった。当初三億円の製作費が四億円まで膨れ上がったことで、当時、角川のブレーンだった古澤利夫は、「春樹さんは自分が監督すると製作費の上限を考えなくなる。プロデューサーとしては鋭い感覚を持っているけれど、監督になると引いて物事が見られない」（『映画の力』二〇年、ビジネス社）と角川の監督への進出を危ぶんだ。

『愛情物語』、アイドル映画で時代の息吹を捉える（四十二歳）

『汚れた英雄』の半年後（八三年夏）に公開された薬師丸ひろ子の『探偵物語』と原田知世の『時をかける少女』の二本立は角川映画としての最高の二十八億円の配給収入を記録し、アイドル映画の強さを見せつけた。同時にこの年は、六〇年代後半から映画製作に乗り出していたフジテレビが再度映画に参入。テレビ、ラジオ、新聞、出版媒体を持つ「フジサンケイグループ」が角川映画のメディア・ミックスを拡大して行った『南極物語』（フジテレビ、学研、蔵原プロが共同製作、蔵原惟繕監督）は、『探偵物語』と『時をかける少女』の倍の五十六億円の配給収入を上げた。フジテレビのヒット作は以降、『ビルマの竪琴』（八五年、市川崑監督）、『子猫物語』（八六年、畑正憲監督）と続き、宣伝手法において角川映画のお株を奪う。

――角川さんは「監督作品のうち、自分から撮りたいと思ったのは『愛情物語』と『天と地と』の二本だけだ」と語っています。『愛情物語』（八四年）を撮ろうと思ったのはなぜでしょう？

角川　『時をかける少女』の尾道ロケに陣中見舞いに行き、原田知世が二週間前に調布のにっかつ撮影所でクランクインしたときとはまるで違っていることに気付いたんです。ある日、教室のシーンを撮っていたとき、四十名いる生徒たちのなかで、彼女だけが光り輝いていた。大林さんから「原田知世は天才です」という手紙をもらったのもそのころでしてね。じゃ、私がこの天才女優を第二作で本物の女優に育て上げよう——とそのとき思ったんです。それにこのころ、どんな監督もアイドル映画をきっちり撮らない限り、厳しい映画界の現況で生き残るチャンスはない。どんな優れた演出家も、一度はアイドル映画を通過して、時代の息吹を肉体に吹きこむことが必要だ、と思っていましたから。

赤川次郎の発見

——『愛情物語』の原作は赤川次郎です。赤川さんは七六年に『幽霊列車』で文藝春秋の「オール讀物推理小説新人賞」を受賞し小説家デビュー。七八年には『三毛猫ホームズの推理』（光文社、カッパ・ノベルス）のヒットで脚光を浴び、八〇年代の角川映画アイドル路線になくてはならない作家になります。赤川次郎とはどのように出会ったのでしょうか？

角川　出会いは『セーラー服と機関銃』のときです。プロデューサーの多賀英典（キティ・グループ創業者）と監督の相米がこの原作を薬師丸でやりたいと話を持ってきたんですが、原作権は主婦と生活社にあったんですね。それで主婦と生活社に発行部数の定価の三パーセントを三年間支払う契約をして、角川文庫に入れました。主婦と生活社は初版だけでしたから、儲かったはずです。赤川さんには角川文庫の初版を百万部刷ることと、光文社の『三毛猫ホームズ』シリーズを全部ウチで文庫化するという条件提示をしたんです。

——それからまたたく間に赤川次郎がベストセラー作家になったのはなぜでしょう？

角川　それはね、たとえば、横溝正史さんの文章は漢字が多く、小学校高学年から読んでもらうには、小説の中の漢字をひらがなにして読みやすくしなければならなかったんです。いっぽう、赤川次郎さんはその必要がありませんでした。彼はデビュー後、朝日ソノラマのソノラマ文庫や集英社のコバルト文庫で少年少女向けのいわゆる「ジュブナイルもの」を書いていましたから、もともと文章がやさしく、会話体で物語を運んでゆくので小学校高学年でもすらすら読めました。小学生から読める「ユーモア・ミステリー」のジャンルを築いて、ベストセラー作家になったんですね。

――薬師丸ひろ子主演の『探偵物語』に続いて、原田知世主演の『愛情物語』の原作も赤川次郎による書き下ろしなんですね。

角川　そうです。知世が二歳のころからずっとクラシック・バレエをやっていたので、その素養を活かそうとして、「バレリーナの少女がミュージカルに挑む話にしたい」と赤川さんに頼んで、「カーテン・コール」という題名で『野性時代』（八三年七月号〜十二月号）に連載をお願いし、終了したあと『愛情物語』と改題しカドカワノベルズから新書判にしたんです。

原田知世のプロモーションフィルム

――『愛情物語』は疑いなく「原田知世のプロモーションフィルム」ですね。

角川　彼女をスターにするために作った映画ですから。この映画の上映時間はちょうど一〇〇分なんです。シーン数もちょうど一〇〇なので、一〇〇分＝一〇〇シーンの、全編知世の〝アルバム映画〟として撮りました。映画を観たあと、レーザー・ディスクを買って楽しんでもらいたいなあ、と。

――角川さんはこの映画の製作発表記者会見で、「私は大林さんほど優しくないものですから、現場に入りますとほとんど鬼と等しい存在になります。撮影に入ったら完璧に原田知世というひとりの存在を徹頭徹尾叩きのめそうというふうに思っています」と怖いくらいの表情で語っています。

角川　ハハハ。このころ日本で『フラッシュダンス』（八三年、エイドリアン・ライン監督）がヒットしてましてね。ジェニファー・ビールスを知世に超えさせようと思ったんです。

――『フラッシュダンス』は、十八歳の女性（ジェニファー・ビールス）がプロのダンサーになるという夢を抱きながら、昼は製鉄所で溶接工、夜は近所のバーで働き、ラストではダンスのオーディションに合格し、恋人の愛を勝ち取る映画ですね。ビールスが踊る「ブレイクダンス」がブームになりました。

角川　でも、この映画のジェニファー・ビールスのダンスは吹き替えが使われていたので、『愛情物語』は吹き替えなしで知世に踊らせよう、と。

――映画の前に、原田さんは第一回マクドナルドミュージカル『あしながおじさん』（八三年、三越ロイヤルシアター）に出演しますね。

角川　このミュージカルのプロデューサーの橋爪貴志子さんが、知世が主演したTVドラマ版の『ねらわれた学園』（八三年）を観て、『あしながおじさん』のヒロインのジュディ・アボット役はこの娘だ、と決めたんです。橋爪さんはこの舞台のためにブロードウェイからダンサー兼インストラクター（デビッド・ストーリー）を呼んで、知世は本格的なミュージカルの修練を『愛情物語』の前に積むことができました。私は『あしながおじさん』の主題歌を相談され、松任谷由実に『ダンデライオン　遅咲きのたんぽぽ』をつくってもらい、知世版の『守ってあげたい』と組み合わせて、角川レコードからリリースしましてね。

――『時をかける少女』の上映館でも、レコードが『あしながおじさん』のパンフレットと併せて千円で販売されていました。『ダンデライオン』はこのあと松任谷由実のセルフ・カヴァー（八三年）で累計十七万枚の大ヒットとなり、『愛情物語』の劇中でも原田版が流れます。

角川　『守ってあげたい』『時をかける少女』とともにユーミンの代表作になりました。このミュージカルを観て、「あしながおじさん」というテーマを赤川さんに原作に入れてもらったんです。

――角川さんは、映画では「ファースト・アイデア」が大事だとおっしゃいましたが、『愛情物語』のそれは「日本映画初の本格的なミュージカル」ですね。

角川　そうです。当時ヒットしていた、マイケル・ジャクソンのミュージック・ビデオ『スリラー』（八三年）や映画の『フラッシュダンス』を超えようと、当時、アメリカで三大振付師の一人だったミゲール・ガドリューを招き、NYから三十五名のダンサーを呼んだんですよ。

――ミュージカル場面は、『フラッシュダンス』、『トップガン』（八六年）、『デイズ・オブ・サンダー』（九〇年、ともにトニー・スコット監督）など、当時、コマーシャルフィルムやミュージック・ビデオ出身の監督を起用して成功を収めたドン・シンプソンとジェリー・ブラッカイマー（角川と同世代のアメリカの製作者）のプロデュース作品のルック（映像の印象）に似ていますね。

角川　そう。私は、そのころの最先端の映像は映画ではなくMTVだと思っていて、その編集と画調を取り入れたんです。

――一方、美しい日本の風景とともに描かれるドラマ部分では、原田知世が演じる「仲道美帆」が一緒に旅する拓次（渡瀬恒彦）のハンカチを洗ってやるところとか、通りがかったおやしろに手を合わせるところとか、脚本（剣持亘）にない美帆のしぐさが随所に見られますが、角川さんが原田さんから「拾った」ものでしょうか？

角川　細かくは覚えていないのですが、仲道美帆の「育ちの良さ」は知世そのものです。彼女はロケに行くとかならず、「明日も晴れますように」と太陽に向かって手を合わせるような子なんですよ。

――拓次と美帆が道中、道端の湧き水に差しかかり、拓司が自分の両掌で清水を掬《すく》って美帆に飲ませ、美帆もまた自分の両手で清水を拓司に飲ませる――ここが映画の白眉で、何ともエロティックなシーンですね。

角川　あれは文芸評論家の山本健吉さんが褒めてくれましてね。

――「万葉の東歌や、沖縄の琉歌につながる詩の情景だ」と山本さんは評していますね（『補陀落の径　角川春樹句集』解説〔八四年、河叢書〕）。

角川　そう。手から水を飲ませることが古代の日本では最高の愛情表現なんですよ。

――しかし、『愛情物語』は二本の映画に分裂しているような気がしました。ハリウッドの向こうを張ったミュージカルと、美しい日本の風景を背景にした原田知世のプロモーションフィルムです。水と油である〝洋〟と〝和〟を角川さんが俳句の論理で接合しようとしているように思えました。

角川　そうかなあ。私が映画を〝豪華な幕の内弁当〟と考えていることはすでに話しましたが、幕の内弁当には和食も洋食も入っているじゃないですか（笑）。

妹・眞理への鎮魂

――『愛情物語』に出演の渡瀬恒彦は『セーラー服と機関銃』（八一年）以降、角川映画になくてはならない俳優となりました。渡瀬さんの思い出を聞かせてください。

角川　渡瀬は『愛情物語』の現場に、「角川とケンカにならないように」とお守りを持って来ましてね（笑）。さいわいケンカにならず、親しくなって、一緒に食事をする間柄になりました。彼は毎年直筆で年賀状をくれましてね。最後の年賀状（渡瀬は二〇一七年三月に七十二歳で逝去）には、「賀春　素敵な一年でありますように」とあった。がんで余命いくばくもないとわかっているのに、そんなひと言をしたためてくる男でしたね。

――渡瀬さん演じる「拓次」には十八歳で縊死した妹、真理（津田ゆかり）がいて、彼女の気持ちに気付かず、救えなかったという悔恨があります。角川さんは俳句において「自己の投影」が必要だと言いましたが、『愛情物語』には妹の眞理さんへの鎮魂がこめられています。

角川　鎮魂とともに贖罪ですね。渡瀬恒彦の役柄は私そのもので、渡瀬に私を仮託したんです。

――角川さんのそうした自己投影に関して、森田芳光監督は角川さんにこう忠告しました。「そういうこだわりは気をつけてください。それが一番落とし穴ですから」「ダメですよ。情念を持ち込んで受けようというのは。映画のデザインとして面白ければいいですけど」と（『バラエティ』八四年三月号）。「映画のデザイン」とはどういう意味でしょうか？

角川　森田のいう「デザイン」が何を指しているかは分からないんですが、森田が『キャバレー』の試写を観に来て、「ジャズをデザイン化している」と非常に評価していた、とうちの事務所のスタッフから聞きました。「デザイン化」というのは森田ならではの表現で、「話」より「形」を偏愛した森田の映画の本質に関わる気がしますね。

――眞理さんの自死を描くとき、眞理さんの実母である照子さんに配慮なさいましたか？

角川　眞理のシーンは、義母が泣かないように、傷つかないようにしようと、つとめて綺麗に撮りましたね。

――脚本では拓次が美帆に妹の死が自殺だったことを打ち明けますが、映画ではその会話を削り、

角川　拓次の心の声としてそのセリフをスーパーで出していますね。

角川　私は悲しく深刻なシーンには明るい音楽を乗せたくなるんです。だから、あそこは音楽と字幕だけで処理し、セリフはなしにしました。

――最低限の情報のみを提供し、分かる人にだけ分かればいいといったふうに拓次と真理の関係を描いていますね。それに映画の拓次は美帆に対して原作や脚本以上に一定の距離をおいているように思えました。

角川　この映画を観た優作は「自分が拓次を演《や》ったら、もっとぎゅっと美帆を抱きしめる」と言ったんですね。でも、抱きすくめると男女の関係みたいになりかねないなあと思って、私は敢えてそうさせなかったんです。

――澤井信一郎監督なら男女の匂いを出した気がします。人間を追い詰めないところが角川さんの特徴ですね。

角川　でもね、母（照子）はこの映画を辺見じゅん、山本健吉さん一家、森澄雄（俳人）さんご夫妻と一緒に観たあと、泣いていたと聞きましたね。

――当時、角川映画を超える勢いだった『南極物語』『子猫物語』などのフジテレビ製作の映画には、マーケティングの結果だけがあり、「自己の投影」はありません。商業映画でありながら角川春樹のプライベートフィルムでもあるところが角川映画の面白さですね。

角川　そうであったらうれしいですね。映画に製作者の魂を吹きこまなければ、観客は感動させられない、とずっと思ってきましたから。

――この映画の基本色調は『汚れた英雄』の青から一転、赤ですね。

角川　赤いトゥシューズから始まり、要所要所に赤を入れて、最後は赤のバンダナで終わるという。

『メイン・テーマ』と『愛情物語』二本立ての配給収入は十八億円。前年の『探偵物語』と『時をかける少女』二本立ての二十五パーセント減で、薬師丸ひろ子と原田知世の人気がピークを過ぎたことを示した。『愛情物語』は山本健吉やつかこうへいが褒めた以外、映画評論家からは黙殺された。一方、同年の『麻雀放浪記』と『Wの悲劇』はさまざまな映画賞に輝き、プロデューサーとしての角川は栄誉に輝いた。

映画評論家の野村正昭は、「(角川が監督になって以降)角川映画は緩やかに変化していった。あれほど脚本に徹底的にこだわり、場合によっては企画自体の延期も辞さなかったこともあるほどだったのが、そうではなくなりつつ見えた。推察するに、角川氏自身が監督という立場に立ち、理解しすぎることによって、他の映画監督に必要以上に配慮しすぎたのではないだろうか」と書く(『キネマ旬報』九三年十月下旬号)。角川が監督作品に気持ちを奪われ、他のプロデュース作品への関わりが希薄になっていったことは疑いがないだろう。

父との十年目の和解(四十三歳)

――『愛情物語』の翌年(八五年)、徹夜の撮影現場からホテルに戻った角川さんが洗面所で髭を剃ろうとしたとき、鏡のなかに父源義さんそっくりの自分がいた、と書かれています。

角川 そうなんです。鏡を見ると、五十八歳で永眠した父親を少しだけ若くした貌《かお》があったんです。それを見て、「俺は親父と双子の兄弟のように瓜二つじゃないか」と。自分は父親にまったく似ていない、とずっと思っていましたから驚きましたね。「おまえはおれの子じゃないかもしれん」と父に言われたときからずっと自分のなかにあった「もしかしたら……」という疑いの気持ちがそのとき消えて、死後十年経って、父とようやく和解できたと思いましたね。〝雉子《きじ》鳴くや鏡のなかに父の貌《かほ》〟

はそのとき詠んだ句です。

配給への挑戦（四十四歳）

――八六年、角川映画が十周年を迎えたとき、角川さんは「これからは製作だけではなく、配給も自社で行う」と発表しますが、理由は何だったのでしょうか？

角川　私は映画の世界に入ってからずっと、われわれ製作会社は危険負担ばかりが大きくて取り分が少なく、逆に配給会社は取り分が多すぎると思ってきたんです。配給会社は最初に宣伝費やプリント費をトップオフの形で差し引き、興行収入のなかから三割から四割を取っていく。当時の映画界は、製作者が一回失敗すると、もう次がありませんでした。たとえば、橋本忍さんは『八甲田山』（七七年、森谷司郎監督）でプロデューサーとして大成功しますが、次回作の『幻の湖』（八二年、橋本忍監督）が当たらなかったときにキャリアが終わってしまった。西崎（義展）なんかも『宇宙戦艦ヤマト』シリーズ（七七年〜八三年）が終わったあとは、映画界と切れてしまいました。そんなふうに、製作サイドはリスクばかりを抱えていましたので、配給も兼ねたいなと思ったんです。

――それで八六年に札幌に映画館（角川シアター）まで作りながら、配給を手がけられなかったのはなぜでしょうか？

角川　大手映画会社から猛反発があって、配給をやるなら角川映画とは縁を切る、とまで言われたからです。

――『人間の証明』から角川映画を配給し続けてきた東映の岡田茂社長も、「これまでのような協力は出来ない」「宣伝もふくめて人も機能も貸さない。一切、かかわりあわないということだ」と言い放ち（『文化通信』八五年十月号）、東映洋画は角川映画に代わって、古澤利夫さんが創業したサンダンスカンパニー製作の『それから』（八五年、森田芳光監督）や『野蛮人のように』（八五年、川島透監督）を配給し始めます。

角川　それだけ映画会社にとって配給は旨味があるものだったんでしょう。現在は、エイベックス（輸入レコード卸販売業から始まり、現在は浜崎あゆみらをマネージメントする音楽・映像・デジタル業界の巨大企業）のような製作会社が自社配給していますが、そのころは角川が製作とともに配給を手がけることはとても無理でしたね。

『キャバレー』と五〇年代ジャズブーム（四十四歳）

八五年、『Wの悲劇』のあと薬師丸ひろ子が角川春樹事務所を退社する。それに続き、八七年には原田知世と渡辺典子が独立する。こうして角川映画はアイドルを失い、以降はアニメーションに活路を見出そうとする。角川映画が十周年を迎えた八六年、角川は監督第三作『キャバレー』を発表する。『キャバレー』は、角川映画の剣が峰で、角川が角川映画と自らの浮沈をかけて挑んだ勝負作だった。

――『キャバレー』（八六年）の企画はどのように立ち上がったんでしょう？

角川　野村宏伸ありきの映画でした。野村は『メイン・テーマ』で、薬師丸ひろ子の相手役としてオーディションで選んだ、角川春樹事務所の専属俳優でした。「この子を一人前の役者にするには自分の手で鍛え上げるしかないな」と企画したのが『キャバレー』でしてね。野村が演じた「矢代俊一」はいわば私の分身ですから、古着屋で買った私物の革ジャンを彼に着させたんです。

――「角川春樹事務所創立十周年記念作品」として、かつて角川映画に出演した渡瀬恒彦、千葉真

角川　一、真田広之、原田知世、渡辺典子らが特別出演し、祝祭感が漂います。すでに辞めていた薬師丸まで出てくれましたね。

――『キャバレー』は、野村宏伸がサックス奏者としてさまざまな人や音と出会いを重ねるビルドゥングスロマン（成長物語）です。角川さんとジャズの出会いを聞かせてください。

角川　六八年ごろ、私が角川書店で泣かず飛ばずだった時代に、武富（義夫）と一緒に御茶の水のジャズ喫茶に入りびたっていたんですね。最初はそこに、武富の友人のなかにし礼さんもいたんですが、彼は作詩家として売れ始めて来なくなりました。それから武富と二人きりで日がな一日ジャズを聴いたり、本を読んだりしていました。ジャズはまちがいなく武富から教えられたんだと思います。そのあと、角川文庫から『ジャズと爆弾　中上健次vs.村上龍』（八二年）や相倉久人の本（『モダン・ジャズ鑑賞』〔八一年〕など）を出したこともジャズへの関心につながりましたね。『人間の証明』のニューヨーク・ロケのときには、ニュージャージー州までライヴを聴きに通いました。

――この映画のメインコピーは〝甦る五〇年代〟。当時、角川さんは、「『愛情物語』を終わったときに今度は五〇年代風にやりたいなと思ったんです。一つの予感として、これから一九五〇年代がよみがえってくるんじゃないかと思ったんです。その兆候としてジャズだとかファッションがあるんじゃないかと」（『キネマ旬報』八六年五月上旬号）と語っていますが、八〇年代半ばの日本において「五〇年代ブーム」があったのでしょうか？

角川　その予兆はあったと思いますね。そのころ、ロンドンのクラブでは、DJがアメリカの六〇年代のジャズを再発見し、すでに過去のものだと思われていたジャズのレコードを素材にしたDJプレイに合わせて踊ることがトレンドになっていて、その流行が日本にも入って来たんです。八〇年代半ばになると、洒落たテレビCMのBGMはジャズが多くなり、森進一までトレンチコートにソフトハットという五〇年代ファッションで『サマータイム』を歌っていましたから。「これからは五〇年代ブームが来るぞ」と思って、『愛情物語』のあと、宇崎竜童の音楽で『避暑地の出来事』（五九年、デルマー・デイヴズ監督）みたいな作品を企画したんですが、ふさわしい原作が見つからなかったんですよ。それでほかに五〇年代ものに合う原作を探していたんですね。

――たしかに、この前年（八五年）に、禁酒法時代の二〇年代のハーレムのナイトクラブが舞台の『コットンクラブ』（八四年、フランシス・F・コッポラ監督）と五五年にタイムスリップする『バック・トゥ・ザ・フューチャー』（八五年、ロバート・ゼメキス監督）が日本公開され、この年（八六年）、コッポラ監督は『ペギー・スーの結婚』を監督するなど、ノスタルジックなアメリカ映画が立て続けにつくられていましたね。

角川　それは〝古き良きアメリカの復権〟をスローガンにしたロナルド・レーガンの時代だったからでしょう。私は『コットンクラブ』を観て、ああいう甘やかでノスタルジックな映画をつくりたいと、栗本薫の『キャバレー』（八三年、角川書店）を選んだんです。当時、ウチが「新感覚ハードボイルド」と銘打ち出版した小説です。『キャバレー』で五〇年代を日本でもブームにしようと。

――小説『キャバレー』の舞台は東京の場末のキャバレーですが、映画では、ニューヨークの片隅にあるような、豪奢なライブハウスにグレイドアップされていますね。

角川　観客は貧乏くさい風景なんか観たくないと思っていましたから。

セピア色の色調とマスターショット

――やくざの親分の役を高倉健や菅原文太など東映系の俳優ではなく鹿賀丈史に演じさせたのはなぜでしょうか。

角川　イタリア映画のような香りを出したかったからです。だからこの映画は全編セピア色のトーンにしたんです。

――角川さんは『汚れた英雄』から一貫して、登場人物が会話する場面で二人の切り返し（人物を交互に撮ること）を避けて、つとめて芝居全部をワンカットで収めようとしています。これはどういう意図でしょうか？

角川　マスターショット（セットの全体を映す引きの画）で収められるものは、それだけの方がいいと思ってるんですよ。セットをマスターショットだけで撮れるように作ってもらって、移動やズームなどのカメラの動きでそのシーンの情感を出したいんですね。俳優の表情のアップを撮りたい場合も、セリフごとに切り返すのではなくて、シーン全体のマスターショットを撮ったあと、欲しいアップを拾っていくんです。

――そういう撮り方は、角川さんが俳人であることと関係があるんでしょうか？　公開当時、山根貞男さんは、『キャバレー』のワンカットが一句で、全部の映画が連句（長句と短句とを交互に付け連なること）だと評しました（『キネマ旬報』八六年五月上旬号）。

角川　たしかに彼はそう言いましたね。シーンをワンカットで撮りたいと思う生理や、シーンの間に「季語」のように物を挟んでゆく感覚は、たぶん私が俳人だからでしょう。

――角川さんは『汚れた英雄』で草刈正雄と木の実ナナやレベッカ・ホールデンとのベッドシーンを硝子越しの遠景やシーガルの彫刻を使って暗喩したように、『キャバレー』でも、野村宏伸と三原順子が服を脱ぎ捨てベッドに倒れこむところを壁に写る影として間接的に、野村と倍賞美津子のベッドシーンを倍賞ひとりが髪を靡《なび》かせ快楽にあえぐイメージショットとして表現します。つねにベッドシーンを直接的に描かないのはどうしてですか？

角川　それは、観客が生々しいベッドシーンではなく、美しいイメージに昇華されたシーンを望んでいると思っているからです。

——『愛情物語』のところでもおっしゃっていましたが、角川さんは性的なシーンを回避してらっしゃいますね。艶福家の角川さんならさだめし引き出しも多く、さぞかし凄いベッドシーンを撮るかと思いきや、どこかで照れがあるように感じられます。

角川　実生活と監督として撮ることとは別だからね。結婚の回数が多いからといって、ベッドシーンの撮影が好きなわけではない（笑）。ベッドシーンを撮ろうとすると、私は、女性に対してまだ初心《うぶ》だった、いがくり頭の十代のころにもどるのかな……。

——人間関係を突きつめず、生々しさを避け、すべてを「光景」として描くのが監督作品の特徴のような気がします。

角川　シーンを一幅の「絵」として撮ろうとしていることは間違いがないね。

——『キャバレー』は『彼のオートバイ、彼女の島』（大林宣彦監督）と二本立てでしたが、配給収入は十億円に届かず、九億五千万円でした。「一九五〇年代ブーム」は拡がりましたか？

角川　残念ながら、その後、大きくは拡がりませんでしたね。

角川はアイドル映画やアニメ映画と併行して、大人の観客に向けての映画を作ろうとし、それを『キャバレー』で実現した。以降も『笑う警官』（〇九年）にいたるまで「スタイリッシュなハードボイルド映画」を製作し続ける。しかし、『キャバレー』が八六年度の邦画配収の十位に入って以降、八〇年代後半の興行成績ベストテンはフジテレビ＝東宝、奥山和由プロデューサーの松竹作品、『ドラえもん』やジブリのアニメ作品に占められ、アイドル映画を失くした角川映画がランクインすることはなかった。

『天と地と』への挑戦（四十八歳）

――八九年に角川さんにとっての師、小泉太志命さんが昭和天皇のあとを追うかのように亡くなられます。

角川　恩師が、私への遺言といって届けてくれた言葉がありましてね。

「歌は文の極みなり／舞は武のきわみなり／文は義を究め／武は文を護るにあり／文を先んぜよ」

大先生は神道と武道の達人でしたが、最後に遺された言葉が、日本文化の根源は詩歌で、武をもって詩歌を護れということだったんですね。

――この遺言が『天と地と』に残響していますね。

八〇年代後半、松竹グループが東急グループと三井物産とともに製作した『ハチ公物語』（八七年、神山征二郎監督）や徳間書店が大映、電通、松下電器産業、丸紅、日本テレビなどと製作した『敦煌』（八八年、佐藤純彌監督）のように、映画は複数企業の出資と前売券の事前販売というリスク分散により製作され、九〇年代以降、現在まで続く「製作委員会方式」の先駆けとなる。角川映画は『時空《とき》の旅人』（八六年、真崎守監督）や『火の鳥　鳳凰編』（八六年、りんたろう監督）などのアニメ映画と前述の雑誌『Newtype』や日本ファルコンのゲームとの連動で「角川アニメ」の礎を築く一方、十五周年を迎えた角川映画の起死回生の超大作として、角川春樹は念願だった『天と地と』に着手する。

海音寺潮五郎の原作『天と地と』は、六〇年から六二年まで『週刊朝日』に連載された、上杉謙信の出生から宿敵・武田信玄との四回目の川中島の戦いまでを描いた歴史小説で、これまで武田信玄を主人公として描かれることが多かった川中島の戦いを上杉謙信側から初めて描いた。

――映画『天と地と』は、角川さんの持つエンターテインメント志向、文学性、信仰の三つが渾然一体となった総決算というべきフィルムで、総製作費五十五億円を四十八社から募るという〝製作委員会方式〟の初期におけるもっとも大規模な試みでした。

角川　製作費二十五億円の『復活の日』はTBSと一緒につくりましたが、『天と地と』はそれ以上の金額がかかるだろうなと思ったんですよ。『影武者』や『敦煌』を超えるスペクタクルにしたいという思いがありましたから、一社一億円ずつの出資を募ったんですね。

――各社のトップをどういう風に口説かれたんでしょうか？

角川　ほとんど私が直接出向きました。当時、地方の商工会議所では、講演に呼びたい人間の第一位が私だったんです。だから、会ったことのない人も話を聞いてくれて、会った人の半分は出資してくれましたね。なぜ出資してもらえたかというと、私が一種のキャラクター商品として受け入れてもらえたからだと思います。角川はどういう人間か一度会ってみようと。それで話をさせてもらえば、セールストークには抜群の自信がありますから。一冊一億円の本を売っているようなものでしたね。「これはゲームです。馬券を買ってください。私が走りますから。私は午年《うまどし》なんですよ」と（笑）。

――四十八社に馬券が売れた、と。

角川　そうです。正直、バブルが弾ける前だから集まったんだと思います。

――バブル期には、日本の企業がハリウッドの映画会社を買収したり、メセナ（企業の文化・芸術支援）として映画に出資し、大作映画が次々に製作されます。

角川　あと一、二年遅かったらこの映画は出来なかったでしょうね。

――最初から海外のマーケットを視野に入れていたのでしょうか？

角川　狙っていました。『復活の日』は和洋折衷で中途半端だったため海外には売れませんでしたし、徳間康快さんが製作した『敦煌』は外国人が合戦シーンを観て、敵か味方かの区別が付かずに海外に売れなかったので、『天と地と』は外国人や子供が見ても、誰が敵で誰が味方か一目瞭然でわかるように、敵味方を思いきって様式化したんです。

――上杉軍を黒に、武田軍を赤に明瞭に色分けしました。

角川　謳い文句を〝赤と黒のエクスタシー〟にしましてね。なぜ赤と黒かと言いますと、私は高校時代、墨絵をやっていて、墨に朱を入れると、物凄く黒が引き立つんですよ。

――赤い甲冑の武田勢を赤い天幕の前に置く、赤に赤を重ねる色使いも印象的でした。

角川　あれは、撮影に入る前にたまたまルキノ・ヴィスコンティの『イノセント』（七五年、日本公開＝七九年）を観ててね。赤い壁の前に赤いドレスを着た女性（伯爵夫人役のジェニファー・オニール）が立っていて、よし、俺もこれをやってみようと（笑）。

――角川さんがヴィスコンティを意識していたとは驚きました（笑）。

川中島の合戦をカナダで撮影

――カナダのカルガリー高原に五百頭の馬と三千人のエキストラを集め、一日八千万円（総額二十五億円）かけて行われた海外ロケが話題になりました。ロケ地は最初からカナダだったんでしょうか？

角川　最初に川中島に行ったら、狭い川に水がちょろちょろ流れているだけで、これじゃ画にならないなあと（笑）。それで中国で撮ろうとしたんです。旧満州国があった中国の東北地方です。でも、そこの馬が小っちゃいんですよ。自分が目指しているようなダイナミックな騎馬戦は出来ないなあということと、もう一つはどうも中国を信頼しきれなかったんです。中国でロケした『敦煌』もそうですが、人件費は安いものの、日中友好という大義名分で日本から持って行った撮影機材を取られちゃうとか、製作費を役人に抜かれちゃうとか中国は中間搾取が甚だしい。それだったら中国でという考えを捨てて、発想を百八十度変えて、『復活の日』で土地勘があったカナダのカルガリー高原でやったらどうだろうと検討し始めたんです。カルガリーはもともと牧畜が盛んな土地で、カウボーイが多いところで、馬が集めやすかった。

――川中島をカナダでロケするという大胆な発想が角川さんらしいですね。

角川　とにかく壮大な騎馬戦をやりたかったんです。日本で馬を集めようとしたら二百頭がせいぜいで、すごくお金がかかるんですよ。だったら、海外で買って育てた方が安いし、馬が集まるんですね。

――馬に関しても黒澤明を凌《しの》いでやろうと。

角川　それはありましたねえ。

五十五億円のプライベートフィルム

角川　しかし、いまさら黒澤明の時代劇と同じことをやっても仕方がないので、現代的な要素にあふれた、重厚ではあるけれども、ある種、プロモーションビデオ風な作品にしたんですね。

――参照した映画はあったんでしょうか？

角川　合戦のシーンはセルゲイ・ボンダルチュク監督の『ワーテルロー』（七〇年、ナポレオンのワーテルローの戦いの一日を描いた大作）を参考にしましたね。合戦以外の箇所は参考にする作品がなかったので、自分の考えているイメージ、世界観を映像にしました。

――カナダで撮った合戦シーンと日本の四季のシーンがカットバックされるところが、角川監督作品ならではの〝和洋折衷〟ですね。

角川　とくに『天と地と』では那智の瀧を象徴的に、霧を幻想的に撮りました。

――『汚れた英雄』にも感じましたが、『天と地と』は「映画」というより、角川さんの観たいヴィジョンを一点一画に至るまで絵にしていった壮大なプライベートフィルムだったのでは？

角川　また、プライベートフィルムか。

――五十五億円の個人映画です。

角川　ハハハ。当時、カンヌ映画祭の選考委員だったマックス・テシエ（フランスの日本映画研究者）が「野心的ではあるが、ドラマが弱い」と指摘しましたが、それを聞いて、『影武者』をグランプリに選んだカンヌは人間ドラマを重視しているんだな、私の方向性とはまったく逆だな、と思いました。

――『天と地と』は人間ドラマを目指していない？

角川　そんなもの最初《はな》からやる気はありません。謙信や信玄の人間ドラマを描くとすると優に七時間はかかりますよ。私がやりたかったのは、「絢爛たる合戦絵巻」や「一大エンターテインメント叙事詩」です。観客が見たいのはくだくだしい人間ドラマじゃなく、絢爛たるスペクタクルと美しいヴィジョンだと思っています。

――いままでの監督作品がプロモーションビデオやミュージックビデオの文体を取り入れていたよ

うに、『天と地と』にはロールプレイングゲームの影響が感じられます。

角川　それはあるかもしれない。映画のあと、コナミから『天と地と』のパソコンゲームが発売されましてね。コナミのゲームは、「謙信が信玄を川中島で破って、織田・徳川の連合軍に勝って、ついに上洛を果たす」というロールプレイングゲームだったんですが、その内容をあとから知って、映画との関連性に驚いたんです。

――映画の合戦の推移がアメフトのフォーメーションのようです。しかし、従来の日本の時代劇を見慣れた人は「これが映画か……」と戸惑ったのではないでしょうか？

角川　そうかもしれません。しかし、日本の時代劇の、濃い化粧で目を剝くドラマを私は一切やりたくなかった。だから『天と地と』の登場人物はまったく怒鳴らない。とりわけ津川雅彦さんの信玄には日常語で平坦にしゃべってもらいました。

――映画の客層は狭いから、ゲームとかコミックといった映画に隣接する広い客層を取りこもうという意図だったんでしょうか？

角川　それはありました。小室哲哉に映画音楽を依頼したのも、斬新な時代劇にしたかったからです。黒澤の音楽が池辺晋一郎や武満徹なら、こっちは小室哲哉だ、と(笑)。彼とは、『ぼくらの七日間戦争』(八八年、菅原比呂志監督)の音楽をTM NETWORK時代に依頼して以来の付き合いです。

――『ぼくらの七日間戦争』のサウンドトラック盤は、TM NETWORKとして初のオリコントップ3に入るヒットアルバムになりましたね。

角川　そう。グループが解散して小室が独立したあと、『天と地と』を頼んだんです。彼はカナダロケにも立ち会ってくれました。前衛音楽とクラシックが渾然一体となったコンテンポラリーな音楽でしたね。

――エンディングタイトルの音楽は、宮下富美夫のシンセサイザーに真言の読経がかぶさります。「クラブミュージックのようなお経にした」と音楽プロデューサーの石川光さんが語っています（伊藤の取材）。

角川　そう。宮下は東洋哲学に基づいたヒーリングミュージックの第一人者で、『天と地と』のほかに『火の鳥　鳳凰編』（八六年、りんたろう監督）と『天河伝説殺人事件』（九一年、市川崑監督）で映画音楽をお願いしました。

渡辺謙の降板

――『天と地と』では渡辺謙さんがクランクインしたあとに急遽降板するというアクシデントに見舞われます。

角川　毘沙門天への信仰を始めとする謙信の役作りを、撮影の一年半前から渡辺謙と一緒にやっていたんです。謙信の人生観や自然観の教育から始めて、毘沙門天を祀っている奈良の信貴山《しぎさん》朝護孫子《ちょうごそんし》寺《じ》にも一緒に参籠しました。謙は謙信になりきっていましたし、彼は私の分身になった、とまで思っていました。ですから、謙ですでに吉野の桜のシーンなどを撮り終え、カナダロケの最中、謙が急性骨髄性白血病と診断されて降板させざるをえなくなったときは、目の前が真っ暗になりましたね。つとめて平静を装いましたが……。

――代役を榎木孝明さんが演じました。その前に角川さんは松田優作さんに白羽の矢を立てたとか。

角川　優作とはその年の正月に会ってたんです。「『天と地と』の撮影でカナダに行くんだ」と言うと、「やめてくれ。行ったら社長は死んでしまう気がする」と優作が泣くんです。おかしいな……とこのとき思いましたね。謙が降板したあと電話して「代役はどうだ?」と訊くと、「エキストラの騎馬隊の一人なら」とやんわり断られました。そのとき優作は膀胱がんで闘病中だったんですね。優作が死んだ日（八九年十一月六日）はこの映画のロケで湯布院（大分県）にいました。優作は私に対してずっと感謝の気持ちを抱いてくれて、毎年暮れに赤坂のふぐ料理屋で二人だけの忘年会を開いてくれました。最後のふぐ雑炊はいつも優作が作り、雑炊だけは仲居さんにも触らせませんでした。

――松田優作さんに続いて、九二年には中上健次さんも亡くなります。

角川　二人は私にとって不良の弟分でした。二人が死んだとき、肉体がなくなったこと、いなくなった残念さで胸が潰れました。

――一方、渡辺謙さんは一年間の闘病ののち完治し、俳優業に復帰します。

角川　撮影が終わってからもずっと祈り続けていました。元気になった謙にそのことを伝えると、「知っていました。毘沙門天が病室に飛んでいるのが見えました」と答えたので、びっくりしました。

幽体離脱のヴィジョン

――『天と地と』には角川さんがいままで封印してきた「宗教」が描かれています。日本の風景に宿る霊性、それに上杉謙信の信仰です。

角川　そう。私がやりたかったのは、謙信と「刀八毘沙門天《とうはつびしゃもんてん》」の関係ですね。「刀八」とは「鎧」のこと。異形といっていい「三面十臂像」（三つの顔があり十本の手がある仏像）の獅子に跨《また》がる、戦国武将上杉謙信の守り本尊です。謙信は刀八毘沙門天の旗を掲げて戦《いくさ》に臨んだんですね。

毘沙門天についてはこんなことがありました。ある日、毘沙門天に祈っていたとき、ふいに毘沙門天の位置から自分を見ている体験をしたんですよ。祈っている自分を見る毘沙門天の目になったんですね。そのとき「自分と仏は一体なんだ」と思いましたね。

――「仏法の悟りとは『入我我入』である。それは、我と仏が一体になることだ。戦国の名将上杉謙信は、武士でありながら仏と一体になることができた」とかつて角川さんは書いていますね（『キネマ旬報』九〇年六月下旬号）。

角川　そう。その「入我我入」を体験したんです。

――角川さんが体験した幽体離脱のヴィジョンは『天と地と』には出てきませんが、「情熱がなければ映画がおもしろくなるわけないんです。それ以上にするには狂気になるしかないんですよ」と角川さんは語っています（『キネマ旬報』九〇年六月下旬号）。角川映画は「狂気のあるエンターテインメント」であり、『天と地と』はその極みと思えます。

角川　私のそれまでの映画でいちばん狂気に至ったのはこの映画でしょうね。

『天と地と』は五十一億円の配給収入を上げ、興行収入ランキング一位となった。二次使用（ビデオ化）、三次使用（テレビ放映）をも含めれば投資金額を回収できたが、五百万枚販売した前売券の一部が半額で金券ショップに並ぶなど、前売券に依存した大量販売が批判を浴びた。

ハリウッド進出（四十九～五十歳）

『天と地と』のあと、角川はハリウッドに進出する。映画の買い付けのために米国映画会社「トライトン・ピクチャーズ」に出資し、映画製作を目的とした「カドカワプロU.S.」を設立。そして日本のプロデューサーとしては初めての三十三億円という巨額の予算のハリウッド映画『ルビー・カイロ』（九二年、グレム・クリフォード監督）を製作する。しかし、二十世紀フォックスに配給契約を破棄され、日本国内のみの公開となり、五億円しか回収できず、ハリウッド進出第二弾として先行投資していた『恐竜物語』の製作も断念せざるを得なくなる。角川はアメリカ進出でつまずいたのだ。

角川　このころのことは思い出したくもないですね。仲介に入ったユダヤ人のブローカーに騙され、アメリカへの投資が回収できないんですよ。トライトンには三百万ドル出資しましたが、さらに三百万ドルの追加支援を要請され、『ルビー・カイロ』も使途不明の金がどんどん出ていくんですね。結局、何度も現地のプロデューサーやブローカーに騙され、私は最終的に『ルビー・カイロ』のプロデューサーを背任横領で告訴し、ロサンゼルスの裁判所で争うことになります。

――当時、ハリウッドに進出した日本のプロデューサーは同じ目に遭ったんでしょうか？

角川　そのころ、ハリウッドで三十億円規模の予算で映画を作ろうとしたのは私だけでした。アメリカの映画関係者はほとんどユダヤ人なんですよ。ハリウッドで圧倒的な力を持っているのがユダヤ資本で、当時、彼らは日本のプロデューサーがハリウッドに進出することをけっして歓迎していなかった。むしろ脅威だと思って、潰しにかかったんですね。『ルビー・カイロ』の次の『恐竜物語』は、『天と地と』のカナダ人助監督を監督にしてやろうとしたんですが、結局それも駄目で、その段階でアメリカというものが信用できなくなったんですね。

オリジナル・ビデオと文庫のメディア・ミックス

アメリカで悪戦苦闘するかたわら、角川は九〇年に売上げがピークを迎えたオリジナル・ビデオと角川文庫を連動させようとする。角川が映画化を目論んだのは北方謙三の小説『ブラディ・ドール』シリーズだった。

角川　九二年ごろかな、北方謙三原作の『ブラディ・ドール』シリーズを三部作で製作し、単館系で劇場公開したあと、オリジナル・ビデオとして販売しようと企画したんです。

――原作は、架空の港町N市を舞台に、「ブラディ・ドール」というバーを営む川中良一を主人公にし、町にさまざまな登場人物が流れ着き、彼らを語り部に物語が展開する北方さんのハードボイルド小説のシリーズ（八三年〜九二年）ですね。『友よ、静かに瞑れ』映画化のときに角川さんが原作候補に挙げた『さらば、荒野』が第一作でした。

角川　そうです。N市のモデルは静岡県の清水市（現・静岡市清水区）なんですよ。そこで展開される全十巻の物語を、私と崔洋一で交互に監督しようという企画を立てて、『男たちの世界』というタイトルで丸山昇一に脚本を書いてもらったんです（第二作の脚本は丸内敏治）。丸山の脚本が上がったところ、素晴らしい出来でした。

――第一弾を角川さんが監督し、第二弾を崔さんが監督する予定だった、と崔監督が語っています。

角川　その予定でしたが、オリジナル・ビデオの隆盛期が終わり、出資が集まらずに頓挫するんです。もし実現していたら、『友よ、静かに瞑れ』と勝負できるハードボイルド映画になったはずです。

――実現しなかったのが残念です。しかし、この企画への思いが、角川さんが〇九年に撮ったハードボイルドタッチの『笑う警官』に引き継がれていますね。

角川　その通りです。

『REX 恐竜物語』（五十一歳）

ハリウッド進出に失敗し、角川書店の負債が増え、角川春樹と弟、歴彦副社長との確執が深まり、九二年、歴彦は角川書店を去る。歴彦とともに「角川メディアオフィス」七十一名の社員が辞表を出し、「メディアワークス」を設立。角川春樹の経営者としての孤独は深まった。

――歴彦さんとの確執は当時、角川書店の内紛としてマスコミに書き立てられました。

角川　私と歴彦は正反対といっていいほど性格が違うんです。彼は子供の頃から、どうすれば親によく見られるかを察知することがうまい、「良い子」として振る舞える人間でした。いっぽう私は、この通り、表裏などまったくなく、率直な発言や言動で世間の誤解を招き、ときには世の中を敵に回してきました。そんな兄弟が二十五年以上も同じ会社でうまくやってこられたのは、私が編集と映画、彼が営業と分担をきっちり分けてきたからです。

対立が生まれたのは、私がハリウッド進出に失敗し、歴彦が私の映画製作に異を唱えるようになってからです。軋轢が表面化したのは九二年、私を会社から追い出そうと、歴彦が画策しているということが取次会社や書店を通じて私の耳に入ってきたときです。でも、私はその話を知りながら、歴彦を副社長にしたんです。それでも、歴彦が取締役会で反乱を起こして、私を追放しようとしているということを何人かから聞いたので、私はこの件の仲裁を瀬島龍三さんにお願いしました。

――瀬島さんは、戦時中は大本営参謀本部、戦後はシベリア抑留を経て、伊藤忠商事に入り、会長になった政財界のフィクサーですね。八八年にフジサンケイグループのオーナー、鹿内《しかない》春雄が急逝し、後継者をめぐるグループの内紛が起きた際、当時の産経新聞の社長、羽佐間重彰とフジテレビ社長、日枝久が裁定を仰いだのも瀬島さんでした。

角川　そう。だから歴彦が「瀬島さんに意見を聞こう」と言い出し、キャピトル東急の瀬島事務所で三人で会い、両者の言い分を聞いた瀬島さんが、歴彦に「辞めなさい」と引導を渡し、歴彦は会社を去ることになったんです。

会社が激震するなか、角川はハリウッドで頓挫した『恐竜物語』の企画を日本で実現しようとし、松竹との共同製作でファミリー向けの映画、『ＲＥＸ　恐竜物語』（九二年）を製作する。これは角川にとって日本での再起を賭した勝負の作品だった。

初めてのファミリー映画

――『ＲＥＸ　恐竜物語』は「ファミリー映画」であるため、最初は観ることを躊躇しました。しかし、いざ観てみると、「何とナイーブで素直な映画か」と、角川さんが十歳の子供に戻ったかのように、安達祐実の視線で世界を描いていることに驚きました。

角川　この映画のターゲットは十歳前後の子供たちでしたから。

――そうしたジャンルの映画であることを超えて、松任谷由実さんが「角川さんのなかには少女がいる」（二〇年十月十二日、朝日ホールでの角川とのトークでの発言）と言ったように、角川さんの心に「ひたむきな少女」が棲んでいるような気がしました。男性が主人公の映画より、性の匂いがしない少女が主人公のときのほうが、角川監督作品は溌溂《はつらつ》としています。

角川　自分ではわからないな。

――そもそもどうして「恐竜」を映画にしようと思ったのですか？

角川　それはね、「二十一世紀を目前にして、人間に残されたロマンとは何だろう」と考えたとき、私が太古の時代の恐竜にロマンを感じたからです。『ジュラシック・パーク』（九二年、スティーヴン・スピルバーグ監督）より早く、私は「恐竜」をブームにしようとしたんです。それで、アメリカで『恐竜物語』を企画したんですが、アメリカ人のライターの脚本が面白くなく、プロデューサーたちへの不信感もつのり、その後『ジュラシック・パーク』が公開されることが決まったので、二番煎じになると思ってやめたんです。

――それで日本映画として、松竹との共同製作でつくられたんですね？

角川　そうです。『ジュラシック・パーク』は、恐竜が人間を襲うスリルとサスペンスの物語ですから、こっちはそれとは正反対の、少女が恐竜と心を通わせる笑いあり涙ありのファンタジーにしようと思ったんですね。少女の視点のドラマにしようと。プロデューサーの奥山和由とは『蒲田行進曲』からの付き合いで、これより前に『幕末純情伝』（九一年、薬師寺光幸監督）、『ぼくらの七日間戦争2』（九一年、山崎博子監督）の二本立てを一緒にやりました。

――アート色の強い『天と地と』とは一転、プロフェッショナルな娯楽映画に徹していますね。

角川　『REX 恐竜物語』は夏休みのファミリー映画ですから、十歳の子供と三十五歳前後のお母さんが満足する映画にするにはどうすればいいのか、を徹底して考えました。

まず、十歳の子供が映画館に観に来てくれた場合、一体どれくらい廊下を走り回らないで我慢してくれるだろうかと考えて、一時間四十五分が限度だろう、と。ですから、上映時間をそれ以内に収めて、シナリオを三幕構成にしたんです。恐竜の卵を孵化《うか》させるまでに三十五分、REXが生まれてから成長して千恵（安達祐実）と家出するまでが三十五分。そしてラストまでの三十五分を飽きさせないように盛り上げてゆく構成をあらかじめ立ててました。大人の観客に対しては、娘と母親（大竹しのぶ）の相克を見せたいと思いました。自分の仕事を優先させ、離婚し娘を捨てた母親が娘との絆を取り戻せるかというドラマと、娘が恐竜に対して母親になってゆくドラマを重ね合わせたんです。

――その二重構造が脚本（丸山昇一、角川春樹）の巧妙さですね。

角川　泣かせるドラマなんですが、笑えるシーンもけっこう入れましてね。たとえば、つかこうへいの芝居『熱海殺人事件』の幕切れで、部長刑事（初演は三浦洋一）が新任刑事（初演は平田満）に煙草に火を点けさせ、「うーん、いい火加減だ」と決め台詞を言うんですが、それをこの映画で平田満に言わせましてね。平田が「監督、そんなの一般の人はわかりませんよ」と言うので、「わからなくても、何となくおかしければいいんだ！」と（笑）。それに伊武雅刀にも「スネークマンショー」でやっていたギャグをさせました。ただの歩くシーンでも、少しでも面白くしてやろうと思ったんです。

――人物の切り返しもきちんと撮られ、とにかく幅広いお客さんに喜んで感動してもらおう、という意図が如実に感じられます。と同時に、縄文のペトログラフとかムー大陸が登場するなど角川春樹マークも入っています。

逮捕（五十一歳）

九三年七月二十一日に公開された『ＲＥＸ　恐竜物語』は二十億円の製作費（宣伝費は四億五千万円）に対して推定二十五億円の配収を上げ、松竹映画史上最大のヒット作となり、角川春樹は日本映画界に見事に復帰した。しかし、映画が公開中の八月二十八日、角川は麻薬取締法違反、関税法違反、背任横領の容疑で逮捕される。角川が問われていた容疑は、大麻とコカインの不法所持、社員を使ってのそれらの密輸、その際に角川書店の金を使ったという業務上横領だった。

――逮捕当日、荻窪の自宅に二百社近くのマスコミが押し寄せたとき、角川さんは「前売券用意しておけ」と秘書に言った、そう秘書から聞いた、と奥山和由さんが『黙示録　映画プロデューサー奥山和由の天国と地獄』（一九年、春日太一著、文藝春秋）で語っています。

角川　そんなことは言っていない。まったくのでたらめです。

――映画は十週間の興行予定を十四週に延長し、ざっと三十億円の配収が見こまれていました。にもかかわらず、配給の松竹は、「社会的影響を考慮」して、角川さんの逮捕から十一時間後には、早くも同作品の上映を打ち切ることを決め、この打ち切りにより減収となりました。このことをどう思われましたか？

角川 容疑の段階なのにあり得ない。腹が立ちましたね。

――読売テレビの青山行雄社長は、角川さんの逮捕を受け、「テレビ局の社会的立場も考えて」と角川映画の放送を自粛することを明らかにします。続いてTBSも九月二日に放映予定だった角川映画『花の降る午後』（八九年、大森一樹監督）を急遽中止し、「社会的にも影響が大きく、放送するのに適していないと判断した」とコメントしています。

角川 スポンサーがあり、立場の弱いテレビ局が自粛することは理解できます。ですが、映画会社である松竹が途中で打ち切るなんてねえ……。当然これは奥山和由がやっているわけですね。私が刑務所から出たあと、奥山から電話があったんですが、私はまったく受け付けなかった。

――角川さんがもし逆の立場で、監督が捕まった場合、上映をなさいますか？

角川 当り前じゃないですか、プロデューサーが映画を守るのは。身体を張ってでも上映しますよ。

――良識をふりかざし、世間が異端者を指弾する風潮はこのあたりから強まったんですね。しかし、文芸評論家の福田和也さんが当時、『REX』を打ち切るのなら、ウォルト・ディズニーはヤク中だから『ファンタジア』や『ダンボ』も上映打ち切りにしろ。折口信夫もコカインの吸い過ぎで鼻の粘膜がボロボロで、鼻血だらけの原稿用紙が残っているから、角川父子は正しく折口の衣鉢《いはつ》をついでいると書きました（『人でなし稼業』九六年、新潮社）。

角川 言いたい放題だね。他人事《ひとごと》だと思って（笑）。

第五章（五十一～六十二歳）

収監そして復帰へ

麻薬事件の控訴審の初公判で、弁護団とともに東京高裁に入る

麻薬事件の真相（五十一歳）

角川の逮捕以降、マスコミはここぞとばかりに〝時代の風雲児〟のスキャンダルを書き立て、曽野綾子のように角川文庫での重版を拒否する作家まで現れ、映画評論家は角川商法の問題点をあげつらった。

――当時、角川さん逮捕の一報を聞いたとき、角川さんは執行猶予が付き、すぐに復帰するだろうと考えました。まさか四年半の実刑判決を受けるとはつゆ思いませんでした。そもそも誰が角川さんを密告《さし》たのでしょう？

角川　わかりません。ただ、こんなことがありました。私が千葉南警察署に拘置されているとき、姉（辺見じゅん）のところにイスラエル大使館の一等書記官から電話があって、「あなたの弟さんを密告したのはユダヤ人のグループです」と日本語で言った、と姉から聞きました。最初にＦＢＩが動いて、日本の警察に連絡したわけですから、『ルビー・カイロ』の件で係争中だったことがこの事件に関わっているのではないかと。

――ユダヤ人プロデューサーとのトラブルが関係していると？

角川　のちに彼らは「アメリカに楯ついた日本人は二人いる。田中角栄と角川春樹だ」と言っていましたから、私のハリウッド進出と裁判を面白く思っていなかったことは間違いがない。それがどう事件に関連したかは〝藪の中〟です。

――裁判記録である『推定有罪　角川事件の真実』（二〇〇〇年、濱崎憲史・濱崎千恵子著、角川春樹事務所）を始めとする資料を読み抜きましたが、この事件は、国家権力が角川さんのような著名人を「麻薬撲滅キャンペーン」のためのスケープゴートにしたフレームアップ（事件の捏造）としか思えませんでした。角川さんは大麻やコカインを不法所持していたかもしれませんが、社員に依頼しての密輸や、会社の金を使っての横領はでっち上げだと私は思います。真相をお聞かせください。

角川　間違いなくそうです。

不法所持については何も抗弁しない。しかし、社員に頼んで日本に密輸したことなどなく、ましてや会社の金を輸入のために横領した覚えなどまったくない。当時、角川書店から年二回出る役員賞与を、私は業績不振を理由に受け取らなかったんです。賞与は当時、年間で五千万円でした。会社に五千万円戻している私が、その十分の一以下の年間三百万円の横領（十年間で三千万円の横領をしたと訴状にある）をするなんてあり得ません。

——ではなぜ、検察はありもしない密輸や業務上横領の嫌疑を角川さんにかけたんでしょうか？

角川　それは、麻薬取締法違反に物証がなく、人証（密輸した社員の証言）しかなかったからです。それを正当化するために、抱き合わせで背任横領罪をくっつけた。背任横領罪をセットにしないと立件できなかったからでしょう。

——角川さんは所持の事実だけを認め、密輸の指示や背任横領を否認することは出来なかったんでしょうか？　かりに所持だけで有罪判決を受けたとしても、初犯ですし、文化や教育への貢献度の高い角川さんは情状酌量され、執行猶予が付き、四年半の実刑判決を受けることはなかったと思います。

角川　当時、福田和也が同じことを言いましたね。「認めちゃえばいいじゃない。そうすれば情状酌量ですぐ出られるじゃないですか」と。しかし、私の最初の弁護団が「全部否認しなければ、背任横領罪まで被せられる。最後まで闘え」と助言したんですね。検察や警察も私に何度も司法取引を持ちかけてきましたよ。「角川さん、認めちゃえば情状酌量ですぐ出られるよ。早くラクになんなさいよ」と。

――そのとき、心は揺れませんでしたか？

角川　正直、ものすごく揺れましたね。司法取引のことを弁護士に話すと、弁護士は一笑に付し、「全部否認しろ」。

――角川さんが実刑判決を受けたのは、結局、「事実は認め、事実ではないことは認めない」と分けなかった弁護団の弁護方針の誤りだったのではないでしょうか？

角川　方針は確かに間違っていたのかもしれない。しかし、私の性格として、検察に屈服することに我慢ならなかったんですよ。

――その結果、実刑判決を受け、収監されてもですか？

角川　事実じゃないことを認め、頭を下げたら、角川春樹じゃなくなるんです。

それに、日本の検察はいったん作ったストーリーラインは絶対に変えず、容疑者を必ず有罪にしてしまうことを知っていましたから。所持を認めてしまえば、他の容疑もすべて認めることになってしまう。背任横領まで認めなくてはならなくなる。それが私は嫌だったんです。だから、最後まで全面否認を通したんですよ。

容疑を全面否認したとき、角川春樹は「まつろわぬ者」に親和性を抱く者から、まつろわぬ者そのものになった。その結果、角川は十年以上の歳月と何十億円もの資産を失うことになる――。

最初の収監（五十一～五十二歳）

角川は九三年八月二十八日深夜に逮捕され、千葉南警察署で取調べを受けた。〝イカロスのごとく地に落つ晩夏光〟〝犬のごとく手首つながれ秋暑し〟と角川はこのときの心境をのちに句にした。

角川　逮捕されたあと、人間というものがよく見えましたね。裏切る奴と、裏切らない奴……政治家は全員裏切りました。財界人も何のこだわりもなく裏切りました。次に、知識人や物書きも随分裏切ってくれました。一番裏切らなかったのが料亭やレストランの人たちです。あの人たちは誰一人として裏切らなかった。服役中、毎年正月になると母のもとに雑煮を届けてくれた店もありました。

――差し支えなければ、そのお店を教えてください。

角川　浅草の鴨料理の店「鷹匠 壽《たかじょうことぶき》」です。店主が、美味しい鴨のお雑煮を毎年毎年、母に届けてくれたんですよ。

歴彦はたびたび手紙をくれました。そこには、私が釈放されたら「こうしよう」とか「海に行ったとき、砕け散る波を見ながら、人間の営みなんてのは小さいことだ。出たら、すぐにでも会いたい」と書いてありました。それを読んだ私は、歴彦の情愛を感じましたね。森村誠一さん、北方謙三、福田和也は私を弁護してくれ、姉の辺見じゅんや友人の武富義夫、河村季里は毎月欠かさず面会に来てくれました。私が獄に落ちて自得したのは、「人生で一番美しいものは人の情だ」ということでした。これからはこの人たちとの友情を大切に生きてゆこう、とそのとき思いましたね。

――千葉南警察署では二十二日間拘置され、厳しい取調べを受けました。

角川　南署では、留置場の三人用の部屋を一人で使っていましてね。起床は七時、洗面と食事を済ませて、九時から三階の調べ室で取調べが始まり、夜の九時まで続きました。昼食は正午からで、弁当業者に余分に金を払って別の食事も頼むことが出来ましたが、私は一食三百六十円の官費の弁当を食べていました。昼食後、三十分の運動時間があって、吹き抜けになっている通路のような運動場で差し入れの煙草を吸えるんです。

――「署員を驚かせたのは礼儀正しさ。『おはようございます』『ありがとうございます』『ごちそうさまでした』などと署員にあいさつしている」と『朝日新聞』（九三年九月二十日号）にあります。

角川　礼儀正しく、容疑を全面否認しました（笑）。

――その後、未決囚として千葉拘置所に移されますが、連日、千葉地検に移送され取調べが続いたと聞きます。

角川　毎朝、手錠をはめられ、腰縄で繋がれ、護送バスに乗せられて千葉地検まで運ばれるんですよ。第八房まである同行室（取調べを待つ部屋）に看守と一緒に入れられ、順番が来ると呼ばれ、夜まで取調べられるんです。

――千葉拘置所はどんな場所だったのでしょうか？

角川　冷暖房がなく、冬はしもやけや皹《あかぎれ》に苦しみましたね。

拘置所で一緒になった経済犯から、「北海道の月形刑務所は、水道管を凍らせないように暖房が入ってるから冬でも十八～二十度で、千葉よかよっぽど暖かい」と聞いたんですね。それで次に検事に会ったとき、「月形に送ってもらいたいね」と頼んだんですよ。検事が「予算の都合で希望通りにならない」と言いましたので、「何を言うか。私が何億円税金を払っていると思ってる！」とスゴんだら、検事が思わず謝罪しました（笑）。

——九月五日の『産経新聞』に吉本隆明さんの「角川春樹について」という文章が掲載されます。吉本さんは「容疑が、かりに事実と確定されたとしても、わたしのこの俳人にたいする高い評価は変わらないとおもう」と角川さんを擁護しました。どう思われましたか？

角川　差し入れで新聞を読んで、嬉しかったですねえ、孤立無援と思っていましたから。吉本さんは本当にブレない人だなと。

角川歴彦は獄中の春樹に「出所したら角川書店に復帰できるように取り計らう」と手紙を書き、春樹はこれを読み、社長を退任し、歴彦が新社長に就任することに承諾すると返信をしたためた。

獄中での屈辱

角川　そのあと歴彦は手の平を返しました。私が出所してから電話しても出ず、会おうともせず、事務的に私の持っている角川書店の株式の売却を提案してきたんです。

——角川書店を辞めたとき、どういう心境でしたか？

角川　背負っているものが何もなくなったなあ、と。それまでは角川書店があって、角川を大きくすることが自分の喜びなんだ……と信じてきた。けれど、そういうなかで身を粉にしてやってきたことが全部、虚しかったという思いに襲われたんですよ。家業の重さが何もなくなる、すべてを失ったという虚脱感がありましたね。

——絶望的になって「死」を考えませんでしたか？

角川　正直、頭をよぎりましたね。

著名人であるということでさんざんいじめに遭いました。千葉拘置所に収監されて、角川春樹という名前じゃなく、「一一三番」という囚人番号で呼ばれるようになったとたん、刑務官が私に「おい、お前はいったい誰なんだ？」と嘲《あざけ》りながら訊くんですね。あの刑務官の顔は一生忘れることができない。

　保釈申請を弁護士が出したものの、裁判所によって保釈が却下されて、それを知った担当官が「おい、角川」と私を呼んで、却下の書類を差し出して「これを読め」。私が目を通すと「拇印を押せ」と私の親指を黒いスタンプ台に付けさせ、「また延びたぞ」とじつに嬉しそうな顔で言うんだね。頭の下げ方についても、刑務官が納得するまで何回もやり直しをさせられましたね。

　それに、独居房にはカレンダーが貼られているんですが、丸一つでも書いたらすぐに懲罰なんです。もしも剝がれそうな場合は、「直してください」と刑務官に頼まなければならない。このように毎日が我慢と忍従の連続でしたね。口論するだけで取調べ、もし殴りでもしたら懲罰……というなかで、刑務官や受刑者から受ける屈辱に胸が煮える瞬間が何度もありました。

――そうした屈辱にどうやって耐えたんでしょうか？

角川　刑務所の中で私の精神が崩壊しなかったのは、俳句と読書があったからです。私は自分の獄中体験を、毎日最低一句、俳句で表現しました。刑務所のなかで私は、千五百から二千の俳句をつくりました。それに、貪《むさぼ》るように本を読みましたね。塀の外から入れてもらえる本は月に三冊だけで、結社の句誌「河」を除くとたった二冊で、あとは週三冊借りられる「官本」（刑務所に所蔵され受刑者に読ませる書物）を、蛍光灯が点滅する独房で目を皿のようにして読みました。私は逮捕されたとき、一冊だけ本を持っていたんです。岡本天明の『日月神示《ひつきしんじ》』という宗教書です。

――神典研究家であり画家の岡本が、神霊の予言を自動書記した書物。

角川　そう。そのなかにこんな一節がありました。

「大きな生命に通じるものには死はないぞ。通じなければ死はあるぞ」

私はこれを読んで、自分自身を試す気になりました。もし十三日間の断食に耐えられたなら、私は大いなる生命に繋がっている――そう思って、断食を始めたんです。

それに、刑務官や受刑者からどんなに屈辱的な辱めを受けても、彼らは私の精神までは束縛できません。目に見えるものはすべて束縛されていますが、目に見えない精神は決して屈しない。そういう意味でこれからは〝生涯不良〟であろうと心に決めましたね。〝不良〟というのは、社会の枠組みから外れ、何ものにも縛られない無頼の自由人であることです。俳人の森澄雄さんが「俳句は無頼者が創る文芸だ」と言っているように、〝無頼〟とは自由な精神のことです。

――これまで、大和あるいは日本というものを畏敬してきた角川さんが、国家に拘束されたとき、その国家に対してどのように思われましたか？

角川　私はそれまで国家をかけがえのないものだと考えてきました。それが、まったく逆の立場になって、国家と闘わなきゃいけなくなった。この国家には存在する意味がない、と思いましたね。

――「国家には存在する意味がない」とはどういうことですか？

角川　私にとって国家はまったく無価値のものになった、徹底して闘ってやる、という意味です。

保釈で出所する（五十三歳）

九四年十二月十三日、角川は一年三か月収監されたあと、一億円の保釈金を支払い、保釈された。翌年一月八日に行われた角川の五十三歳の誕生日を祝う会で、「私はカウント9のダウンを食らったが、ＫＯされたわけではない。ボクサーにたとえれば、いまは立っているのがやっとの

状態だが、人生の決着はこれからのラウンドだ」と語った（『週刊宝石』九五年二月二日号）。そして、
〝敗れざる者歳月に火を焚けり〟という句を詠んだ。

角川　「誕生会」のとき、私のボディガードを俳優の夏八木勲が買って出てくれましてね。会場前で待ち構えているマスコミから守ってくれたんです。

その夏の終わり、武富義夫と二人でジンを飲みながらひと晩語り明かしましてね。そのとき、武富がこう言ったんです。「角川、お前にはふたつの道があるじゃないか。ひとつは俳人として生きる道だ。もうひとつは、ふたたび出版社や映画を作ることもふくめて、もう一回リングに立つ道だ」と。

俳人だけの道にもかなり魅力を感じたんですが、五十三歳を迎えたとき、たとえどういう結果になろうと、もう一回戦いの場に身をおきたい——そう思ったんですね。俳句は間違いなく一生続けていけることですから、生身の肉体と生身の心を持っている以上、俗なるものは避けては通れない。俗にまみれて生きていこうと思ったんです。

——西行のように「聖と俗を往還して」生きようと？

角川　そうです。空海にも「欲は生きるためのエネルギーだ」という言葉があるんですね（『秘密曼荼羅十住心論』）。つまり、人間は「聖なるもの」だけだと脆《もろ》い。ニューエイジの人たちが弱いのは「聖」だけで生きてるからです。俗な部分がなくなって聖だけでは脆くなるぞと。だから俗なる仕事と聖なる俳句を往還しようと思ったんですね。

出版社「角川春樹事務所」設立（五十三歳）

九五年四月、角川は新たな出版社「角川春樹事務所」を設立し、出版人としてゼロから再出発

した。設立資金には角川書店の株式の売却益（四十億円）を充てた。顧問には、辻井喬、紀伊國屋書店社長の松原治、森村誠一、弁護士の河上和雄、飛鳥新社社長の土井尚道など錚々《そうそう》たるメンバーが名を連ね、角川の腹心の大杉明彦（角川春樹事務所元社長）、海老原実（角川春樹事務所元常務、現在は営業統括）も角川書店を辞め、角川の元に馳せ参じた。しかし、設立当時の角川春樹事務所には取次との取引コードがなく、紀伊國屋書店のコードを借りる形での出発となった。十月に紀伊國屋書店から森村誠一『老いのエチュード』、古井由吉の『折々の馬たち』、久世光彦の『悪い夢』、十一月にラサムの『真・聖なる預言』、アーヴィン・ベニグ（片岡義男訳）の『メシア・ストーンズ　聖なる石をもとめて』、ジョージ・フォアマンの伝記『敗れざる者たち』が出版される。これらの翻訳本を斡旋したのは、角川の盟友、武富義夫である。

「ランティエ叢書」と「あらたな教養主義」（五十五歳）

――角川さんは会社を設立して間もなく、「角川書店時代は、会社を日本最強の出版社にしようという明確な野心があった」「だから自分の望まないハウツー本も出さざるをえなかったし。コミックとか雑誌とかも。でも、そういうものは、もう一切いいんです。角川書店の繰り返しをしようとは思わない。出版を楽しめる体制で、できるだけ小さい規模で、大きな仕事をやっていきたい」と抱負を語っています（『SPA!』九七年八月六日号）。

角川　九七年から「ランティエ叢書」という、私が読みたかった作家のアンソロジーを出し始めましてね。最初は五木寛之さんの『旅のパンセ』。続いて開高健さんの『冒険者と書斎』、植草甚一さんの『古本とジャズ』、埴谷雄高さんの『散歩者の夢想』（いずれも九七年）といった、単価がちょうど千円で、文庫本のサイズだけれどもハードカバーという新しい形にしたんです。「ランティエ」というのは

「高等遊民」の意味で、このあと私が出す『月刊ランティエ』（〇五年〜）という男性向けのステイタス・マガジンに繋がるんですね。

――「ランティエ叢書」は読書好きには堪らないラインナップで、編集者（角川春樹と高丘卓の二人）が一人の作家のエッセイを独自の視点で編んだアンソロジーでした。『月刊ランティエ』は『サライ』（小学館）や『一個人』（KKベストセラーズ）と競合する中高年向けの雑誌でしたが、この雑誌には角川さんの美意識が随所に反映されていました。

角川　叢書は「あらたな教養主義」をテーマに考えました。その中では、池波正太郎さんの『江戸前食物誌』（九七年）、『梅安・鬼平食物誌』（九八年）などのグルメシリーズが随分版を重ねましたね。ただ、文庫でも新書でもない変型サイズだったため、本屋さんの棚を取れず、なかなか売上げが伸びなかったんです。

――九七年には「ハルキ文庫」を創刊されます。文芸エッセイが中心の「ランティエ叢書」とは異なり、こちらは以前の角川文庫のようなエンターテインメントが中心でしたね。

角川　それには、出所したあと、辺見じゅんに頼まれて、幻戯《げんき》書房の会長になり経営を見ていたことが関わってるんです。

――幻戯書房は、源義さんの「良質な学術書を出版する」という角川書店創立の精神を受け継ぎ、辺見さんが設立した出版社ですね。近年では、泉鏡花賞を受賞した篠田正浩の芸能論集『河原者ノススメ　死穢と修羅の記憶』（〇九年）や、和辻哲郎文化賞を受賞した保阪正康の『ナショナリズムの昭和』（一六年）、二〇年に急逝した文芸評論家坪内祐三のエッセイ『みんなみんな逝ってしまった、けれど文学は死なない』（二〇年）が評判になりました。

角川　ですが、そのころ、姉は原価と利益を考えずに本をつくっていたから赤字続きで、私が原価計算のやり方を教えたんです。学術書が中心の幻戯書房を手伝っているうちに、私がやりたいのはやはりエンターテインメントだな、と思ったんですね。それに、北方謙三から「文庫を角川春樹事務所から出せないなら、新作を他の出版社に持っていく」と言われて、慌ててハルキ文庫をつくったんです。

ハルキ・ホラー文庫と人間の魔性（五十八歳〜）

――二〇〇〇年には「ハルキ・ホラー文庫」を創刊します。

角川　「SFの時代」のあとは「ホラーの時代」が来ると思っていましたから、九〇年に角川書店で「角川ホラー文庫」を立ち上げたんです。そのころはまだ「ホラー」という言葉が一般的ではなくて、社内の編集者から文庫名を募集したんですね。「オカルト文庫」という案も出ましたがすぐに却下して（笑）、「ホラー文庫」に落ち着いたんです。当時はまだ、専業のホラー作家なんていない状況でしたから、森村誠一さんや赤川次郎さんなどのミステリー作家にお願いして、書いてもらうに当たって「ホラーとは何か」を、私が愛読するラブクラフトの短編や、ウィリアム・ピーター・ブラッティの『エクソシスト』（七三年、宇野利泰訳、新潮社）、アイラ・レヴィンの『ローズマリーの赤ちゃん』（七二年、高橋泰邦訳、ハヤカワ文庫）などの作品を例に挙げて、説明しなければならない時代でした。角川書店時代に私が「角川ホラー文庫」を始めた年の「横溝正史ミステリ大賞」で最終選考に残った『リング』（九一年、鈴木光司著、角川書店）がブレイクして、ホラー小説ブームが起こり、『リング』（中田秀夫監督）と『らせん』（鈴木光司原作、飯田譲治監督、ともに九八年）の二本立ての大ヒットから「Jホラーブーム」が始まるんですが、そのころにはもう私は角川書店を去っていました。ですから、「角川ホラー文庫」は私から角川書店への〝置き土産〟なんです。

――角川ホラー文庫を引き継ぎ、角川春樹事務所でも「ハルキ・ホラー文庫」を立ち上げられたんですね。

角川　そうです。創刊ラインナップ全二十一点はすべて作家に書き下ろしてもらいました。平山夢明さんの『怖い本』シリーズ（全九巻　二〇〇〇年～一一年）は売れましたが、ホラーというだけで小説が読まれる時代はまもなく過ぎましたね。『パラサイト・イヴ』（九五年、瀬名秀明著、角川書店）のような「ホラーとSFのハイブリッド」が現れるなど、ホラーとSFとサスペンスの垣根がしだいになくなっていきました。

――七〇年代から九〇年代、角川さんは「オカルト」や「ホラー」の小説や映画を開拓しました。そもそも角川さんがオカルトやホラーにこだわり続けたのはなぜでしょうか？

角川　それはね、人間には仏性と神性があるといいますが、同時に人間は魔性も抱えこんでいますよね。仏性や神性は、魔性の実感や闇の体験があればこそ感じとれる。そしてもっとも、魔性や闇を表現できるジャンルがオカルトやホラーだからです。二十一世紀に入ってますます闇が深くなってゆくなか、読者が読みたい、作家なら挑んでみたい分野だと思うんです。

北方謙三『三国志』のメガヒット（五十四～五十六歳）

――九六年には北方謙三さんに『三国志』全十三巻の執筆を依頼します。

角川　私が角川春樹事務所を立ち上げてまもなく、北方と食事をしたんです。そのとき、彼はご祝儀代わりにウチで一冊だけ書き下ろす覚悟をしていました。しかし、私はそれを断りましてね。「一冊だけじゃない。お前に書いてもらいたいものがある。それは『三国志』全巻だ」。北方は驚いて「中国の古代史なんか、まったく知りません。そもそもなんで僕が『三国志』なんですか？」。私は、「お前がいままで南北朝を舞台にした時代小説（『武王の門』八九年、『破軍の星』九〇年など）で書こうとして書き切れなかった〝皇国史観〟は『三国志』でなら書ける」と言ったんです。

――「皇国史観」とは、南北朝時代に北畠親房が書いた『神皇正統記』から始まり、戦前まで続いた、万世一系の天皇による国家統治を正当化する歴史観のことですが。

角川　中国を舞台にした小説でそれを描けと。それに、『三国志』を「演義」ではなく「史実」をベースに、それをハードボイルド小説のタッチで書いてくれ、と言ったんです。

――「演義」というのは「正史」ではなく、「歴史上の事実をもとに、それを興味深く通俗的に展開させた俗語の小説」。

角川　そう。「中国を舞台にした小説」のマーケットは間違いなくありましたし、それまで吉川英治などが書いた『三国志』は演義に基づいていて、日本の作家が書いた正史に添った『三国志』はまだありませんでしたから。

北方に一か月考える時間を与えると、ひと月後に彼は、「やります。でも、三国志を書くとなると十冊以上になりますね」と言うから、それを二か月ごとに一冊ずつ書いてくれ、と言うと、北方は「ええーっ」と仰《の》け反《ぞ》りましたね（笑）。無理難題は承知ですが、編集者と作家というものはそうやって勝負をするものです。ウチはその頃、出版社としての態勢がまだ整っていなかったし、宣伝も派手にはできなかった。けれど、北方は「僕が秘かに考えていたことをズバリ指摘してくれたあなたに賭けてみます」と男気に感じてくれて、一年後から『三国志』を書き始めました。

北方は登場人物のひとりである「呂布《りょふ》」を私をモデルにして描いたんですよ。私が彼に言ったセリフがそのまま出てくる（笑）。いままでの『三国志』では、二人の親を殺した悪逆非道を絵に描いたような「呂布」を、私のキャラクターを参照することで、父性を理解できず、母性を求める繊細で魅力的な登場人物に変えたんですね。

――北方謙三の『三国志』全十三巻（九六～九八年）は、各巻六万～八万部、ハルキ文庫もふくめて累計販売部数五八五万部を売り上げ、角川春樹事務所の書籍の初期のヒット作になります。

角川　私がこのあとふたたび収監されたとき、会社を支えてくれました。

『Popteen』新創刊（五十二歳～）

――角川さんはまた、十代の女性を対象にしたファッション誌、『Popteen（ポップティーン）』を五十万部の販売部数にまで伸ばしました。この雑誌は、八〇年に角川書店の子会社である富士見書房が創刊したあと、飛鳥新社に売却したんですね。

角川　そう。それを飛鳥新社の社長、土井尚道（当時、角川春樹事務所顧問）から買ってくれないかと頼まれた。ウチの子会社が創刊した縁もあるので、九四年に自分のお金を出して六億円（商標権一億円、販売権五億円）で買ったんです。ところが、土井が言ってた広告費は入らず、実際にやってみたらとんでもない赤字で、騙されたと気付いたんですね（笑）。ですがそれから、初代編集長の和田知佐子が、浜崎あゆみをギャル誌に初めて登場させて読者モデルの男の子と誌上デートさせるなど、画期的な企画をどんどん考えて、『Seventeen』と並ぶティーンズファッション誌に育てました。販売部数も当初の八万部から全盛期は五〇万部にまで伸びましたね。

――角川さんは常々、「編集者にとっていちばん重要なのは柔軟性」。「女性編集者は頭がやわらかいから育てやすい」と言っています。

角川　そう思っています。ウチには優秀な男性編集者もいますが、概して女性編集者の方が頭が柔軟です。男は頑固で、それが美学だと勘違いしている人が多すぎます。刑務所に入るとよくわかりますが、プライドを持つことは何の役にも立ちません。

監督復帰作『時をかける少女』（五十五歳）

角川春樹事務所をスタートさせながら、角川はふたたび映画の現場に立つ。かつて大林宣彦が映画化した『時をかける少女』をリメイクしようとしたのだ。製作費五十五億円、撮影一年の『天と地と』に対し、『時をかける少女』（九七年）の予算はわずか一億三千万円で撮影は十二日間。メインロケセットは角川の荻窪の実家。限られた予算や日数の中で、角川は配収二十八億円の大ヒット作である大林版（併映は『探偵物語』）に挑んだ。

角川　出版の世界に復帰し、会社は徐々に動き始めましたが、私の性格として、それだけだと面白味がないんですよ。映画という俗臭芬々《ふんぷん》たる現場に戻りたいなあと。でも、九七年四月に始まったばかりの「ハルキ文庫」の作品で映画化できる小説が少なくて、それで『時をかける少女』を選んだんです。この小説はもう青春小説のバイブル、古典だと思いましたから。

——仮出所して映画の現場に戻り、どう思われましたか？

角川　クランクインの日にいよいよフィルムを回すとき、湧き上がるような歓喜の思いがありましたねえ。「俺は映画に帰ってきた」「こんなにも自分は映画を恋していたのか」という思いがあふれました。

——そんな心のふるえが伝わるような、これがまるで監督第一作のような、そして角川さんが初心に帰ったかのような映画でした。大林版は現代が舞台ですが、角川版はなぜ時代を昭和四〇年（一九六五年）になさったんでしょうか？

角川　六四年の東京オリンピックが終わり、高度経済成長に向かって日本が変貌しようとする——その寸前の、これから壊されてゆく日本の風景をとらえたかったんです。大林版のいわば「前日譚」にしようと思いました。

――大林監督が尾美としのりの視線でヒロイン（原田知世）を見つめているのに対して、角川さんはヒロイン（中本奈奈）に同化し、世界に対峙している気がしました。

角川　そうかもしれない。

――ロケ地は大林版の尾道から岐阜県の飛騨古川と長野県の松本に移しました。

角川　尾道が海沿いの町だったから、今回は山合いの町で撮ろうと。最初と最後に出てくる飛騨古川の「三寺まいり」は二百年以上続く、一月十五日に行われる行事で、「三つのお寺に詣でた男女は結ばれる」といういわれを映画に使いました。「三寺まいり」だけ古川で撮って、あとは松本市で撮影しました。松本にある「弘法山古墳」という東日本最古の前方後円墳でクライマックスを撮りたかったんです。

――クライマックスが古墳であることによって、原作では未来からやって来た設定の深町一夫（中村俊介）がまるで過去からやって来たかのように思えました。

角川　そう思わせたかったんです。

大林版に続いて曲を作ってくれたユーミンが松本深志高校のロケ現場に来てくれましてね。スタッフが大喜びしていたことを覚えています。

――ラストに流れる松任谷由実の『時のカンツォーネ』は大林版『時をかける少女』の主題歌の歌詞をほぼそのまま使い、まったく異なるメロディを付けた曲でした。

角川　こんなのありかよ、と驚きましたね（笑）。

――なぜこの映画はモノクローム（白黒）なんでしょうか？

角川　モノクロにするかカラーにするか、撮影の仙元誠三さんとテストを繰り返して、「モノクロのほうが奥行きがあるなぁ」と彼と意見が一致して決めたんです。でも、当時はモノクロのフィルムはCMくらいしか需要がなくて、集めるのが大変な苦労だったんです。値段はカラーのざっと五割増しでした。

――この映画はモノクロなのに色を感じさせます。なぜでしょうか？

角川　「モノクロなのに色がついているみたい」ということは公開当時も言われました。なぜだろう……渡辺三雄さんのライティングの柔らかさが影響しているのかもしれませんね。

――ラストで二人が再会するくだりは、飛驒古川の町をあたかも撮影所のスタジオ内のようにライティングし、芝居に合わせて三段階くらいで光が落ちていくという、素晴らしい照明でした。

角川　真っ暗な古川の町にライトを仕込んで、一つ一つ消していったんですよ。

「記憶が落としていった鍵」

――この映画は原作（筒井康隆）にも大林版にも出てこない、エミリィ・ディキンソンの『愛と孤独と』という詩が重要な役割を果たします。英語の授業で、転校生の深町が朗読し、映画全編の暗喩となります。

「百年後には誰もその場所を知る人はいない／そこで演じられた苦悩も、平和のように身じろぎもしない／雑草が勝ち誇ったように広がり、見知らぬ人たちが散策し、昔、亡くなった人たちの孤独な墓碑銘を一字一字判読する／夏の野を過ぎる風がこの道を思い出し、記憶が落としていった鍵を直感が拾いあつめる」（谷岡清男訳）

――公開当時、私は「丸の内シャンゼリゼ」で映画を観たあと、この詩が心に残り、日比谷図書館に走ってディキンソンの詩集を借りました。

角川　それはうれしいね。この詩はそもそも脚本家（伊藤亮二、桂千穂）が選んできて、エミリー・ディキンソンの詩は、私が出版した『カラー版　世界の詩集12　世界女流名詩集』（七八年、角川書店）に入っていますから、大賛成したんです。『愛と孤独と』という詩のなかの「記憶が落としていった鍵」という言葉が、この映画のまさにキイ・ワードになっているんですね。

――松任谷由実の主題歌、『夢の中で～We are not alone, forever』の歌詞「あなたが落としてった　私の心の小さな鍵を渡したくて」にもそれが反映されていますね。

角川　打ち合わせのときに話したら、ユーミンが入れてくれたんです。だからこの映画のラストは、「記憶が落としていった鍵」を芳山和子（中本）が記憶を失いながら十年間探し求める……。

――そして、芳山和子はその鍵を見つけたかのように、十年後の深町一夫に出会う。大林版の芳山（原田知世）は深町（高柳良一）に気付かないまますれ違う悲恋で終わりますが、角川版では芳山が深町に気付き、抱き合います。

角川　そう。どうしてもハッピーエンドにしたかったんですよ。

――角川版の『時をかける少女』は大林版ほど広く知られていませんが、あらためて観直されるべき珠玉のフィルムですね。

角川　私にとっては、『みをつくし料理帖』に繋がる大切な作品です。

『時をかける少女』は丸の内シャンゼリゼなど全国七館のみで限定公開されたが、公開前にバンダイビジュアルに三千万円でビデオ化権が売れ、角川自身が四万枚（六千万円分）の前売券を売り歩き、製作資金を回収した。

七畳一間、風呂なしの部屋（五十六歳）

仮出所後、角川は一審の有罪判決を不服として高等裁判所へ提訴した。裁判は六年にも及び、膨大な弁護士費用がかかった。また、出版不況で角川春樹事務所の経営も苦しく、倒産寸前の状況まで追いつめられた。加えて、角川は九八年、四度目の離婚で一億円以上の慰謝料を支払い、家を含めた財産の一切を元妻に渡し、着の身着のままになった。

角川　五十六歳のときに家がなくなりましてね。知人の紹介で、歌舞伎座の裏の鉛筆のように細長いビルに住んだんです。ビルの二階の、住居用じゃない七畳一間に背広のハンガーと曼陀羅だけを置きましてね。風呂などはもちろんなくて銭湯に行かねばならず、トイレは共同で部屋に悪臭が漂っていました。たまたま訪ねて来たウチの女性社員がそんな部屋を見て、「なぜ社長がこんなところに……」と泣きましてね（笑）。でも、ひとりの生活はすごく楽しかったんですよ。私はこれまでも自炊をしてきたので、それも全然苦になりませんでした。新しい家に来たいという女性もいましたが、独り暮らしを邪魔されたくないので部屋にも入れなかった（笑）。「ここで野性を取り戻すんだ」と思うと、むしろエネルギーが湧いてきて、知人からも「ふつうは〝落ちぶれた〟とメゲる状況なのに、角川は活き活きとしてる」とびっくりされましたね。

二〇〇〇年十一月、最高裁で角川の上告が棄却され、懲役四年が求刑された。そのタイミングで、角川は胃がんを宣告された。〝いわし雲死病を告げし診断書〟はそのときに詠んだ句だ。福田和也は角川を訪ね、実刑の上にがんと聞いて泣きたい気持ちになったという。そんな福田に角川はこう言った。「何を驚いているんだ、たかが刑務所、たかが胃癌じゃないか、そんなことで一々驚いていたら、存分に生きることが出来ないじゃないか」（『春樹さん、好きになってもいいですか。』〇六年、福田和也、角川春樹事務所）。

角川は角川春樹事務所の社長を辞任し、六時間にわたる手術で胃の四分の三を切除。半年後には腸閉塞を起こしバイパス手術を受けた。この時期が角川春樹の人生の最大の苦境だったろう。角川は傷が癒える間もなく、〇一年に収監、八王子医療刑務所に移監される。翌年、静岡刑務所に移され、以降二年半弱、刑務所での日々を送ることになる。

二度目の獄中生活（五十九〜六十二歳）

——医療刑務所というのはどんな施設なのでしょうか？

角川　四畳にトイレと洗面所がついた合計五畳の独居房のベッドに寝かされましてね。医療刑務所で八か月過ごしましたが、受刑者の大半が末期がんの患者でした。刑務所から刑務所へ移監されるうちにがんが進行するんですね。冬至のころかな、柚子のかけらが入ったお風呂で会った刺青の男が「オレはもう生きては出られない」と言うので、先のことだろうと思っていると、翌週死んだりしました。部屋のドアの右隅に赤いマークがつくと〝あと一週間くらい〟という目安。部屋の外に黒い囲いがされると危篤状態。酷いときには一日に三人、亡くなりましたね。

——ほかの受刑者が亡くなるとわかるんですか？

角川　わかります。独居房には窓があり、そこから黒いバンで遺体が運ばれていくのが見えますから。

じっと見ているとと刑務官に注意されるんですが、いやでも目に入ってしまう。自分も病み上がりでしたから、黒いパンを見た日は精神的に相当落ちこみましたね。

――医療刑務所では病気へのケアは行われないんですか？

角川　八か月間いて、胃カメラなど医師の診察を受けたのは二度だけでした。医療刑務所では、病人なので刑務作業が免除される代わりに、一日中ベッドに寝ていなければなりません。寝ているだけならラクじゃないかと思われるかもしれませんが、ベッドから起き上がることすら許されないんです。朝食のあと、十六時までベッドに横になって過ごす。そのときに本を読んでいてもかまいませんが、あおむけの姿勢で頭はずっと枕につけていなければならない。ちょっと上半身を起こしただけで、たちまち刑務官の罵声が飛んで来ましたね。懲罰を食らうと〝懲罰房〟に入れられます。一回食らうと仮釈放が四か月延び、二回目の懲罰で満期までいなければならなくなります。

十六時に夕食が始まり、十分以内に食べ終わり、〝空下《からさ》げ〟といって食器を洗って返さなければならないんですが、胃が四分の一しかない私には難行苦行でしたね。白米をお粥に替えてもらうこともできますが、お粥だと嵩張《かさば》るので、他のおかずが入らないんです。

――角川さんは八王子医療刑務所で還暦を迎えます。〝還暦の春樹と申す海鼠《なまこ》かな〟〝人間であることをやめし海鼠かな〟とこのとき、自らの姿を詠みました。

角川　私はその日を〝海鼠の日〟と名付けたんです。医療刑務所では、毎日毎日、ろくに本も読めず、ただ横たわっているばかりでしたから、あまりに無為な時間の連続に、自分を「海鼠」に見立てて滑稽視でもしないことには、とても耐えられない状況だった（笑）。

○一年、角川は静岡刑務所に移監された。そこはおもに刑期八年以下の初犯を収容する刑事施設だった。

――美食家の角川さんは刑務所の食事に耐えられましたか？

角川　食事はひどいものでしたが、食堂に貼り出される一か月のメニューを心待ちにして、とりわけ月に二、三度出る「きなこ和え」（きなこに砂糖がまぶしてある）をご飯に混ぜて「安倍川餅」を食べた気持ちになれるのが楽しみでしたねえ。

――作句はいつされたのでしょうか？

角川　静岡刑務所に移ってからは、夕食後の「内省時間」につくりました。二十時五十五分に減灯するんですが、刑務所内が真っ暗になることはなかったんです。俳句を作れるのはその夕食後から減灯までの間、それに一日七時間半の刑務作業のない免業日（土・日・祝日）でしたね。

――〝青梅雨や免業日の獄静か〟。免業日は静かだったんですね。

角川　ほんとうは静かじゃなかった（笑）。私がいた独居房のある四舎一階には、年中笑っている受刑者がいて、十五分ごとに笑い声が壁を伝って響いてきて神経に障《さわ》りました。

――俳句は何に書き留められたんですか？

角川　受刑者は「雑記帳」と、感銘を受けた本の宗教的な部分だけを抜き書きする「学習帳・宗教」など三冊までノートを持つことが許されるんです。もちろん記載内容はチェックされますが、その大学ノートに書きましたね。

○一年、獄中の角川は、それまで製作した五十八本の映画の著作権が角川書店ではなく自身にあると提訴し、角川書店との間で係争が始まった。しかし、○三年四月、東京地方裁判所は五十八本の「角川映画」のすべての著作権が角川書店にあるという判決を下した。このとき角川春樹は『汚れた英雄』から始まる自らの監督作品を始め、すべての製作作品の著作権をうしなった。

反省も更生もしなかった

——獄中でこの判決を聞き、どう思われましたか？

角川　悔しかったですね。でもこの判決にとらわれていると自分は前へ進めないと思って、つとめて忘れようとしました。これからまた映画をつくってやるぞと。

——他の囚人の方とはどのように付き合われたんでしょう？

角川　刑務所は社会の吹溜りで、いままでの肩書や背景なんかまったく関係ない、裸一貫、人間としての迫力しか通用しない世界なんです。「俳句クラブ」があるんですが、それにちょっと顔を出して指導したらたちまち人気者になって、最初は五人足らずだった俳句会が部屋いっぱいの人数になりました。

刑務所の運動会のときには、空手の演武をアレンジして応援団長になりましてね（笑）。

運動会は本当に感動的だったなあ。選手宣誓はだいたい無期懲役の奴がやるんですよ。私が応援団長のときには、無期のバングラデシュ人がたどたどしい日本語で宣誓しましてね。

リレーのとき、囚人は運動不足ですから、足がもつれるんですよ。最終走者だった無期の奴が転んじゃって、悔しくて泣いていると、仲間の受刑者がもらい泣きをしながら慰めるんです。「オレたちは短期だけど、またすぐに再犯で戻ってくるから、だから泣くなよ」と（笑）。

——角川さんは「刑務所ではまったく反省も更生もしなかった」とさまざまなところでのちに語っています。

角川　しませんでした。でも、刑務作業の鱒《ます》ずしを入れる箱の組み立ては一生懸命やりましたよ。材料をチェックし、箱を組み立て、検品し、ハコ詰めして出荷する流れ作業なんですが、「手際が良くて、きれいな仕上がりだ」といつも褒められ、上から二番目の四ランクでしたね。

――模範囚で通したんですね。

角川　早く刑務所を出て、母親（照子）に会いたかったからね。母は車椅子に乗って裁判の傍聴に来てくれましたが、私が静岡に移されると、間質性肺炎に罹《かか》って入退院を繰り返していました。だから、母親が死んだら取り返しがつかない、ひと目でも会いたいと思って、どんな屈辱にも耐えましたね。

――角川さんにとって、照子さんがもう本当の母親になっていたんですね？

角川　そうです。父親が死んでから本当の母親になり、私が入所してからはふつうの母親以上の存在になりました。

ある日、差し入れられた俳誌「河」の間に、検閲を逃れた母の手紙が挟まっていました。便箋にはたったひとこと、「早くもどって（「河」の）主宰を継いでください」。でも、以前は達筆だった母の筆跡がめちゃくちゃに乱れていましてね。これにはかなり動揺しましたね。

模範囚の半ば近くが刑期が半分過ぎた段階で出所できるので、私も〇三年七月七日頃に出られるなと思っていましたが、その日は何ごともなく過ぎました。弁護士に訊くと、「（〇三年の）年末には出られますよ」と言うので、それまでの月日を指折り数えていましたが、彼は年の瀬に暗い顔で現われ、「検事や判事で構成される『関東矯正局』が角川さんの出所に反対しています」と言うんです。最高裁まで闘い、最後まであやまらなかった私を、検事や判事は刑務所から出したくなかったんですね。出所は何度も延び、結局翌春まで持ち越され、延期になるたびに、母のことで心が千々に乱れましたね。

——合計で四年半服役されました。このことにより角川さんの中で一番変わったことは何でしょうか？

角川　それはね、刑務所で暮らすうちに、我慢我慢の辛抱が、大きくて強くて温かい人の心を作っていくことに気付いたんですね。それこそが仏の心だと思ったんですよ。

——もし刑務所に入っていなかったら、角川さんはどうなっていましたか？

角川　あのまま順調に行っていたら、ここまでの人間力はつかなかったでしょうね。

出所（六十二歳）

○四年四月八日、角川は二年五か月の刑期を終え、静岡刑務所を出所した。身柄引受人として辺見じゅんが海老原実とともに迎えに来ていた。北方謙三は「早く兄貴に会いたいから（出所の翌日開催された）吉川英治文学賞の受賞パーティに来てくれ」と言った。角川が会場に着くと、北方がいて二人は抱き合って泣いた。出社すると、四十七人の社員全員が「お帰りなさい」と角川をエレベーターの前で出迎え、社員代表として和田知佐子が花束を渡した。

角川は会社の机の引き出しに刑務所で使っていた歯磨き粉のチューブを入れた。それは刑務所にいたとき領置金で買ったもので、マジックで角川の呼称番号「一〇六」が書かれていた。角川はこの歯磨き粉を最後まで使い切り、刑務所にいたことを生涯忘れまい、と心に誓った。

母、照子は息子の出所を待ち侘びていて、息子の顔を見るなり病状は小康を得た。照子は「河」の運営委員会で主宰を角川に委ねたその翌日、七十五歳で逝去した。

『男たちの大和／YAMATO』と姉・辺見じゅんへの返礼（六十三歳）

収監により社会的地位をうしなった角川春樹がよもや映画のプロデューサーとして復活できるとは誰も思ってはいなかった。しかし、角川は出所後、辺見じゅんのノンフィクション『男たちの大和』の映画化に着手する。世界最大の戦艦「大和」の建造から四五年四月七日の沈没、そして生存者や遺族のその後までをルポルタージュした五百頁の大著である。この企画は角川にとって、八五年に「海の墓標委員会」を立ち上げ巨額の費用を投じて発見した戦艦大和の三千人の乗組員への鎮魂であり、自らを貶めた日本国家や、アメリカへの宣戦布告でもあった。

角川　『男たちの大和』の企画が持ち上がったのは、私が刑務所にいるときでした。東映から原作者の辺見じゅんに「これを映画にしたい」という話があったんですよ。そのときは、「金がかかるからできないだろうなあ」と思いながら、姉には「もし刑務所を出たときにはお手伝いしますよ」という程度だったんです。姉は月に一回面会に来てくれて、毎月二回、励ましの手紙を書いてくれましてね。これはお返しをしなければならない、『男たちの大和』を実現することが姉へのお返しになるのでは、とだんだん思うようになったんですね。

私が出所する二日前（〇四年四月六日）、辺見じゅんと大和の元乗務員の内田貢さんの養女の牧子さんたちがヘリコプターをチャーターして、大和の沈没地点に行ったんです。

——内田貢さんは映画では中村獅童が、牧子さんは鈴木京香が演じました。

角川　そう。内田さんは三年前に亡くなって、「大和の沈んだ場所に俺の骨を撒《ま》いてくれ。大和に帰りたい」というのが遺言だったんです。散骨をしたときに、牧子さんがとっさに海軍式の敬礼をして「内田兵曹、ただいま帰りました。いままで生きさせていただきありがとうございました」と言って、姉に「これで私の昭和は終わりました」と話した。私はそれを姉から聞いて、ものすごく胸に響いたんですよ。

――その内田貢二兵曹をドラマの中心に据え、呉市を軍港都市化するために市長が逮捕された話とか、大和の設計にまつわる秘話とか、乗組員以外の外部的なエピソードを一切省いた脚本（第一稿＝野上龍雄、井上淳一／決定稿＝佐藤純彌）が潔いと思いました。内田はレイテ戦で重傷を負い、一度「大和」から降ろされる。けれど軍規違反を覚悟で病院を脱走して、出撃前の「大和」に潜りこみ、結局、奇跡的に生き残ってしまう異質の存在ですね。

角川　そう。異質の存在を主役にすれば、つねにドラマは面白くなります。それで、角川春樹事務所の私の持ち株の三〇パーセントを売って、お金を作ってこの映画をやろうと決心したんです。ちょうど戦後六〇年に当たる二〇〇五年に公開したいと、東映に話を持って行ったんですね。

――そのとき、自分で監督しようとは思いませんでしたか？

角川　やりたくても、出来なかった。このとき、私の頭には角川春樹事務所のことしかありませんでしたから。私が刑務所にいるとき、会社の看板を下ろさず、借入金を返済して留守を守ってくれた社員一人一人にきちんと御礼をしなければならない。「大和」の監督をやれば、それが出来なくなりましたから。

――監督は最初から佐藤純彌さんを推したと聞きます。

角川　東映からは「もっと若い監督で」という声もあったんですが、戦争体験者でいきたいと思いました。純彌さんは佐藤寒山という日本刀研究の第一人者（東京国立博物館学芸部刀剣室長、刀剣博物館副館長などを歴任）の息子さんで、その影響もあって勤皇少年だったんです。「自分は二十歳まで生きられないと思っていた」と聞いて、監督は彼しかいないと思いました。

――佐藤純彌監督の代表作の一本になりましたね。『男たちの大和』の脚本（佐藤純彌）にはどのように関わられたのでしょう？

角川　東映が用意した第一稿（野上龍雄、井上淳一）に辺見じゅんが納得せず、私もそれを読んで、大和への賛歌がなくて、ただの反戦映画の脚本に思えたから、純彌さんと一緒に書き直したんです。

――第一稿の主人公は神尾（映画では若き日を松山ケンイチ、現在を仲代達矢が演ずる）ですが、佐藤監督と角川さんは主人公を内田に変えていますね。

角川　内田兵曹の散骨のエピソードから映画を始めたかったんです。

――それに下士官の視点で描かれた第一稿に対し、決定稿は、伊藤整一第二艦隊司令長官（映画では渡哲也）が天皇の「海軍にもう艦はないのか」という下問で沖縄特攻を決意するエピソードなど、上層部の動きと戦況が書きこまれ、重層的になっています。

角川　すでに話したように、昭和天皇の戦争責任を問いたかったからです。

――そうした改稿の経緯の説明が、東映の企画責任者、坂上順さんから第一稿の脚本家に対してまったくなく、脚本家の野上龍雄さんは、第一稿が無断で書き改められたことに憤り、「一稿に書いた箇所は一切使うな」「自分と井上淳一のタイトルは外す」と坂上さんに言い渡し、トラブルになります。かつて角川さんが『悪魔が来りて笛を吹く』と『魔界転生』で仕事をした野上さんからの抗議をどう思われましたか？

角川　揉《も》めていることは小耳に挟んでいましたが、その原因を初めて知ったのは、映画の完成後に、野上さんが『月刊シナリオ』（〇六年一月号）に寄稿した経緯（「私が『男たちの大和』の脚本家を降りた理由」）を読んだときでした。原作者がノーだということをちゃんと野上さんにお伝えしないで、問題解決を先送りした坂上のミスですね。

——決定稿では、銃後の女性たちの描写を増やし、泣かせ所を徹底して押していますね。

角川　純彌さんと六稿まで書いたのかな。泣ける場面は私がみんな書き加えたんです。最後のＯＫを出したのはクランクインの前日でしたね。それでも、東映が内田貢さんを内田守なんて名前に変えるような配慮が見えたから、私は怒ったんです（完成映画では「内田守」になっている）。

原寸大で戦艦大和を復元

——『男たちの大和』は、二〇〇〇年代に入って映画の仕事が少なくなった東映京都撮影所にとって起死回生の作品でした。撮影所が総力を挙げて取り組んだことにより、京都の職人芸が随所に光っています。

角川　結果的にはそうですが、東映は最初、もっと低予算で、ミニチュアの大和で撮影しようと考えていたんです。でも、私は「原寸大で大和を復元しなければ意味がない」と主張しました。周りには「ＣＧでやればいいのに」と随分反対されましたよ。中村獅童の母親（小川陽子）まで「先生、そんなにお金をかけることないじゃない」と（笑）。けれど、私は「大和」の発見者ですし、なおかつ角川春樹なんです。ミニチュアで「大和」を撮ったら角川春樹じゃなくなる。

——それで、沈められた「大和」をもう一度この世に出現させようと……。

角川　それは私がやらなければならない、私にしか出来ないことだと思いました。

——「戦艦大和の復元」という「事業」と「映画」を同時進行させるというアイデアは、角川さんが八九年に企画した「サンタ・マリア号の復元」を想起させます。コロンブスがアメリカ大陸を発見して五百年目に当たる九二年、コロンブスが乗っていた「サンタ・マリア号」を復元して大西洋を横断したプロジェクトには、実行委員長であった角川さんの呼びかけで、瀬島龍三日本商工会議所特別顧問を始め多くの財界人が参加しました。

角川　二つのプロジェクトが関連しているという見立てはその通りです。ただし、「サンタ・マリア号」にはたくさんのスポンサーが付きましたが、「大和」は出資を依頼したほとんどの企業から断られました。私が出所して間もなくだったからでしょう。そこで、持ち株を売ったお金に加えて、未来証券（現・みらい証券）と共同でファンドを立ち上げ、六億円の建築費用を調達したんです。

――それから半年かけて、角川さんは尾道の日立造船向島工場跡地に、現実の戦艦大和の三分の二を復元します。

角川　工事現場を見学に行ったら、菊花紋章が付いた艦首部分がないんですよ。それで、すぐに艦首部分もつくらせ、菊の御紋を付けろ、と。船首に菊の紋章があるかないかによって、全然、魂の在りどころが違うんですね。それがあることで、大和に乗りくんだ三千人がどういう気持ちだったかがわかってくるんです。

――原寸大の「大和」を再現したことがこの映画の最大の宣伝になりました。私もそのニュースを聞き、〝角川春樹が戻って来た。角川映画の再興だ〟と思いました。現場に「大和」の生存者の方々を招いたことがニュースになりましたね。

角川　原寸大の「大和」の甲板に乗ったかつての大和の乗組員の方々は、みなさん、十六歳とか十七歳だったころにもどられ、自分はここにいたとか、この場所で何をしたとか、年齢を忘れて走り回っておられました。

「大和」に乗りくむ役者たちは、クランクインまでの三か月間、坊主頭にして舞鶴と呉で合宿訓練をさせました。その上で、実物大の「大和」に乗せると、とたんに顔付きが変わりましたね。最後の戦闘シーンでは火薬を使い過ぎて、獅童も反町（隆史）も「焼け死ぬかと思った」と言っていました（笑）。

軍事教練をし戦闘を疑似体験させなければ、現代の若い役者を当時の乗組員の面持ちにはできないんですよ。

刑務所体験がなければ作らなかった

――この映画には戦争が殺し合いであることが描かれていますね。角川さんは『男たちの大和』が上映される劇場で、本当は戦闘シーンに火薬や硝煙の匂いがするようにしたかったと語っています。

角川　匂いで臨場感を出したかった。特定の周波数の音波を出すことで、人間の嗅覚に火薬や硝煙の匂いを感じさせる方法を研究したんです。どうすれば、劇場に匂いが残るのか。ところが実験してみたら、人によって感じ方がまるで違う。肝腎の私自身、まるで効果を感じられなかったのであきらめました（笑）。

――しかし、劇場に硝煙の匂いを漂わせようという発想が凄い。「刑務所体験がなければ『男たちの大和』は作らなかった」と角川さんは『いつかギラギラする日』で語っています。

角川　その通りです。刑務所の四年半がなければ、国家から見殺しにされてゆく若者たちをこれほど激しく描くことはなかったと思いますね。

――私は『男たちの大和』を観ているうちに、たった一艘の「大和」を六百機の戦闘機で袋叩きにするアメリカへの憎しみがしだいにつのってきました。

角川　それは私が意図したところです。敵機六百機のうち、大和が撃墜した飛行機はわずか二十六機でした。それに、この映画では描かれていませんが、伊藤整一司令長官（映画では渡哲也が演ずる）は落下して来た米兵を撃たせなかった。一方で、米軍は海で溺れかけている日本兵を空中から機銃掃射したんです。本当にひどい連中だとつくづく思う。そういう意味で『男たちの大和』は反米映画ですよ。『ルビー・カイロ』のとき裁判の相手のユダヤ人のプロデューサーが、「アメリカに楯ついた日本人は二人いる、田中角栄と角川春樹だ」と言った話を以前しましたが、彼はそのあと、こう苦々しく付け加えたそうです。「角栄は死んだが、角川春樹は『戦艦大和』とともに復活した」と。アメリカ人にとって「大和」は軍国日本の忌まわしい象徴なんです。

瀬島龍三の涙

——この映画の監修者である瀬島龍三のことをもう一度聞かせてください。

角川　辺見じゅんが『収容所《ラーゲリ》から来た手紙』（八三年、角川書店）を書くとき、私が瀬島龍三さんに会いに行ったんですよ。第二次大戦後にシベリアで抑留された方々が作った「朔北会《さくほくかい》」のメンバーのひとりが瀬島さんだったからです。それで、瀬島さんと朔北会の方々に取材し、『収容所《ラーゲリ》から来た手紙』が書き上がるんです。

——瀬島さんはソ連のスパイだったという疑惑や、戦後の旧宮家の皇族復帰問題で動いたという噂もある、解明できない謎を抱えた存在ですね。

角川　十一年間のシベリア抑留のことは一切語りませんでした。けれど、瀬島さんは伊藤忠の会長を辞めたあと、シベリア抑留の慰霊碑を独力で建てていくんですね。あと、中曽根康弘が総理大臣だったときに日韓関係の調整役を務め、中曽根の訪韓を実現させました。当時の韓国は軍事政権で、韓国軍の首脳部の連中は全部日本の士官学校を出ていて、瀬島さんには一目置いていたんです。そうした瀬島さんに、私はいろいろなことで論争を吹っかけ、瀬島さんと喧嘩ばかりしていました。それでいて、喧嘩したあと、瀬島さんが電話をかけてきて、また仲直りをし、関係が続きました。瀬島さんにとって、自分に歯向かってくる自分の子供くらいの年齢の男に初めて会ったんでしょうね。瀬島さんはお嬢さんしかおられませんでしたから、あるときから私が息子のような存在になって、私と瀬島さんは疑似親子のような関係になりました。

――瀬島さんは『男たちの大和／ＹＡＭＡＴＯ』をご覧になってどうおっしゃいましたか？

角川　試写を観ながらハンカチを目に当てていて、帰り際に「角川君、いい映画だったよ」と。瀬島さんは大和が沖縄へ特攻する二日前に、陸海軍の参謀の随行として大和に行き、甲板で乗組員と盃を交わしているんです。そのあと大和の主砲を撫でながら、「何も役に立たずに全員死んでいくんだ」と思って涙が出たと話していました。

『男たちの大和／YAMATO』は、中国や日本のマスコミから「日本海軍を賛美する映画」として叩かれたことなどから逆に社会現象となり、配収五十億円の大ヒットを飛ばし、角川春樹は復活を遂げた。しかし、〇六年の年間興行収入ベストテンで、『ゲド戦記』（宮崎吾朗監督）、『LIMIT OF LOVE 海猿』（羽住英一郎監督）、『THE 有頂天ホテル』（三谷幸喜監督）など東宝配給の五作品が『男たちの大和』の興収を上回り、以降、日本映画の興行では「東宝の時代」が続くことになる。

「魂の一行詩」運動（六十二歳）

――〇四年、母照子さんが亡くなられ、俳句同人「河」の主宰になったあと、角川さんは〝魂の一行詩運動〟を始めます。同じ「五・七・五」の形式ですが、「一行詩」と「俳句」はどう違うんでしょうか？

角川　俳句の世界には「俳壇」というものがあって、現在でも二百以上の結社があるんです。そこでは、俳句は「季語」が入っている「有季定型」でなければならないとか、眼に見えるものや耳で聞こえるものを詠み、自分を入れないで客観的に作るべきであるとか、それぞれの流派や結社で「あれをしちゃいけない。これをやったらいけない」という一〇〇以上のルールを教えているんです。これではもうお稽古事のお茶の世界みたいなもので、文芸の世界、ましてや詩の世界ではありません。結果、俳句の総合誌や結社の雑誌に載っている句は、自分の半径五〇センチの身辺を詠んだ「盆栽俳句」ばかりで、読み手の心に突き刺さって来るものが何もない――そう感じたんですね。

「季語」の問題ひとつ取り上げてみても、季語の入りようがない作品というものがあります。私は刑務所で作句しましたが、独房に四季はない（笑）。それに、私は東日本大震災の被災地に通いましたが、あの現実に対して従来の季語では立ち向かえないんです。ですから、俳句にとって季語は重要ですが、季語が入りようがないものにも無理やり季語を入れなければならないというのはおかしい。

中上健次が「人間の命と魂を詠わない限り、詩歌ではない」と言ったように、私は俳句をふくめたすべての詩歌がその根源に立ち返るべきだと思って「一行詩」という言葉を考えて、「魂の一行詩」運動を始めたんです。俳句は「方法論」や「技術論」ではなく「生命論」だと。私の結社の「河」で一行詩の話をしましたら、全体の三分の一くらいの、半径五〇センチの俳句を作っていた人が辞めていきました。私は引きとめることはしませんでした。俳句は言葉遊びじゃなく、命をうたうものですから。

『蒼き狼　地果て海尽きるまで』とモンゴル・ロケ（六十五歳）

○七年、角川は、十四世紀に世界を制覇したチンギス・ハーンを描いた森村誠一の小説『地果て海尽きるまで』（九〇年）をオールモンゴル・ロケで撮ろうと動き始める。『男たちの大和』の成功により出資は集まり、総製作費は『男たちの大和』を超える三十億円となり、角川春樹事務所・松竹・エイベックスが幹事の製作委員会方式となった。角川は、日本人が知る戦艦大和から、アジア人すべてが知るチンギス・ハーンへと映画をスケールアップさせた。

――いつごろからチンギス・ハーンを映画にしたいと思っていたのですか？

角川　七〇年代後半ですね。カリスマであると同時にシャーマン（神との交流によって託宣、祭儀を行う宗教的職能者）でもあるチンギス・ハーンの映画が撮りたかった。モンゴルが社会主義国で、日本からの観光客を年間二百人くらいしか受け入れていないときに、モスクワからウランバートルに行ったんです。そのころは、ソ連の影響下にあるモンゴル共和国時代ですから、チンギス・ハーンというのはタブーで、おいそれと話題にできなかったんです。そのときには結局チンギス・ハーンについては何も出来ずに帰って来ました。

○五年に『男たちの大和』が終わったころ、ある人物からこの映画の企画の話を持ちかけられ、企画が再燃したんです。そのころはもうソビエト連邦が解体していましたから、ウランバートルには簡単に行けましたね。その人からモンゴルの大統領に面会させてもらいましたが、あとの段取りはすべて私がやりました。結果として、モンゴル政府に全面協力してもらえなかったんですが、モンゴルの外交官で元駐日大使のソドブジャムツ・フレルバータルさんという日本の古典まで読める博識な人がいまして、その人がモンゴル政府のアジア局長という立場で協力してくれて、モンゴルの警察騎馬隊に協力してもらうことができたんです。

——クライマックスのモンゴルの平原での壮大な騎馬戦を演じたのは現地の騎馬隊の人たちなんですね？

角川　そうです。彼らの協力がなければ出来ませんでした。『蒼き狼　地果て海尽きるまで』は、モンゴル建国八百年（〇六年）に公開しようとしたんですよ。

——最初、監督をベルナルド・ベルトルッチやセルジオ・レオーネに依頼したと聞きました。

角川　そうです。ベルトルッチには断られ、レオーネには東京国際映画祭やローマで会って話をしたんですが、八九年にレオーネが亡くなるんですね。それとは別個にイギリスのプロデューサー、デビッド・パットナム（『炎のランナー』〔八一年、ヒュー・ハドソン監督〕、『キリング・フィールド』〔八四年、ローランド・ジョフィー監督〕などを製作）ともやろうとしたんですが、結局はいろいろな事情があって出来なかったんです。

——なぜでしょうか？

角川　合作が上手く行かなかったのは、欧米人、日本人、中国人が思っているそれぞれのチンギス・ハーン像が違っていたからです。私が希望通りのハーンを撮るには、日本映画としてオールモンゴル・ロケで撮るしかない、と。

——〇六年当時、日本国内でモンゴルブームがあったんですか？

角川　まったくありません。私が八百周年を機に、ブームを巻き起こそうと思ったんです。

——ブームがあるから映画を作るのではなく、「映画でブームを起こす」というのが角川流ですね。

角川　すでにあるブームに乗っかっても面白くない。

——監督は澤井信一郎さんで、角川さんとは四度目のコンビになります。

角川　この映画は「家族劇」だと思い、澤井さんにお願いしました。ハーンの妻役の菊川怜が、敵に略奪されるシーンで見せた表情は哀切きわまりなく、澤井演出ならではと思いましたね。澤井さんは厳しい戦闘と家族のドラマをじつにうまく融合させてくれました。

二〇〇七年のチンギス・ハーン像

――脚本（中島丈博・丸山昇一）は、チンギス・ハーンをハーンの母（若村麻由美）からの視点で描いていますね。

角川　そうです。〇七年にチンギス・ハーンを描くには、現在の視点が必要だと思いました。だから、母親のホエルンを語り部にしたんです。当時のモンゴルでは、女性はいわば「戦利品」とみなされ、略奪した男の子供を産まなければならなかった。そうしたなかで、女性が自らの尊厳をどのように取りもどしてゆくか、をテーマにしました。次に、チンギス・ハーンを英雄でも侵略者でもなくひとりの男として描こうと思い、自分の父親が誰だかわからない苦悩、実子ではない息子（松山ケンイチ）に対してストレートに気持ちを表現できない煩悶、ジャムカ（平山祐介）という友人との友情と裏切りと和解から死にいたる気持ちの揺曳《ようえい》を描きこみ、チンギス・ハーンの悲哀を今日的なテーマで描こうとしました。

――今日的であるとともに普遍的なテーマですね。しかも、出生にまつわる煩悶という角川さんご自身のテーマが入っています。

角川　その通りです。

――二百名を引き連れてのモンゴル・ロケは三か月に及び、延べ二万七千人のエキストラを動員してのチンギス・ハーンの戴冠式が話題になりました。

角川　ロケは苛酷でしたが、スタッフとキャストはモンゴルという隔離された場所で非常に強く団結してくれて、予想だにしなかったいくつものトラブルを乗り越えながら作品をつくり上げてくれました し、配給した松竹はたくさんの劇場を用意してくれて、宣伝マンも本当によくやってくれました。

興行的惨敗と観客の変化

二〇〇七年はシネマ・コンプレックス（スクリーンが複数ある大型映画館）の興隆期にあたり、二〇〇〇年からの七年間でスクリーン数は二・五倍（二千五百）にまで急増した。そうした状況を追い風に、『蒼き狼　地果て海尽きるまで』はこれまでの実写日本映画で最大級の全国四百館以上の映画館で公開された。

しかし、製作費三十億円、宣伝費が十億円に対して配収は十四億円にとどまり、興行的に惨敗した。

角川　観客動員数は、自分の予想の半分にも達しませんでした。それまで『蒼き狼』もふくめて六十八本の映画を手がけ、その大半でリクープ（製作費を回収）して来ました。しかし、これほど苦杯を嘗めたのは初めてでしたね。

――なぜ観客が来なかったんでしょう？

角川　ひとつは、そのころ、チンギス・ハーンがもう日本人になじみの薄い人物になっていたからかもしれません。私にとっては思い入れが強く、アジアではもっとも著名な歴史上の人物のひとりなんですが、そのころの日本人にとっては、家康や信長は知ってるけれど、チンギス・ハーンは何も心に響いて来なかった。この映画によりブームを起こそうとしたけれど、残念ながらそうはならなかったですね。

――日本人俳優が日本語でモンゴル人を演じたことも影響があったのでは……？

角川　それもあったかもしれない。興行が成功しなかったさらに大きな原因は、二〇〇〇年代後半の日本の若い観客が、映画に〝壮大なスペクタクル〟や〝重厚なテーマ〟というものを求めなくなり、映画をテレビや携帯電話の延長線上で観るようになったからだと思います。私が映画から離れていた五年間に、これほど観客の質や、観客が映画に求めるものが変わったとは思いもよりませんでした。

私は文学と映画は連動していると思っています。たとえば、作家の井上靖さんがチンギス・ハーンの生涯を描いた『蒼き狼』が新潮文庫で出されたころ（六四年）は相当読者がいたんですが、この映画を作っていた時代にはもう『蒼き狼』も読まれなくなっていました。こんなふうに純文学の売れ行きがしだいに落ち、当時売れていたのは、『いま、会いにゆきます』（〇三年、市川拓司著、小学館）といったファンタジー恋愛小説や『電車男』（〇四年、中野独人著、新潮社）といった2ちゃんねる（インターネットの電子掲示板）への書きこみをもとにしたラブストーリーで、求められる小説の質も変質していました。映画もそういうたぐいの小説やコミックを原作にした作品ばかりが当たる。この傾向は日本だけではなく、ハリウッド映画も同じ状況です。

――そうした観客や読者の変化に対して、角川さんは方向転換を考えましたか？

角川　考えなかったですね。むしろ私は、そうした程度の低い市場に合わせた作品を作るつもりは絶対にない、角川春樹である意味がなくなる、とあらためて思いましたね。それをやるのはテレビ局だけで充分。テレビ局の作る映画は、オンエアしやすいように毒が抜かれています。私は毒にも薬にもならないものは作らない。それに、テレビ局は少しでもリスクを減らすために、ベストセラーや視聴率が高かったテレビドラマの映画化ばかりを企画しています。「どうしても伝えたいテーマ」や、「是が非でも映画にしてみたい素材」があって、そのうえで「それをどう当てるのか」を考える私の手法とはまったく違っています。

『椿三十郎』リメイク（六十五歳）

『蒼き狼　地果て海尽きるまで』の次回作として角川が選んだのは、黒澤明の『椿三十郎』のリメイクだった。なぜ、よりによって、角川はかつて敬愛し、そして幻滅した黒澤の名作に挑んだのか――。

――〇七年に角川さんが黒澤プロから『用心棒』と『椿三十郎』の原作権を買い、森田芳光監督で『椿三十郎』をリメイクしたのにはびっくりしました。これは黒澤明への敵愾心《てきがいしん》からでしょうか？

角川　違います。単純に商売になると思ったからです（笑）。前年に時代劇の『武士の一分』（〇六年、山田洋次監督）が四十一億円の興収を上げましたし、興収五十三億円行った『踊る大捜査線　THE MOVIE』（九八年、本広克行監督）の時代劇版を森田と織田裕二でやろうと思ったんです。

――しかし、映画は黒澤と同じ脚本（菊島隆三、小國英雄、黒澤明）を使っています。

角川　森田のアイデアでした。「あれだけ完璧な脚本をどうやって変えるんですか。変えてしまえば逃げることになる。演出でアレンジするしかない」と言ってきたので、「それは面白い考え方だな」と。

――森田監督は周囲には「（黒澤を）超えるとか超えないとかじゃない」、「自分たちがベストを尽くせばいい」と語るいっぽう、撮影台本の一頁目に「絶対に超える」と大書し、他の頁には「どのシーンにも必ずオリジナルのカットを入れる」と書きこみ、相当な重圧と気負いと覚悟があったそうです（『キネマ旬報』二〇年四月下旬号「2018年の森田芳光」の三沢和子とライムスター宇多丸の対談による）。

角川　それは知らなかった。森田は黒澤と同じ脚本でやりましたが、黒澤版より二十分長かったんですね。長くなったのは、若侍たちや事件の黒幕たちのユーモアあふれる部分で、それがとても森田らしい描写でした。

——前作のラスト、三船敏郎が仲代達矢を斬ると血が噴き出すシーンはありませんでした。

角川　海外での上映のことを考えたのと、お正月映画なのでR15（映倫の基準で十五歳以上が入場可能）にしたかったからです。

——予告されていた『用心棒』（崔洋一監督）を作らなかったのはなぜでしょう？

角川　『椿三十郎』にお客さんが来なかったからですよ（興収は十二億円に留まった）。もしかりにこれが成功していたら、『用心棒』に関しては七年間の複数本契約を結んでいましたから、毎回、用心棒が旅をして新たなライバルと対決し、女性も登場させる——といったふうに一年一本で七年にわたるシリーズをやろうと思っていたんです。

——『座頭市』のように？

角川　『男はつらいよ』みたいなお正月映画にしたかったんです。

——『用心棒』をシリーズ化するというのは、素晴らしいアイデアですね。

『椿三十郎』には「ここでどうしても当てたい」という角川の焦りが窺える。

かりに角川が『椿三十郎』を黒澤版の脚本を用いず、当初の思惑どおり〝『踊る大捜査線』の時代劇版〟として森田芳光が撮っていたらどうなっていたか。配収はともかく、〝角川春樹らしい映画〟になっていたことは疑いがない。

『神様のパズル』と宇宙の起源（六十六歳）

――『神様のパズル』（〇八年）は、「天才物理学少女（谷村美月）と落ちこぼれの大学生（市原隼人）が「宇宙の作り方」というテーマを議論する」という機本伸司著の理系ミステリーの映画化です。三池崇史監督が「素粒子世界」や「宇宙の起源」などを映像で解き明かすところが見どころでした。映画になりにくいこの素材を、なぜ敢えて映画化したのでしょうか？

角川　〇二年にウチが出した『神様のパズル』は、〇八年にゲーム化と映画化をされたとき、神田の三省堂書店で単行本が一年間に一千冊以上も売れ、年間ベストセラー第三位（第一位は『ハリー・ポッターと死の秘宝』〇七年、J・K・ローリング著、松岡佑子訳、静山社）に入りましてね。

――『神様のパズル』は第三回小松左京賞の受賞作です。「小松左京賞」はどういう意図で設立なさったのでしょう？

角川　そもそもSF小説は七〇年代半ばに角川書店が火を点けたんですが、二一世紀に入ってあらたなSF小説の登竜門になる賞を設立しようとしたんです。選考委員は小松左京さん一人にして、名前は「小松左京賞」にしようと決めたんですが、小松さんは「自分の名前がついた賞が存命中に設立されるのは嫌だ」と頑強に反対されたんです。そこで私は、「横溝正史賞をつくってからも横溝さんは八年生きた」と説得するんです。本当は横溝さんは賞ができた年にお亡くなりになるんですが（笑）。はたして小松さんは小松左京賞が十回続いて休止したあともお元気で、一一年に逝去されました。『神様のパズル』は小松左京さんが絶賛した受賞作で、私が七〇年代に手がけたSF小説を思い起こさせる新鮮さがあり、当時、学生たちの着実な支持を受けていました。

――この小説の気宇壮大な発想が角川さんは気に入ったんですね？

角川　そうです。それに、ヒロイン（谷村美月）は人工授精で生まれ、父親が誰だかわからない。そんな彼女が「人間はどこから来て、どこへ行くのか」と考えるところに、私は思い入れが出来ましたね。

『神様のパズル』は、映画になりにくい題材を三池崇史が剛腕で何とか映像化したが、興収は五千万円以下と一億円に届かず、記録的な不入りとなった。いかに原作がベストセラーであっても、映画的なふくらみや面白さに欠ければ観客が来ないことをこの映画は証し立てた。

『笑う警官』と警察小説（六十七歳）

角川　『笑う警官』（〇九年）はクランクインの三週間前に、ある監督が降板して企画が流れかけましてね。その状況で私が脚本を書き直し、一気呵成に撮った映画です。

――角川さんがピンチヒッターとは思えない、『キャバレー』の続篇の趣がある映画ですね。

角川　私が監督する以上、私ならではの映画にします。今村昌平監督作品の美術で知られ、『天と地と』で助手をやってもらった美術監督の稲垣尚夫が、主人公（大森南朋）ら警官たちのアジトになるバー「ブラックバード」の見事なセットを組んでくれて、十五時間に時間を限定した〝タイムリミット・サスペンス〟として撮ったんですよ。

――『笑う警官』という題名は、角川文庫の「刑事マルティン・ベック」シリーズの同名小説（七二年、高見浩訳）を思い起こさせます。

角川　まさにそこから題名を取ったんです。あのシリーズは、ペール・ヴァールーとマイ・シューヴアルという夫婦の小説家の合作で、スウェーデンの社会思想史、風俗史を細かく描きこみ、一年一冊ずつ十年間（六五〜七五年）にわたって出していった全十冊のシリーズなんですね。この二人の本で最初に注目したのが第四作の「The Laughing Policeman」で、アメリカでペーパーバックになってたんですよ。それを高見浩が翻訳するんです。

——高見浩さんは十冊すべてを訳出し、角川書店から刊行されます。

私は、「The Laughing Policeman」を映画化した『マシンガン・パニック』（七三年、ウォルター・マッソー主演、スチュアート・ローゼンバーグ監督、小説の舞台をストックホルムからサンフランシスコに移した）が七六年に日本で公開されたときに読みました。

角川　そうか。原作は当時、アドバドロス社でアドバンスがたった二百ドルだったんですよ。その「The Laughing Policeman」を買ったあとに、シリーズ第一作の『ロゼアンナ』（六五年）から順番に出版し始めるんですが、やはり『笑う警官』が一番売れて、途中から単行本に切り替えたんですね。あるとき、作家の佐々木譲《じょう》さんに〝マルティン・ベック〟シリーズのような警察小説をやりませんか」と提案したら、たまたま佐々木さんも私が出版した「マルティン・ベック」の愛読者で、そこから「道警（北海道警察）シリーズ」（〇四年〜一七年）が生まれるんです。

——佐々木譲は『鉄騎兵、跳んだ』（七九年）でデビュー後、『ベルリン飛行指令』（八八年）や『エトロフ発緊急電』（八九年、ともに新潮社）などの第二次世界大戦を時代背景にした冒険小説や、『五稜郭残党伝』（九一年、集英社）や『武揚伝』（〇一年、中央公論社）といった開拓期の北海道（佐々木の故郷）を舞台にした時代小説を書いてきましたが、『ユニット』（〇三年、文藝春秋）で副登場人物として道警の警官を描いたあと、角川さんの後押しで「道警シリーズ」を始め、警察小説という新境地を開く。

角川　そう。シリーズ第一作の題名は単行本では『うたう警官』（「うたう」は「密告する」の意味）だったんですが、映画化に合わせて文庫化したときに、「マルティン・ベック」にオマージュを捧げ、『笑う警官』に変えてもらいましてね。いままでの警察小説は「警察対犯人（ないし犯罪組織）」を描いてきましたが、佐々木さんの新しさは、不祥事隠しなど「警察内部の物語」に変えて、「一警察官対警察組織全体」をテーマに描いているところです。そこが読者を惹き付けたんです。

――『笑う警官』は、〇二年に道警で実際に起こった〝稲葉事件〟――現職の警部の稲葉圭昭《よしあき》が暴力団員と取り引きして拳銃や覚せい剤を入手し、十五億円の裏金を作り、関係者や証人が続々変死した――という前代未聞の汚職事件に取材した小説ですね。その後、稲葉は九年収監されますが、出所後に『恥さらし　北海道警　悪徳刑事の告白』（一六年、講談社）を書き、この本が『日本で一番悪い奴ら』（一六年、白石和彌監督）として映画化されます。

角川　「こんなことがあるのかよ」と驚く道警のスキャンダルを暴いたこともあって、『笑う警官』は警察小説の金字塔になりました。

この原作を超えるには思い切った脚色をしなければならないと思って、映画のラストを小説から変えました。それに後半部分を裏切りまた裏切りの物語にして、主人公の佐伯警部補を原作よりもっと屈折させ、一筋縄では行かない男にしたんです。

――〇九年の『ハゲタカ』（大友啓史監督）でブレイクした大森南朋が演じる「佐伯宏一」は、角川監督作品のなかでもっとも陰翳が深く複雑な主人公ですね。逆に観客からすると感情移入がむずかしい人物です。

それに、いままでの監督作品には、二輪レースやミュージカルや恐竜などの〝フック〟がありましたが、『笑う警官』は原作がベストセラーであること以外にフックがない、演出だけで勝負した人間ドラマですね。

角川　もうひとつフックをつくろうと、主題歌をホイットニー・ヒューストンに依頼し、ダイアン・ウォーレン（全米ヒットチャート入り百曲以上を誇る、アメリカを代表する作詞・作曲家）がホイットニー自身の七年間のブランクを描いた歌を作り、ホイットニーも私と一緒に映画に関わることに感動してくれたんですね。

――ホイットニー・ヒューストンはこの映画が公開された三年後（一二年）、四十八歳の若さでビバリーヒルズのホテルで急死します。コカイン吸引をして入浴中に溺死したといわれています。

角川　そう。亡くなる前（一〇年）、アルコールと薬物依存から立ち直った彼女が日本公演をしたとき、さいたまスーパーアリーナの一番前の席で聴いたんですよ。けれど、ホイットニーが『ボディガード』（九二年、ミック・ジャクソン監督）の主題歌を歌ったとき、もう高音が出ないんですね。結局最後まで歌ったけれど、途中でほとんど声がかすれて、伴奏だけが流れていた。公演後、楽屋でホイットニーと会うことになっていましたが、私はかける言葉がなく、そのまま帰った……そんな切ない思い出があります。

映画と観客の距離を感じた

――『笑う警官』はかつて角川文庫で海外小説を読んでいた読者層に観てほしい、スタイリッシュな大人の映画でした。

ただ、仙元誠三さんの長回し、ワンシーン＝ワンカットの撮影スタイルが「群像劇」に合っていたかどうかは疑問でした。寄り（アップ）を撮っていないため、各人物の細かい表情と仕草がとらえられず、観客が主人公に気持ちを入れにくいと感じました。

角川　でもね、仙元さんはこのあと何本か撮りますが（仙元の遺作は一六年の『さらばあぶない刑事』〔村川透監督〕）、このときはこの映画で引退する覚悟で、クランクアップの日に花束を受け取り、照明の渡辺三雄さんと一緒に号泣したんですよ。初めて映画の現場で泣いた、と仙元さんは言っていましたね（渡辺三雄は一〇年に六十二歳で、仙元誠三は二〇年に八十一歳で死去した）。

『笑う警官』は〇九年に東映系で公開され、角川は十五億円の興収を目指したが、結果は三億円に届かなかった。演出のみで勝負したものの、大人のドラマのマーケットが縮小していたことが原因だろう。『男たちの大和／ＹＡＭＡＴＯ』の大ヒットで復活したものの、『蒼き狼　地果て海尽きるまで』から『笑う警官』にいたる失敗で、角川春樹は映画に絶望する。

角川　原作は七十万部売れ、佐々木譲さんは『笑う警官』以外の作品も累計で百三十万部以上を突破したんですよ。映画は本のセールスに効果があったのですが……。映画としてもそんなにお金をかけたわけではないんですが、結局、製作資金の回収は付かなかったんですよね。『笑う警官』が当たらなかったあと、これはもう無理だな……と。ちゃんとした映画を作って、ちゃんと届けても、観客の方が付いて来ないなぁと思ったんですよね。自分の目指す映画と観客の距離を感じたんですよ。そんなことがあって、映画を監督することを含めて、映画製作はもうやめよう、というふうに思ったんですね。

第十六章 最後の監督作品

『みをつくし料理帖』撮影現場で

沈黙の十年（六十七〜七十八歳）

二〇一〇年代、角川は一編集者に戻り、小説のあらたな可能性とその分野を模索した。そんな折り、一一年三月、東日本大震災が日本を襲った。

角川　震災直後から、百万円単位の募金を何回かに分けて、日本赤十字社を通して被災者の方々に送り続けていました。

震災から一か月経ったころ、得意先である山形の八文字屋さんから図書カードを購入し、車に本と図書カードを積んで、営業部長と一緒に被災地を訪ねて行ったんです。仙台空港に行くと、空港は潮の匂いがしましたね。交通が遮断されているなかを夜通し走って、気仙沼市（宮城県）の教育委員会までたどり着くと、先方は、まさか来るとは思っていなかったらしくて、びっくりしていました。それで、教育委員会のみなさんと一緒に気仙沼市の小学校、中学校全校を回って、生徒全員に図書カードを届けました。離島までは行けませんでしたから、その分は市の教育委員会に預けたんです。

東京に帰ったあと、被災した子供たちから図書カードをもらったことへのお礼状が届いたことは最初にお話しした通りです。本というものの力をあらためて信じることが出来ましたね。

そのあと、ウチの雑誌の『Popteen』にも、被災地の十代の読者から多くのメッセージが寄せられました。それを読むと、ひとりだけ生き残った子供が多くて、たとえば、女の子を助けるために彼女のお兄さんが、彼女を津波の水に浸からない高いところに上げたとか、自分たちの命より、兄弟や子供の命を優先させて亡くなった人がこれほど多かったのかと、切なくなりましたね。生き残った子供たちは、死者を背負って生きるという役割を担っているんだと思いました。

――角川さんは震災の年（一一年）に四十歳年下の現在の奥さんと結婚されます。

角川　震災のとき、彼女と一緒に暮らしていて、彼女は結婚を望んでいましたが、私は正直臆病になっていました。そんななか現地を訪問して絶句したんですね。何もかも喪われた町が延々と続くんです。せつなくて、焼け野原になった東京を憶い出しましたね。帰ってきてふっと彼女の願いを叶えようと思ったんです。それで翌年、七〇歳のときに息子にも恵まれました。

警察小説と時代小説

角川　それから十年、私は一編集者に戻って、角川春樹事務所に二つの大きな柱を作りました。一つは今野敏さん、佐々木譲さんなどの警察小説。もう一つは女性をターゲットにした時代小説です。

――警察小説は、日本では六〇年代には結城昌治の『夜の終る時』（六三年）や藤原審爾の『新宿警察』（六八年、ともに双葉文庫）といった傑作があり、九〇年代には大沢在昌の『新宿鮫』シリーズ（九〇年〜、光文社）の鮫島警部や、髙村薫の『マークスの山』（九三年、早川書房）や『照柿』（九四年、講談社）や『レディ・ジョーカー』（九七年、毎日新聞社）などの合田警部補といった孤高の刑事のシリーズを生みましたが、九〇年代後半から登場した横山秀夫作品をきっかけに、二〇〇〇年代に入って、小説雑誌が警察小説の競作号を出すほどの「警察小説ブーム」が起こり、出版社各社はいまだかつてない売上げを記録します。横山秀夫作品から警察小説がブームになったのはなぜでしょう？

角川　『新宿鮫』や『マークスの山』のようなハードボイルド小説のバリエーションとしての刑事小説とは違って、横山秀夫さんの小説に出てくる警察官は、上司との関係が上手く行かないことに悩んだり、出世をめぐる陰湿な暗闘に傷ついたり、上層部の派閥争いに巻きこまれたりする、組織に翻弄される地方公務員だからです。彼らの喜怒哀楽がサラリーマン読者の共感を呼び、横山さんの作品から警察小説が新たな「企業小説」になり、ぐんと読者層が拡がるんですね。このように警察小説ブームに火を付けたのは横山さんですが、ジャンルの幅を広げたのは今野敏さんです。彼はＳＴ（科学特捜班）シリーズや警視庁捜査一課の覆面捜査専門バイク部隊や明治の警視庁ものなど、ありとあらゆる警察小説を書きました。

　ウチでは八八年に今野敏さんの代表作である〝安積班シリーズ〟の第一作『東京ベイエリア分署』（のちに『二重標的《ダブルターゲット》』と改題）を出版しましたが、時期尚早で当時は売れなかったんですね。けれど、今野さんはそれから十五年、警察小説を書き続け、〇六年に『隠蔽捜査』（新潮社）で吉川英治文学賞を受賞してブレイクします。それを機にウチの〝安積班シリーズ〟も売れ始め、『今野敏サスペンス 警視庁東京湾臨海署〜安積班』（一九年、ＴＢＳ系列、八代目中村芝翫《しかん》主演）としてテレビドラマ化され、明治を舞台にした〝サーベル警視庁シリーズ〟にも読者が付くんですね。

　一方、佐々木譲さんはすでにお話しした、〇四年の『うたう警官』（のちに『笑う警官』）が警察小説のエポック・メイキングになり、〇八年にホラー・ミステリー小説の『牙のある時間』を復刊したところ、一年間で七回重版するほど読者の支持を得ました。佐々木さんの本は、新刊があらたな読者を獲得し、その読者が復刊本にシフトしてゆく良い流れになりましたね。こんなふうに警察小説にバリエーションができたことで「ジャンル」になり、ファンが増えていったんです。

――「時代小説文庫」はハルキ文庫が他社に先駆けて刊行したのでしょうか？

角川　ハルキ文庫より前に、角川書店の子会社の富士見書房で「時代小説文庫」というのをやっていたんです。

――富士見時代小説文庫は八一年から八六年まで、野村胡堂の『銭形平次捕物控』や横溝正史の『髑髏検校《どくろけんぎょう》』といった、すでに絶版になっている作品を復刊していますね。

角川　ですが、昔の作品ばかりでオリジナルの新作がないことから行き詰まります。富士見書房はそこで時代小説文庫はやめて、ライトノベルの「ファンタジア文庫」に切り替え、「ファンタジア長編小説大賞」でライトノベルの新人作家を発掘し始めるんです。

――ファンタジア文庫は八八年から、長編小説大賞は八九年から始まり、『風の大陸』全三十五巻（九二年～、竹河聖著）や『スレイヤーズ』全十五巻（九五年～、神坂一著）といったヒット作が生まれました。

角川　そう。九七年に角川春樹事務所を設立してまもなく、私はハルキ文庫の柱として他社に先がけて「時代小説文庫」を考えたんです。時代小説は、現実ではありえない豊かなドラマ・トゥルギーが可能であり、作者の人生観が描けるからです。新作がなかった富士見書房版と違って、佐伯泰英《さえきやすひで》さんなどにオリジナルを書いてもらってスタートしました。

佐伯泰英のブレイク

佐伯泰英は、『ゲルニカに死す』（九六年、文藝春秋）などのスペインや南米を舞台にした冒険小説やミステリー小説を書いたあと、九九年の『瑠璃の寺』（角川春樹事務所）から時代小説を書き始め、『鎌倉河岸捕物控』シリーズ（角川春樹事務所）など多くのヒットシリーズをものした。「文庫書き下ろし時代小説」という新しいジャンルを確立し、二十日で文庫一冊を書き下ろすことから、現在では〝月刊佐伯〟の異名をとる。

角川　佐伯さんはいまでこそ時代小説の大家ですが、五十七歳のとき、国際ミステリー小説作家として行き詰まり、角川春樹事務所の編集者に借金を申しこんできたんですね。それで私が会うと、「背水の陣で時代小説を書きたい」と言う。「だったら佐伯さん、陰陽師の安倍晴明を書かないか」と勧めるんですが、頑固な彼は断るんですね（笑）。それで前借りのカタとして彼なりに書いた初めての時代小説が『瑠璃の寺』（九九年、文庫タイトルは『悲愁の剣』）。これがまったく売れず、返品率が七割だったんです。このとき私は佐伯さんに「こんどは捕物帳、剣豪もの、江戸を舞台に書いてください」とオファーして、佐伯さんはその三つを入れて、一六〇〇年（慶長五年）から現在まで続く東京日本橋にある酒屋「豊島屋」を見つけ、そこを舞台にした『鎌倉河岸捕物控』シリーズ（〇一年～、全三〇巻）が誕生しました。私が刑務所入所中にシリーズの第一弾『橘花《きっか》の仇』、第二弾『政次、奔《はし》る』が出版され、ベストセラーになるんですね。佐伯さんは私が服役中にブレイクした作家です。

出所後、私は原作をＮＨＫに売りこんで、一〇年に全十三回の『まっつぐ～鎌倉河岸捕物控～』（主演＝橘慶太）としてドラマ化され、文庫の売れ行きにさらに弾みが付きました。

しかし、それからまもなく、時代小説文庫は読者が五十代から七十代の男性で、これだと広がりがないなぁと思い始めたんです。それで女性のマーケットを切り拓くために、女性の作家を見つけることにしました。

そんなときに企画会議で髙田《たかだ》郁《かおる》さんの『出世花』（〇八年、祥伝社、のちにハルキ文庫）を読んだんですよ。

私は三百五十日、欠かさず新刊やゲラを読み、ＡＢＣランクを付けているんですが、これは〝特Ａ〟の小説だったんです。

髙田郁と『みをつくし料理帖』

――『出世花』は髙田郁のデビュー作。江戸時代、親を失った少女がお寺で育てられ、亡くなった人を湯灌《ゆかん》してあの世に送り届ける生業《なりわい》を通じ、さまざまな人と出会う〝送り人〟を主人公にした異色時代小説。

角川　この本を読んで「人情ものを書く力が頭抜けている」と思って、すぐに編集者を髙田さんが住む兵庫県に行かせましてね。

髙田さんは、漫画原作者から作家へ転身しようとして『出世花』を書いたんですが、祥伝社から出た本は売れず、出版社が在庫を抱えている状態でした。そうしたなか、髙田さんは祥伝社の編集者から、「売れる時代小説の条件は三つです。江戸市中が舞台、捕物などのミステリーの要素がある、そして剣豪もの。あなたはそのすべてを外している」とキツいことを言われて落ちこんでいました。「江戸・捕物・チャンバラ」というのは何のことはない、私が佐伯泰英さんに提案した条件、ハルキ文庫が開拓した時代小説のパターーンなんですよ（笑）。それを祥伝社の編集者に金科玉条のように説かれ、髙田さんは「その三つを書けない自分は作家を断念するしかないな」とまで思い詰めていました。私は『出世花』を二百部買って、「この人はきっと伸びます。うちで書いてもらうので応援してください」と書店員さんに配って歩きました。そして、髙田さんに、今までなかった新しい時代小説＝「料理時代小説」の執筆を依頼してできた作品が『みをつくし料理帖』です。

――なぜこのテーマを思い付いたのでしょうか？

角川　そのころ角川春樹事務所では、若い女性がターゲットの『料理通信』という雑誌を出していて、行列ができるスイーツの店やこだわりのレストランの特集が大人気だったんです。そこからヒントを得て、若い女性読者を獲得するなら、女流作家に「食」をテーマにした作品を書いてもらったらどうか、と閃いたんです。「食」はこれからの時代小説にとってかならず重要なマーケットになるはずだと。いっぽう、髙田さんのほうも、同じ刃物でも、日本刀で命をやりとりする話ではなく、包丁でひとを幸せにする話を書きたいと思っていたんですね。

――髙田郁さんは角川さんが『みをつくし料理帖』のゲラ(校正刷り)を抱えて各書店を回っていたと書いています(『銀座百点』一五年三月号)。

角川 女性のマーケットを獲得するには、いの一番に各書店の文庫担当の方々の意識を変えなきゃいけないと思いましてね。『みをつくし料理帖』が出始めたころ(〇九年)は、文庫担当者にはまだ「時代小説は男の作家のもの」という固定観念がありました。だから私は、髙田さんが書き下ろしてくれた『みをつくし料理帖』を製本まで待てず、ゲラの段階で全国の本屋さんに見せ、「こういう素晴らしい女性作家もいるんです」と訴えたんです。

――森村誠一さんや赤川次郎さんのときも、そのようになさったのでしょうか?

角川 いえ。ゲラを書店に持って行ったのは初めてではないですが、本格的にやったのは髙田さんが最初ですね。それくらい思い入れがありました。

――髙田さんは角川さんのことを〝おかしらさま〟と呼んでいます(『銀座百点』)。おかしらさまとはどういう意味でしょうか?

角川 わからない(笑)。急に私のことをそう呼び出したんです。

――それから、角川さんは、和田はつ子、今井絵美子、中島要、坂井希久子などの作家を次々に発掘します。

角川 〝女性時代小説家の時代〟をつくることが出来ましたね。江戸時代という、現在よりも閉鎖的な社会のなかでの女性の成長ストーリーがトレンドになり、女性読者を獲得したんです。女性の作家の読者の六割から七割くらいが女性なんですよ。髙田さんの女性読者率はさらに高くて、七十五パーセントを超えています。

——さらに、九九年からは「角川春樹小説賞」という編集者の名が付いた唯一の文学賞を創設し、長編エンターテインメント小説を書ける新人作家を発掘し始めます。

角川　一八年に大賞を獲った『童の神』（ハルキ文庫）の今村翔吾さんは、ウチで「くらまし屋稼業シリーズ」（一八年〜、ハルキ文庫）を書き続け、『じんかん』（二〇年、講談社）で直木賞候補になりましたね。彼はいずれ直木賞を獲るでしょう。あと、一二年に角川春樹賞を受賞した知野みさきさん（代表作に『妖国の剣士』〔一二年〜〕、『神田職人えにし譚』シリーズ〔二〇年〜、ともにハルキ文庫〕など）もとても良い作家です。

——『みをつくし料理帖』を累計四百万部売るためにどのようなことをされたのでしょうか？

角川　通常は、新人の作家の第一作で一万五千部刷るというのは破格なんですが、髙田さんの場合、五万部刷っているんですよ。それも、五千部ずつ「初版」「二刷」「三刷」……と奥付表記を変えましてね。それをいっぺんに印刷したんです。

——なぜそんなことをなさったんですか？

角川　「この本は版を重ねて売れている」と読者に思いこませるためです（笑）。実は、最初っから何刷にもなっているんですね。書店には、初版のものも五刷のものも並ぶという事態になって、取次のほうからクレームがあってやめましたけれどね（笑）。

『みをつくし料理帖』のテレビドラマ化（七十歳）

——かつての「角川映画」のメディア・ミックスのように、角川さんは『紙の月』（一二年、角田光代著、角川春樹事務所）をテレビドラマと映画にしました。

角川　〝作家を見つけ、原作を丹精こめて育て、それを映画にする〟——それが私の編集者としての原点なんですよ。

――『紙の月』は、原田知世主演でＮＨＫがドラマ化し（一四年）、宮沢りえ主演で松竹が映画化（一四年、吉田大八監督）しました。はからずも二人の主演女優はともにかつて角川さんがオーディションで選んだ人でした。

角川　感慨深いものがありましたねえ。二人ともとても良かった。しかし、『紙の月』は単行本を文庫化するタイミングを間違えましてね。担当編集者は作家の方に目が行っていますから、単行本として出版されて一年しか経っていないということで、ドラマ化の際に文庫化しなかった。文庫にすればもっと売れたのになあ、といまでも後悔しています（笑）。

――『みをつくし料理帖』もテレビドラマ化されました。

角川　『みをつくし料理帖』は出版前から話があったんですよ。〇九年に、佐伯泰英さんの『鎌倉河岸捕物控』をドラマ化したＮＨＫエンタープライズのプロデューサーと話していて、「角川さん、『おしん』（八三～八四年、ＮＨＫ連続テレビ小説）みたいな時代小説はないかなあ？」と訊かれたので、「ありますよ」と刊行前の『みをつくし料理帖』のゲラを持って行ったんです。すぐにその人から「読みました！　ぜひ映像化したい」と電話がかかったんですが、ＮＨＫの「土曜時代劇」枠に企画が上がったり消えたりで時間が経つうち、テレビの完全デジタル化に伴う編成の見直しで「土曜時代劇」が終了してしまい（一一年）、ドラマ化の可能性が消えるんですね。そこでほかのテレビ局に企画を持ちこみ、一二年にテレビ朝日で北川景子主演でドラマ化されて、視聴率は良かったんです。ＮＨＫへの売りこみも継続していて、最終的に、一七年にリニューアルして再開したＮＨＫの「土曜時代ドラマ」枠で黒木華主演でドラマ化（全八回）され、一九年に続篇の『みをつくし料理帖　スペシャル』（前後篇）が放映されて、ともに高視聴率を獲得する。最初にＮＨＫの編成局長に「主演は誰がいいか？」と訊かれて、一四年に『小さいおうち』(山田洋次監督) でベルリン映画祭の銀熊賞 (女優賞) を獲った黒木華を私とプロデューサーの山本敏彦さんがともに推したんですね。

そんな折り、『犬神家の一族』から始まった「角川映画」が二〇一六年に四十周年を迎えた。賑々しく回顧上映が行われ、雑誌で特集が組まれ、角川映画がふたたび脚光を浴びるとともに、薬師丸ひろ子、原田知世と「角川アイドル映画」がすでに日本映画史のひと齣《こま》になり、角川春樹がもはや遠い日のノスタルジーとして語られることになる。しかし、そのころ、角川は現役の編集者、プロデューサーとして『みをつくし料理帖』のドラマ化、映画化に奔走していた。

映画化への試行錯誤 (七十四～七十八歳)

——『みをつくし料理帖』のテレビ化にも試行錯誤がありましたが、映画化にはさらに紆余曲折があったと聞きます。

角川　そう。映画化したいという申し出は、原作が出たころから、さまざまな製作会社からありましたが、なぜかどの話も成立しないんですよ。

松竹には一六年に話を持っていったんですが、二年経っても返事がなかった。松竹に「本音を言ってください、待たせるだけじゃなくて」と言ったら、(角川) 歴彦の角川書店が松竹に『Fukushima 50』(二〇年、若松節朗監督) を捩《ね》じこんだこともあって、やはり『みをつくし料理帖』は出来ない、と結論が出たんです。

東映に持ちかけると、岡田裕介会長はかつて自分の企画で『流れ板七人』(九七年、和泉聖治監督) という料理人の映画を撮ったことがあるという。

――『漫画サンデー』（実業之日本社）に連載された牛次郎脚本、笠太郎作画の漫画を原作に、〝流れ板〟すなわちさすらいの料理人を松方弘樹が演じた、良く出来た作品でした。

角川　それが大コケで、親父の岡田茂さん（元東映会長）の逆鱗に触れ、以降、「料理は食べるもので撮るもんじゃない。〝料理もの〟には手を出すな」が岡田家の家訓になったという（笑）。こんなふうに、原作が累計発売部数四百万部を超えても、映画化の話は現れては消え、消えては現れを繰り返しているうちに、原作が発売されてから十年の歳月が経ってしまったんです。

一八年のある日、京都の伏見稲荷に詣でた帰りに、私の妻が、「これはあなたが監督として撮るべきよ、最後の作品として」と言ったんですね。それまで自分が監督するなどまったく思ってもみなかったんですが、妻に背中を押されて、動き出したんです。

――またしても「妹《いも》の力」ですね（笑）。

角川　言われてみれば、そうか（笑）。それで、一八年に大阪で行われた髙田郁さんの「作家生活十周年記念パーティー」の席で、「私が製作、監督で『みをつくし料理帖』を映画化します」と宣言したところ、会場がどよめいたんです。そのあと、遠藤茂行さん（東映プロデューサー、『みをつくし料理帖』の制作統括）に相談して、彼が骨を折って岡田裕介会長を説得し、東映が配給を引き受けてくれることになり、一八年に私の最後の監督作品として企画がようやく動き出しました。

――テレビの『みをつくし料理帖』と映画をどう差別化しようとしたんでしょうか？

角川　「テレビと映画はどう違うの？」とユーミンにも訊かれましてね。そのとき、「この映画は私のプライベートフィルムとして作る」と答えたんです。私の主観と感覚で『みをつくし料理帖』全十巻を映画化したいと。

――それで、映画の冒頭に「カウントリーダー」（フィルムの冒頭に付ける、カウントダウンの部分）が現れ、まるで8ミリ映画のように始まるんですね。大林宣彦監督が作品の冒頭に付ける「A MOVIE」という字幕を想起しました。

角川　明確には意識していませんでしたが、記憶の片隅にぼんやり大林さんのそれが残っていて、私は無意識の〝返歌〟をしたのかもしれません。

――はからずも、二〇二〇年は角川春樹と大林宣彦（『海辺の映画館――キネマの玉手箱』）が最後の作品を撮った年になりました。

角川　いやいや、私は生涯現役だから、最後かどうかわかりませんよ（笑）。

あと、映画がテレビと違うのは、角川映画に出てくれたスターがみんな出演してくれたことです。残念ながら原田知世は日本テレビの『あなたの番です』（一九年）に出演していて、呼ぶことが出来なかったんですけどね。

――製作資金はどのように調達したんでしょう？

角川　角川春樹事務所が幹事になって製作委員会を作り、二十八社に出資をしてもらったんです。映画と連動して「髙田郁フェア」を各社でやろうと、髙田さんの本を出しているすべての出版社に参加してもらいましてね。それに、この映画のメインターゲットは、髙田さんの読者層の三十代から四十代の女性だと想定したんです。十代から二十代はSNS、五十代から六十代は（新聞や雑誌などの）活字が宣伝に有効ですが、三十代から四十代の女性にはテレビの訴求力があると考え、大阪読売テレビ、KBC九州朝日放送、名古屋テレビ、RCC中国放送、東日本放送などの地方局にも委員会への参加をお願いしました。

映画『みをつくし料理帖』（七十八歳）

――撮影日数は二十一日と聞きました。いままでの監督作品のなかでは短期間ですね？

角川　俳優のスケジュールと、ロケ地である日光江戸村が使える日が限られていたので二十一日しか日程が取れなかったんです。

『みをつくし料理帖』（二〇年）は製作費がかかる時代劇でありながら予算は三億五千万円、角川春樹監督作品の中では低予算の作品といってよかった。加えて、本質的に「壮大さと陶酔をテーマとするスペクタクルの作家」である角川が、騎馬集団も戦艦大和も登場しない、料理人が主人公の世話物を撮ることに不安を抱く者も少なからずいた。

角川　髙田郁さんはNHKのドラマ版が気に入っていましたから、最初は、映画もNHKと同じ脚本家（藤本有紀）とキャストでやって欲しいと要望されたんです。さっそく、黒木華に当たってみたんですが、舞台が入っていてスケジュールアウトで、脚本家にも断られたんです。NHKのチームが駄目だということで、一から仕切り直しになって、そこで脚本は江良至と松井香奈と私、主演は松本穂香という新しい座組みになるんです。

――角川さんはこれまで、『REX　恐竜物語』を三幕劇として構成し、『汚れた英雄』のクライマックスの二輪レースの長さを『ロッキー』のラストファイトと同じ長さにするなど、監督作品は厳密に構成します。

今回も、大坂をプロローグにして、「野江（奈緒）が澪（松本穂香）の境遇を知る」までが第一幕、「澪が野江の現在を知る」までが二幕、「澪と野江が離れたまま出会う」までが三幕。

それに、「澪と野江が実際に会う」エピローグが付けられています。澪と野江が最後に二度会う、ダブル・クライマックスになっていますね。

角川　それは、脚本家の江良さん、松井さんとハコ書き（映画の構成表）を詰めながら考えました。ハコの段階で撮影の北信康さんを呼んで、俎橋《まないたばし》での澪と小松原（窪塚洋介）の別れのシーンは、レールを引いて円形移動のワンカットでいこうとか、撮り方も決めていったんです。

二〇年一月、東映本社試写室で『みをつくし料理帖』を観終えた私は、しばらく席から立ち上がれなかった。映画『みをつくし料理帖』はふたりのひたむきな少女の心の襞《ひだ》を描き、いままでの作品にない清明さと軽みがあり、角川春樹監督の最高傑作になっていた。同時に、「作家を発見し、原作を丹精こめて育てて、それを映画にする」編集者としての角川、俳人角川、民俗学者としての角川のすべての仕事の集大成と思えた。

舞台を見ているように撮る

――コンビを組んでいた仙元誠三キャメラマンがフィルムにこだわったこともあり、いままでの作品はフィルム撮りでしたが、今回は初めてのデジタル撮影ですね。逆境にある孤独な女の子二人をデジタルな綺麗な空気感で包むことを心がけた、と『キッチン』（八九年、森田芳光監督）で仙元さんの助手を務めた北信康キャメラマンが語っていますが（『キネマ旬報』二〇年十月下旬号）、デジタルになって、角川さんの映画が軽やかになりました。

角川　そうかもしれない。デジタルで撮ったのは何より、料理が美味しそうに映るからです。本当は4Kで撮りたかったんです。

――これまでの監督作品は、角川さんの美意識が投影されたスタイリッシュな画面作りに力が注がれていました。しかし今回は、いかに観客の心を摑み、感情を揺さぶることができるかに心が傾けられています。澪と野江のふたりの感情の行き来がじつに丹念に描かれ、「雲外蒼天」「旭日昇天」というキーワードも字幕や回想で反復されます。

角川 この作品は「監督の映画」ではなく「役者の映画」だと思い、舞台を見ているように撮りたいと思ったんですよ。

――『笑う警官』も舞台劇のような映画でしたが、今回の方が上手くいっている気がします。暗い色調で長回し＝ワンカットで撮られた前作に比べ、『みをつくし料理帖』の北信康さんのキャメラは明るい画調のなか、寄り（アップ）も押さえ、すべての登場人物に感情移入ができます。

角川 そうですか。撮影に関していえば、白狐の面をかぶった野江（奈緒）の場面はすべてハイスピード（スローモーション）で撮っているんですよ。お面を着けている野江が、観客には誰だか分かりませんから、彼女の出番だけハイスピードにして、観客の無意識のうちに野江の存在を印象付けようとしたんです。

――そんなふうに澪と野江のパーツは濃《こま》やかに描かれますが、一方、澪と小松原（窪塚洋介）の気持ちはセリフではなく、二人の視線や所作だけで表現され、観客は二人の芝居の「間」から思いを読みとらなければなりません。

角川 テレビやシネコンにかかっている作品は、目を瞑《つぶ》っていても筋がわかり、観客に考える余地を与えませんが、映画は描かれない「間」（空白）を読むことが楽しみだと思うんですよね。

――濃やかに描かれた澪と野江の関係と、説明を省いた澪と小松原、野江と又次（中村獅童）の関係のバランスがあざやかです。

〝ハルキ・レッド〟

――これまで伺ったように、角川監督作品にはつねに基本の色調があります。今回は暖色を基調にしながら、画面のどこかに「赤」が〝差し色〟として入っていますね。

角川　差し色は、撮影の北さんや照明の渡部嘉さん、美術の清水剛さんがおたがい相談しながら入れたんです。

――角川さんの指示ではないと？

角川　まったく指示していません。私はいままで七十三本の映画を製作してきましたが、正直、「スタッフ、キャストが一体になった」現場なんてほとんどありませんでした。どこかしらに問題があり、それは完成作品を観ればわかります。でも、今回の現場に薬師丸ひろ子が来たとき、「全員が監督を見て、監督が何を望んでいるかをキャッチしようとしている珍しい撮影現場ですね」と言ったんですよ。彼女が指摘した通り、こんなにスタッフ、キャスト全員が、監督の意図したことの一歩も二歩も先に行こうとしている映画は、七十三本のうちで初めてでした。最後の監督作品で初めてそういう現場に立てたんですね。小道具の大矢誠君なんか張り切って、「ここはシャボン玉を飛ばしましょう」とどんどん意見を出してくれて、「おう、やってくれ」と（笑）。

細部に神が宿る

――金魚売りの声、野分の風音、暮れ六つの鐘……『みをつくし料理帖』は音による「江戸歳時記」の趣があります。

角川　音響効果の柴崎憲治さんとは『天と地と』からずっと一緒ですが、今回が最高でした。

――柴崎さんは時代考証を厳密に行い、文化年間の神田界隈に住む人が耳にする音をすべて再現したと言います。場面によって「江戸風鈴」と南部鉄の「鉄風鈴」の音色を使い分けるなどの工夫には驚きました（『キネマ旬報』二〇年十月下旬号）。

角川　音楽の松任谷正隆さんも、「澪のテーマ」「野江のテーマ」「澪と野江のテーマ」「小松原のテーマ」という四つの曲の変奏だけで映画を彩ってくれました。

――主題歌は『ねらわれた学園』、『時をかける少女』（大林版）、『Wの悲劇』、『時をかける少女』（角川版）に続いて松任谷由実です。

角川　私が千葉刑務所に服役中、ユーミンの『春よ、来い』（九四年）を聞いて心に染みたんです。早く出たいなぁと思っていたせいか、「春よ、来い」が「春樹よ、来い」に聞こえた（笑）。今回は『春よ、来い』を超える曲にしてくれ、とユーミンに頼んだんです。

――料理がすべて高級なものではなく庶民的なところがいいですね。

角川　料理の担当は服部学園の理事長、服部幸應さんと、東京牛込神楽坂の名店「蕎麦の膳　たかさご」の宮澤佳穂さんに現場で誂《あつら》えてもらいました。

包丁も当時、使っていたものを堺（大阪府）で復元してもらったんです。また、江戸時代には旧暦の八月十五日に「放生会《ほうじようえ》」といって、日頃の殺生を戒める意味で、江戸市中の軒先に亀を吊るして売り、人々がそれを買って川に放すという習わしがありました。映画の中で亀を二匹しばって吊り下げてあるのは放生会の時節だからです。さらに、現在の東京では秋葉神社や愛宕神社の火除けの御札を台所に貼りますが、当時は「つる屋」（現在の九段下）の近くの神田明神でも御札を出していたことを調べて、神田明神の神職に「火の要慎」の文字を書いてもらい、新築した「つる屋」の柱に貼りました。このように時代考証は入念に行いました。

――吉原の廓《くるわ》言葉の指導を、五代目柳朝の総領弟子、春風亭一朝に依頼しているのも行き届いていますね。

角川　上方と江戸の言葉が入り混じる話ですから、船場言葉（おもに商家で使う、公家言葉が入り交じった大阪弁）と廓言葉には気をつけました。私はお客さんに『みをつくし』を二回も三回も観てもらいたい。それには、見えない部分が豊かでなければならないんです。

死者を背負って生きる

――いままでの角川アイドル映画では、薬師丸ひろ子や原田知世を渡瀬恒彦など年上の俳優が支えましたが、今回は松本穂香と奈緒をかつての角川映画に出た俳優たちが総勢で見守っています。角川映画十周年記念作品で多くのスターがゲスト出演した『キャバレー』を思い出しました。

角川　俳優さんたちとは四回本読みをやって、役をつくっていきました。

本読みの前に若村麻由美が来て、「監督、船場言葉でいいですね？」と訊いたんですね。脚本に指定していないのに、彼女は脚本を読みこんでいたんです。

――彼女が演ずる芳のことを澪が「ごりょうさん」ではなく「ごりょんさん（女将さんの意味）」と呼ぶのも、船場ならではの言い方ですね。若村麻由美はデビュー作が、戦前の大阪上本町を舞台にした『はっさい先生』（八七年、ＮＨＫの連続テレビ小説）でしたから、船場から出発し船場に帰って来たんですね。

角川　若村は素晴らしい役者になりました。（浅野）温子の芝居にはリハーサルから笑いを堪えるのが大変でした。松本穂香も奈緒も読解力に優れた役者でした。

薬師丸は一日だけの特別出演でしたが、出番が終わったとたん感極まったんですよ。その瞬間、彼女は十三歳のひろ子に、私はひろ子と出会った三十五歳の私に戻ったんですね。

――「白狐」のイメージが心に残ります。

角川　白狐の舞いを撮るときに参考にしたのは、『時をかける少女』（角川春樹監督）のロケ地である飛騨古川で毎秋行われている「きつね火まつり」（「きつねの嫁入り」を再現した夜祭り）でした。私は実際に参加したことはないんですが、写真やパンフレットで見た光景が記憶に残っていたんですね。

――「白狐の面をずらす」と書かれていた原作に対し、映画ではラストで野江がお面をとって、素顔で澪に向かい合います。角川さんの、ここで観客の心を揺り動かそうという確固とした意志が伝わり、このシーンをここまで押すのかと驚きました。

角川　お面をとらない選択肢ももちろんありました。スタッフのほとんどが取らないほうがいいと進言し、奈緒も撮影前日、「とりたくてもとれない芝居のほうが野江の切なさが伝わる」と言ってきました。しかし、観客が望むのはお面を外して、十年の歳月を経たふたりが素顔で見つめ合うことだと思い、それがエンターテインメントの王道だと決断しました。

――『みをつくし料理帖』のラストは、『時をかける少女』（角川春樹監督）の芳山和子（中本奈奈）と深町一夫（中村俊介）がお互いに気付いて抱き合うハッピーエンドにとても良く似ていますね。

角川　その通りだと思います。ともに自分の作品ですが、『みをつくし料理帖』は『時をかける少女』に影響を受けているという感じがします。いままでの監督作品の試行錯誤がすべて『みをつくし料理帖』に流れこんでいるんですよ。

――角川さんの映画は犬神で始まり、白狐にいたりました。

角川　犬神も白狐も、差別された者や虐げられた者を見守る神です。

――『みをつくし料理帖』はまぎれもなく、東日本大震災から新型コロナ禍に至る「災禍の時代」

に向けて撮られた「現代劇」ですね。第二次大戦の戦火と江戸の大火を重ね合わせた山本周五郎の小説『ちいさこべ』（五七年「講談倶楽部」初出、のち新潮社／六二年に田坂具隆監督により映画化）を思い出しました。

角川　さきほどお話しした、東日本大震災で生き残った子供たちのことが、享和の大水で親兄弟を失った澪や野江に間違いなく反響していますね。澪も野江も芳も、この映画のすべての登場人物が、死者を背負って生きている。

――『みをつくし料理帖』を観終わり、角川さんの最高傑作が最後の監督作品になるのか、と寂寥を感じました。

角川　繰り返しますが、私は生涯現役、生涯不良ですから、これからまだどうなるかわかりません（笑）。

福田和也が角川春樹を語る

聞き書きが大詰めにいたる前に、文芸評論家の福田和也に話を聞く。

前述したように、福田は角川春樹が逮捕されてすぐさま角川を擁護し、『春樹さん、好きになってもいいですか』（〇六年）という臆面もない題名の、けれど角川春樹の人間としての魅力を余すところなく描いた本を著し、角川ともっとも深く付き合った作家のひとりである。同時に、私の高校一年のクラスメートでもあり、彼の実家である田端の町工場で、私は初めて『FM25時　きまぐれ飛行船～野性時代～』を聴き、『イージー・ライダー』のテリー・サザーンの脚本とみゆき座で観たばかりの映画の違いを熱っぽく語り合った。工員寮に隣接する福田の勉強部屋から私の「角川春樹への旅」は出立したのだ。あらためて福田和也に角川春樹との出会いを聞いた。

――福田さんに勧められた最初の角川文庫は小林信彦の「オヨヨ大統領」シリーズでした。中学生のころから読んでいたと聞いたのですが、初めて角川春樹の名前を気に留めたのはいつだったんでしょう？

福田　中学のころだね。角川書店から出されている雑誌や文庫に夢中になっていたんで、それを手がけたのが角川春樹さんだと知って、すごい人だと思った。一方で、ゴールデン・トライアングルという麻薬地帯に潜入したり、古代船で太平洋を横断したり、変な人だとも思った。

――文芸誌「野性時代」はどう思っていましたか？

福田　あれは素晴らしい雑誌ですよ。中学二年からずっと購読してました。半村良、森村誠一、片岡義男らエンター勢と、中上健次や立松和平など純文学勢を揃えていた誌面はとても魅力的だった。「刑事マルティン・ベック」シリーズも「野性時代」に掲載されたときに読んだんだよ。

――スタンリー・キューブリックの映画の公開とともに刊行されたウィリアム・メイクピース・サッカレーの『バリー・リンドン』（七六年、深町眞理子訳、角川文庫）もあなたの書棚にあった記憶がありますが、角川翻訳文庫では他に何が好きでしたか？

福田　断然、ホレス・マッコイの『彼らは廃馬を撃つ』だね。小説の舞台は一九三〇年代、大恐慌時代のアメリカ。映画監督になる夢を抱いて一人の青年がハリウッドに出てくるんだけど、全然仕事にありつけない。仕方なくドラッグストアでアルバイトをしていたら、テキサスから来たっていう女優志望の女の子に出会って、二人でマラソン・ダンス大会に出ることになるんだよね。この大会は有名な映画監督や映画スターが見にくるから、アピールしようというわけ。ところが、このダンス大会ってのが過酷でね。途中で短い休憩をはさみながら何日も踊り続けて、時には死者が出ることもある。中学のときに読んだんだけれど、当時はハリウッドの輝きに憧れていたから、その闇を見せられたようで、衝撃を受けた。

――七六年から始まる角川映画はどんな印象でしたか？

福田　私は翻訳文庫や「野性時代」で角川さんの仕事を知ったので、言い方は悪いけど、映画は商売、子供だましだと思ってたね。『犬神家の一族』が公開されて大ブームになったときも、「横溝なんか観るなら浅草花やしきへ行ったほうがマシだ」と言って、あなたと一緒に、同時期に公開された深作欣二の『やくざの墓場　くちなしの花』（七六年）を観に行ったじゃない？　その後の『人間の証明』も『戦国自衛隊』も『セーラー服と機関銃』も全く観ていません。

――大学一年の春（七九年）、福田さんを誘って『白昼の死角』を横浜東映で観たんですが、嫌いなはずの角川映画にどうして行ったんでしょう？

福田　高木彬光が原作だからだよ。じゃなきゃ、観なかったよ。あれは、『仁義なき戦い』シリーズ以来、もっとも男優の顔ぶれが壮観な映画だった。夏八木勲、岸田森、天知茂、丹波哲郎、藤岡琢也、佐藤慶、それに原作者の高木彬光。角川さんが出たときにはズッコケたけどね。

甘美な人生がここにある

――九三年に角川さんが逮捕されたとき、真っ先に擁護の文章を書きましたね。どうして擁護しようと思ったんですか？

福田　『マガジンWOoooo!』（サン出版）の「角川春樹よ、ムショ帰りの大監督に」のことかな？　擁護といえば擁護だけど、書きたいことを書いただけ。逮捕されたら、いきなり批難の大合唱だったからね。マスコミはそれこそ鬼の首をとったように責めるは、それまで世話になっていた作家が「角川書店とのつき合いを改める」なんてえらそうなことを言い出すわ、上映中だった『ＲＥＸ　恐竜物語』

を松竹が打ち切るわで、それはないだろうと。そんなに薬が嫌いなら、ストーンズもコッポラもファスビンダーも廃盤にしろ、ホモでヤク中のウォルト・ディズニーの映画も打ち切れ、コカインは偉大な国文学者の折口信夫もやっていたんだから、由緒正しいんだと、好き放題書いたわけ。そのころはまだ角川さんとは面識がなかったんだけど、悦んでくれたみたいだね。

――九七年に角川さんが仮釈放されたあと、角川春樹事務所で『なぜ日本人はかくも幼稚になったのか』シリーズ（九六年〜〇〇年）、『俺の大東亜代理戦争』（〇六年）など多くの本を出版されますが、角川春樹事務所での仕事について聞かせてください。

福田　『なぜ日本人はかくも幼稚になったのか』は『新潮45』の二つの記事を元に大幅に加筆して単行本にしたもの。逮捕されて収監された角川さんが九四年十二月に保釈で出所してきて翌年の五月に角川春樹事務所を立ち上げて、獄中で私の擁護（？）を悦んでくれたのか、本を出しましょうということになったの。『なぜ日本人は……』シリーズは私の著書の中では初めて売れた本だった。角川さんがお祝いをしてくれることになって、予約されていた白金の料理屋に一緒に行くと、席が埋まってたの。店側の不手際だったんだけど、角川さんは一言も文句も言わず、静かに店を出て、六本木の洋食屋に向かった。こういう大人の振舞いが出来る人なのかと、感動しましたね。

角川さんの神社（明日香宮）に友達の澤口知之（「リストランテ・アモーレ」店主）と一緒に招かれたこともある。もっとも神聖だという奥津宮での神事で、角川さんが日本刀を頸《くび》に当て、命をかけて神とやりとりをされてたんだけど、私と澤口は、角川さんの祝詞――「我は神なり、神は我なり」を聴いて抱腹絶倒という気分になったんだよね。翌朝、角川さんから「お前たちは、本当に救いようがない」と指弾されました。

――〇二年に角川さんが胃癌であり、ふたたび収監されることを聞いたとき、どんなふうに思いましたか？

福田　泣きたくなりましたよ。そのころはかなり親しくなっていましたからね。胃癌のうえに収監なんて、人生の終止符を打たれたようなもんじゃない。自分だったら耐えられないだろうと思った。ところが角川さんは「胃癌だの、刑務所だので、一々驚いていたら、人間、存分に生きられないだろうが」と悠然としてました。自分もまだまだ精進しなければと思いましたよ。

――〇四年に角川さんが出所して、「en-taxi」で句会を開いたり、「ランティエ」や「ＳＰＡ！」で対談した時の交遊の思い出を聞かせてください。

福田　角川さんが戻ってきてくれて、それはもう嬉しいし、楽しかったな。とくに『en-taxi』で主宰した角川句会は贅沢だったね。毎回ゲストを招いて、担当編集者も一緒に俳句を作って、角川さんに添削をしてもらうの。私は角川さんを、会社経営者としてはすごいし、人間としても含蓄があるけれど、俳人としての力量が圧倒的だと思っています。その角川さんに添削してもらうのだから、緊張しましたよ。

〝春樹帰す暗夜光路に喜雨もあり〟

これは角川さんが出所して最初の句会で私が詠んだ句を角川さんが添削してくれたもの。添削なしで最初からこの句を詠んでくれたら、俺は泣くと、角川さんは言ってました。

――角川さんに最近会ったのはいつですか？

福田　よく覚えていないけど、五、六年前の角川春樹事務所設立記念パーティかな。『みをつくし料理帖』の試写を観に行ったとき、角川さんに会えるかと思ったら、いらっしゃらなかった。言葉を大切にする角川さんらしい、いい作品だったたね。とくに印象に残ったのが、「狐はコンコン、涙はこん、こん」っていう、主人公の澪と野江を結びつける言葉。高校生の私だったら、「何が『狐がコンコン』だ。ふざけやがって。角川春樹も焼きが回ったな」とでも言っただろうけど、妙に心に沁みた。私もこの十年ほど、いろいろありましたからね。家出をしたり、病気になったり、友達が亡くなったり。でも今、生きているし、美味いトンカツも食えるし、何とか原稿も書けて、有難いなあと思ってる。そうした私の近況を知った角川さんが人伝に、『角川源義の百句』とともにメッセージをくれました。

「福田の今が幸せでよかった、人間は今がいちばん大切なんだ」

十八歳の時、私は、はるか彼方で人生が甘美でありうると信じていた。そして今、甘美な人生がここにある。そう気付かされたね。

――さて、角川インタビューの大団円に戻ろう。

後《のち》の月

二〇一九年、角川春樹は映画『みをつくし料理帖』を作るとともに、新著『角川源義の百句』(ふらんす堂)を著し、出版した。

角川　一八年の春から秋、土曜日曜に出社して、父が十代から死ぬまでに詠んだ俳句の中から百句を選んで、この部屋(社長室)の源義の遺影の前で、一句ずつ鑑賞(句の解題)していったんですね。一句鑑賞を書き終わるたびに、父の遺影に「これで間違いないよな?」と訊くんです。もちろん返答はないんですが、そうやって半年かけて百句を読んでいきました。父の句とここまで真摯に向かい合ったのは初めてのことでしたね。

後の月雨に終るや足まくら

というのが父の絶筆の句でした。それを詠んだとき、父はすでに肝臓がんの末期で腹水が溜まり、それを何度も抜かなければなりませんでした。そうした状態の父の苦痛を和らげるために足の下に枕を入れて、すこし高くしていたんですね。これが亡くなる一週間前の最期の句でした。

私はここ（社長室の机）で絶筆の鑑賞を書き終えて、五時から当時七歳の息子と一緒に美容院に行ったんです。そのとき、空に夕月が浮かんでいて、「ああ、綺麗だね。もう夕月が綺麗な季節になったんだね」と思って、その月をよく見ると、満月に二、三日欠けているんですね。まさか……と思って、俳句歳時記を調べてみると、その日（十月二十一日）はまさに「後の月」（十三夜）だったんです。

父が絶筆を書いた日に私はその鑑賞文を書き終えていた。父が雨で見ることが出来なかった後の月を、四十六年後に私は見ることが出来た。

そのとき、「結局、俺は見えない何かに導かれてるんだな」と思いました。

終章 それでも敗れざる者

新たな闘いに挑む

〝鬼滅現象〟のあおりを受けて

二〇二〇年の夏から秋にかけて、『みをつくし料理帖』は三億五千万円の製作費に対して二億円の宣伝費をかけてプロモーションを行った。

角川春樹が本文で語った、原作の読者層である三十代から四十代の女性以外に、東映の宣伝部は〝角川映画世代〟である五十代から七十代の観客層をターゲットとし、角川が二百誌を超える取材に応じ、中高年が購読する『朝日新聞』を始めとする紙媒体に広告記事を載せた。

こうして『みをつくし料理帖』は満を持して、二〇二〇年十月十六日（金曜日）に全国三百十館の劇場で公開された。折りしも、四十四年前に日比谷映画で『犬神家の一族』が封切られ、「角川映画」が始まったのと同日であることが、関係者の期待をいやが上にもつのらせた。

私は事前にインターネットでチケットを購入し、初日にグランドシネマサンシャイン池袋に出かけた。ロビーには十代の観客が溢れ、当日券売り場には長蛇の列が出来ており、私は彼らが『みをつくし料理帖』を待つ人たちだと思った。しかし、上映される劇場に入ると観客はまばらだった。ロビーにいた人々は同日に公開され、やがて日本映画の興行記録を塗りかえる『劇場版「鬼滅の刃」無限列車編』（二〇二〇年、外崎春雄監督）の観客だったのだ。

宣伝部が期待した中高年齢層は、十月から第三波が到来した新型コロナウイルスへの感染を恐れ、映画館に足を運ばなかった。そのうえ、彼らは、当時、感染源とマスコミが書き立てた十代から二十代の観客が『鬼滅の刃』を観るため劇場に押し寄せ、各劇場のロビーが〝三密〟になっていることを新聞やネットで目の当たりにし、劇場に行くことをさらに控えた。そして、若年層の観客は『みをつくし料理帖』には興味を示さなかった。

加えて、『みをつくし料理帖』の一週目の興行成績が芳しくなかったことから、各劇場は二週目から『みをつくし』の代わりに『鬼滅の刃』の上映回数を増やし、『みをつくし』の上映は午前中の一回のみとするシネコンすら現れた。この年の四月から五月にかけての緊急事態宣言下で休業を余儀なくされるなど、コロナ禍で売上げが激減した（二〇年の興行収入は前年の約五〇パーセントとなった）各映画館は、久々のメガヒット作『鬼滅の刃』で落ちこみを挽回しようとした。〝鬼滅ブーム〟が去る前に観客を入れるだけ入れようと、『鬼滅の刃』上映のスクリーンを増やし、上映回数を出来る限り多くして、その他の作品を締め出したのだ。

いっぽう「船堀シネロマン」のように、ロビーに角川監督全作品のポスターのコピーを貼り、休憩時間には場内に角川映画のテーマ曲を流し、角川春樹の映画への帰還を祝福する映画館もあった。そして、『みをつくし料理帖』を観た観客の満足度は高かった。梅田のシネコンでは、映画を観終わった母親と娘が席にうずくまって泣いていた。東映の宣伝部には映画を六回観たという観客からの感謝の手紙が届いた。

だが、口コミにより尻上がりに観客数が増えて来た『みをつくし料理帖』は空前の〝鬼滅現象〟のあおりを受け、興行成績を挽回するチャンスが与えられないまま、一か月半の興行を配給収入二億五千万円で終えた。

映画はもちろん、劇場公開による収入だけではなく、Blu-rayや配信や地上波、ＢＳ、ＣＳへの販売による収入が見こまれる。『みをつくし料理帖』は二〇年三月に出品した「上海国際映画祭」で好評を博したことから、すでに中国、韓国、台湾の大手配給会社に映画館での興行も配信も出来る「オール・ライツ」という権利がＭＧ（前払い）で売れており、〝日本食〟がトレンドになっている他のアジア・マーケットでも売上げが期待できる。また、国内では二〇二一年四月にBlu-rayが発売され、八月には配信が始まる。このように収支は〝下駄を履くまではわからない〟。しかし、第一ラウンド

たのだ。

の劇場公開で、角川春樹は自身が八〇年代にブーム作りの一翼を担ったアニメーションに打ち倒された。

町の本屋さんは鎮守の杜

宣伝関係者は〝みをつくしロス〟に襲われ、虚脱した。

角川もさぞかし打ちひしがれているだろうと思われた。

加えて、いままでの角川監督作品同様、批評家は最新作にも冷淡だった。『みをつくし料理帖』を角川春樹の最高傑作とレビューした批評家も、大林宣彦監督の遺作『海辺の映画館――キネマの玉手箱』をベストテンに入れ、賞に推しても、角川春樹の最後の作品を挙げることはなかった。私はこのことに憤りを感じ、私が書ける新聞、雑誌に賛辞を書きつらね、ある批評家に「目に余る誇大広告だ」と窘《たしな》められた。私は「優れた仕事を優れているといって何が悪い」と反論し、角川春樹の仕事の真価を本書で明らかにしようと固く心に決めた。

年が明け、二〇二一年一月八日に角川春樹は七十九歳の誕生日を迎えた。

角川はすでに明日香宮のなかに自らの墓を建てている。ガラスで作られた墓石には〝花の戦士〟と彫られていることを、「なんかアニメみたいな名前だけど」と聞き書きの合い間に笑って教えてくれた。

〝花の戦士〟のガラスの墓に入るまで、少なくとも九十歳までは現役の編集者であり続けたい、と角川は語る。なぜなら角川が九十歳のとき、息子が二十歳になり、彼の成人を見届けられるからだ。

「生涯編集者」でありたい角川は自らの名刺に「角川春樹事務所代表取締役社長　書籍編集局局長」

と刷り、出版業界で最高齢の編集者であり続ける。

その年の秋、「食事をしませんか」と角川に誘われ、池袋の割烹『吉泉』に招かれる。久々に角川に会い、私は『みをつくし料理帖』の話題を切り出しかねたが、角川は「あれはとても好きな映画です」と微笑んだ。私は二の句を継げず、「今朝は何時に起きたんですか？」と話題を変えた。

角川はこの日、三時半に起床し、地元の神社、上目黒氷川神社に行って神前の水を取り替えたという。いつも通り六時に九段下の角川春樹事務所に出社し、神仏に祈ったあと、本やゲラに目を通す。「本を読むことが仕事ですから」という角川は、一年に三百五十冊の書籍を読み、手帳にＡＢＣのランクを付け、これはと思った作家にはすぐさま会いに行く。その席で、作家がこれまで書かなかった分野の企画を提案するのが編集者の仕事だ、と角川は語る。

いま角川は、本年度（二一年）の角川春樹小説賞の受賞作、稲田幸久の『駆ける　少年騎馬遊撃隊』（二二年十月刊）をいかに売るかに心血を注いでいる。「これほど力が漲った作品は滅多にない。上手いということを超えた根本的な力がある」と角川が激賞する三十七歳の稲田は本作を書くため広島県安芸市の職員を辞め、退路を断った。そして本を売ってもらうため、地元の書店回りを続けている。角川はまた、「コロナの時代に必要なのは詩だ」と思い定め、来春刊行の『にほんの詩集』（全十二冊）を企画。三十代から四十代の女性読者層を狙うため、第一回配本に中島みゆきをラインナップした。

――本を読む人が減っていくことが不安じゃありませんか？

角川　たしかに読書する人間が少数になっていくことは間違いないですが、少数になれば、他の出版社は辞めていく。そうなればうちの勝ちじゃないですか（笑）。それに緊急事態宣言下でも店を閉めなかった本屋さんの売上げは伸びました。閉塞の時代には本が必要とされているんです。

——デジタル書籍に脅威を感じませんか？

角川　Amazonが町の本屋さんを駆逐しているという現実があり、ＮＴＴドコモのｄマガジンが雑誌文化を滅ぼしかねないと私は危惧しています。しかし、デジタルではなく紙を通してこそ、作者の思いがちゃんと読者に届く。人の思いは紙を通じてしか伝わらないと信じています。だから私は、本屋さんからウチへの返本率を十五パーセントに下げてもらう代わりに、トーハンや日販などの取次各社に足を運び、『駆ける　少年騎馬遊撃隊』と『にほんの詩集』から取次の取り分を減らしてもらい、本屋さんの取り分を通常の二十二パーセント前後から三十五パーセントに増やしました。利幅の小さい町の本屋さんを支援するためです。

——角川さんにとって町の本屋とは何なんでしょう？

角川　昔、日本の村々には鎮守の杜がありましたよね。現在の日本にあって、文化の灯がともる最後の場所が町の本屋さんです。町から本屋がなくなれば、それはもう町ではありません。だから、私は本屋さんが儲かる仕組みをつくり、ウチだけではなくそれを業界全体のスタンダードにして、本屋や取次も出版社も食べていける業界に建て直したい。紙の書物と町の本屋さんを守る——それが「最後の角川春樹」の仕事だと思っています。

角川はそう言い、はにかむように笑った。

半世紀前、伝統的な出版文化の敵とさんざん謗《そし》られた男が、齢八十歳を前にし、その古い出版文化を身を挺して守ろうとしている。「かつてもっとも反家父長的だった者こそ、優れた家父長になれるのだ」という国文学者松田修の言葉を私は思い出した。

八時を回り、「明日は朝からスパーリングがあるから」と角川が腰を上げた。角川は七十七歳から東京自由が丘にある「戸高秀樹ボクシングジム STUDIO Bee」で週二回、トレーニングを続けていた。二階級制覇の元世界王者、戸高秀樹をトレーナーに十ラウンド、黙々とミット打ちをするのだ。

『吉泉』の料理長《いたちょう》がお櫃《ひつ》から栗ごはんを折によそい、「家に着くまでに冷めないといいですが」と角川に手渡す。

店を出て、角川が路上に待たせてあった社用車に近づくと、若いドライバーが運転席から出迎えに降りて来た。角川は「二人分あるから」と栗ごはんの包みをドライバーに手渡す。折詰は角川がドライバーとその母のために誂《あつら》えたものだった。「おやすみなさい」と角川は丁寧に言い、ワゴン車に乗りこむ。窓から小さく手を振り、しだいに遠のいてゆく角川春樹の姿に、北方謙三が角川をモデルに書いた『三国志』の呂布《りょふ》が重なった。

呂布は曹操の軍勢に取り囲まれ、もはや敗北が明らかになる。すでに風前の灯となった呂布の命を惜しんで、曹操はこう呼びかける。


「頼む、呂布殿。私に降伏してくれ」

曹操は、劉備のいうことを聞く気はないようだった。

「私と呂布殿が一体となれば」


曹操の言葉を遮り、呂布はこう答える。

「やめろ、曹操。男には、守らねばならないものがあるのだ」

「なんなのだ、それは？」

「誇り」

「おぬしの、誇りとは？」

「敗れざること」


——北方謙三『三国志』三の巻「海鳴りの日」より

おわりに

角川春樹事務所、海老原実さんのコーディネイトにより、角川春樹さんには二年間、延べ四十時間にわたる取材をお願いした。当時の資料のコピーと私の質問内容をあらかじめお渡しし、答えていただく形で取材を進めたのだが、角川さんが質問状にある書籍や映画を再読、再見したうえで取材に臨まれたことには頭が下がった。今年は角川映画が始まって四十五周年、角川春樹事務所設立二十五周年の節目に当たる。映画だけではなく、精神世界だけでもない、俗と聖を往還する角川春樹の全方位的な評価が始まることを願い、聞き書きをまとめた。

本書を企画したのは毎日新聞出版の向井徹さんである。「サンデー毎日」の角川春樹インタビューから書籍化にいたる経緯はすでに記したが、『最後の角川春樹』という、角川さんに匕首《あいくち》を突き付けるような題名は向井さんならではの発案であり、「町の本屋を守り続ける」角川春樹さんの本を、生家が目黒区緑が丘「みどり書房」である向井さんが手がけたことはおそらく必然であったろう。

国立映画アーカイブの笹沼真理子さんには資料収集からテープ起こしまでお手を煩わせ、国書刊行会の樽本周馬さん、佐久間聖司さんからは執筆中、原稿への的確な助言をいただいた。取材に応じて下さった脚本家の丸山昇一さん、映画監督の崔洋一さん、元東映宣伝部の福永邦昭さん、元東映洋画配給部の遠藤茂行さん、音楽プロデューサーの石川光さん、元FM東京ディレクターの佐野和子さん、第六章末のインタビューをお引き受けいただいた畏友福田和也さんには心から感謝を申し上げます。また、名手鈴木成一さんに装幀をお願いできたことは望外の喜びでした。

『最後の角川春樹』。しかし「最後」は終わりではない。角川さんは俳句の神髄を「永遠の今」をとらえることにあると言ったが、本書が角川春樹の光跡、その「永遠の今」をいささかなりとも記すことができたなら本望である。

二〇二一年十月十六日　伊藤彰彦

最後《さいご》の角川春樹《かどかわはるき》

二〇二一年一一月二五日　第一刷
二〇二二年　五　月一〇日　第三刷

著者　伊《い》藤《とう》彰《あき》彦《ひこ》
発行人　小島明日奈
発行所　毎日新聞出版
〒一〇二-〇〇七四　東京都千代田区九段南一-六-一七　千代田会館五階
電話　営業本部〇三-六二六五-六九四一
図書第二編集部〇三-六二六五-六七四六

印刷　精文堂印刷
製本　大口製本

ISBN978-4-620-32710-5